自由自在 中学英語

問題集

From Basic to Advanced

この本の特長と使い方

本書は，『中学 自由自在 英語』に準拠しています。
中学３年間の学習内容からさまざまなレベルの問題を精選し，
さらにそれらを段階的に収録した問題集です。
※ただし，発展がついている問題は扱っておりません。

STEP 1 まとめノート

『自由自在』に準拠した“まとめノート”です。基本レベルの空所補充問題で，まずは各単元の学習内容を理解しましょう。

★は入試重要度を示しています(3つが最重要)。

構造を図で説明し，視覚的に分かりやすい解説にしました。例文や重要表現は，音声を聞くこともできます。※音声はホームページからダウンロードできます。「増進堂 中学 英語 自由自在問題集」で検索してください。

Check! 内容を確認しながら学習を進められる練習問題です。

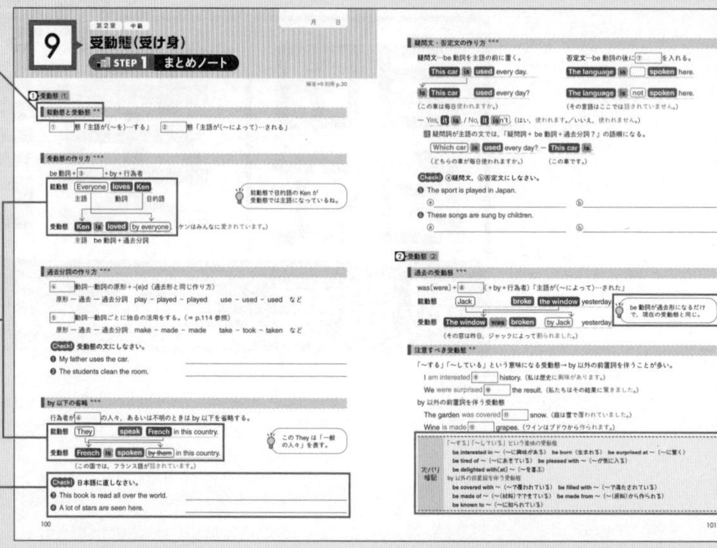

補足説明や，学習する上でのヒントや気づきを与えてくれます。

ズバリ暗記 覚えておくべき内容をとりあげています。

STEP 2 実力問題

基本～標準レベルのさまざまな形式の問題で構成しています。問題を解いて実力をグッと高め，難問を解くための応用力をつけましょう。

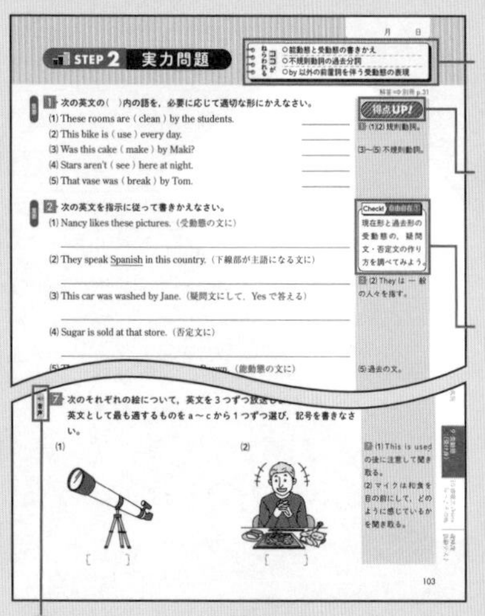

定期試験や入試でねらわれやすいポイントを３つ示しました。

得点UP! 問題のヒントや参考事項・注意事項です。

Check! 自由自在 問題との関連事項を『自由自在』で調べる“調べ学習”のコーナーです。調査結果例は解答編末にあります。

音声 リスニング問題を示しています。左ページにある QR コードを読み取ると，本文が表示され，グレー部分をタップしますと音声が再生されます。
※音声はホームページからもダウンロードできます。
(「第１章 初級の中学英語」では，「STEP3 発展問題」でリスニング問題を扱います。)

STEP 3 発展問題

発展レベルのさまざまな形式の問題で構成しています。その単元で学習したことの理解を深め，さらに力を伸ばしましょう。

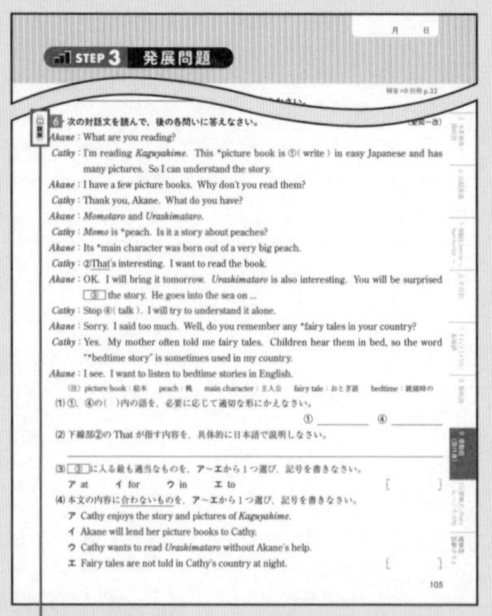

読解 長文問題を示しています。説明文，対話文，E メールなど様々な形式を扱います。
(「第１章 初級の中学英語」では，長文問題を扱いません。)

理解度診断テスト

その章で学んだ内容が身についているかを確認するためのテストです。

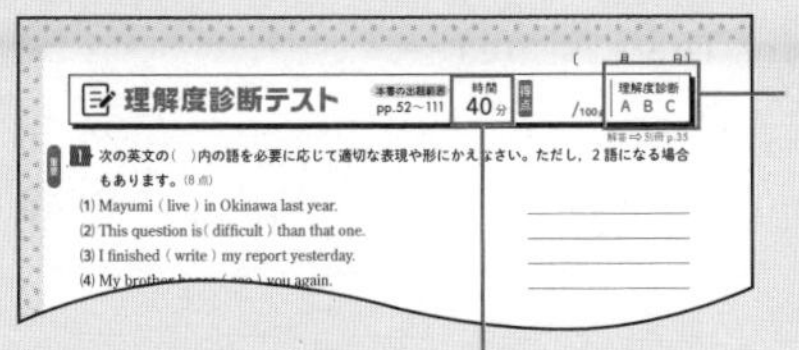

得点でA・B・Cのランクに区分されます。診断基準点は解答編に設けています。
A…よく理解できている
B…Aを目指して再チャレンジ
C…STEP1から復習しよう

実際の試験と同じように取り組めるよう，制限時間を設けています。

リスニング問題対策

様々な形式の入試リスニング問題で構成しました。

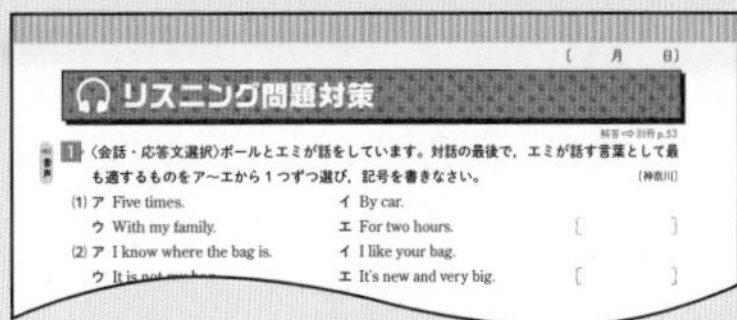

思考力・長文問題対策

様々な形式の入試長文問題で構成しました。

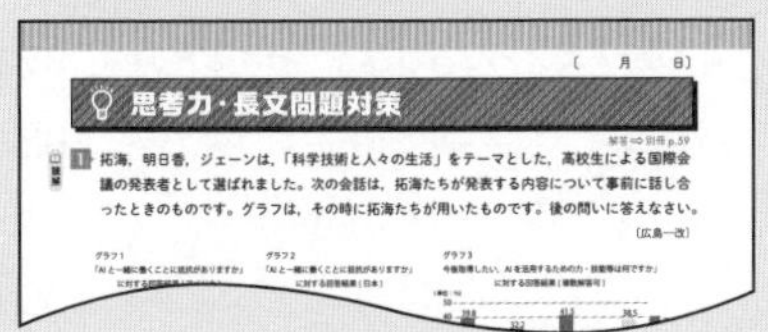

高校入試予想問題

リスニング，長文問題を含む完全オリジナル問題で，実際の入試の構成を再現しました。

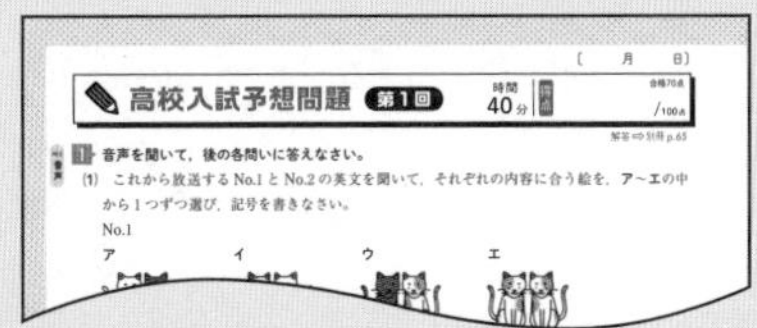

解答編

解説は，分かりやすく充実した内容であるとともに，むだな文がないようにシンプルにし，復習する上で使いやすいように工夫しました。

ココに注意
間違えやすいことがらや，解き方の補足説明，改めて確認しておくべきことがらをまとめています。

スクリプト
スクリプト全訳
スクリプト(読み上げられた英語)を確認しながら音声を聞いて，復習ができるよう，リスニング問題にはスクリプトとその全訳を掲載しています。

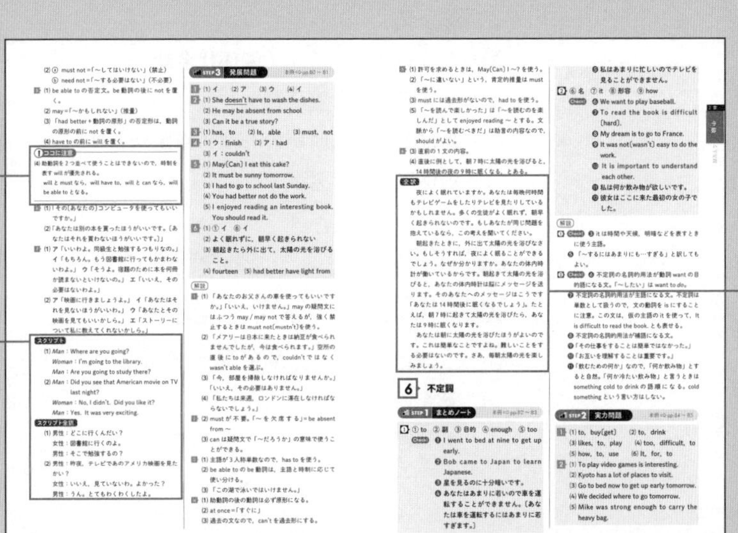

全訳
英文の意味を確認しながら復習できるよう，長文問題には全訳を掲載しています。

中学
自由自在問題集
英語

目次
Contents

本書に関する最新情報は, 小社ホームページにある**本書の「サポート情報」**をご覧ください。(開設していない場合もございます。)
なお, この本の内容についての責任は小社にあり, 内容に関するご質問は直接小社におよせください。

第1章 初　級

第1章　初 級

第1章 初級 月 日

1 This(That) is ~. / He(She) is ~. / What / Who

STEP 1 まとめノート

解答 ⇨ 別冊 p.1

① This is ～. That is ～.

This is ～. That is ～. の使い方 ***

近くのものを指すとき This is a cat.（① はネコです。）

遠くのものを指すとき That is a dog.（② はイヌです。）

a と an の使い方 ***

名詞（物の名前）の前に ③ もしくは ④ を付ける。母音の前では an を使う。

a … a student, a tomato, a pen, a desk　　an … an apple, an egg, an elephant

注 母音とは「アイウエオ」のような音のこと。母音以外の音を子音という。

国や人の名前には a, an を付けずに，⑤ 文字で始める。

This is Russia.（これはロシアです。）　　That is Tomo.（あちらはトモです。）

Check! 次の名詞の前に a か an を付けなさい。何も付けなくてもよい場合には×を書きなさい。

❶ ＿＿＿＿ orange　❷ ＿＿＿＿ flower　❸ ＿＿＿＿ tiger

❹ ＿＿＿＿ China　❺ ＿＿＿＿ Akiko

② Is this ～? Is this A or B?

Is this ～?（疑問文）の作り方と答え方 ***

This is a racket.　⑥ を主語の前に出す。

Is This a racket? — Yes, it is. / No, it isn't.

（これはラケットですか。）（はい，そうです。／いいえ，違います。）

疑問文の終わりはクエスチョンマーク。
Yes / No で答えるときは，this や that の代役の it（それは）を使う。

Is this A or B? の疑問文と答え方 **

Is this a book? ~~Is this~~ a notebook?　同じ部分を省略して，⑦ でつなげる。

Is this a book or a notebook?（これは本ですか，それともノートですか。）

— It is a book.（本です。）

Check! 間違いを直しなさい。ただし，下線部はかえないこと。

❻ Is this an apple? — No, it is.　＿＿＿＿ → ＿＿＿＿

❼ Is that a pen or a pencil? — That is a pen.　＿＿＿＿ → ＿＿＿＿

This is not ～. (否定文)の作り方 ***

This **is** [ ] **a cat**.　　is の後に⑧[　　](～ない)を入れる。

This **is** **not** **a cat**. It's a fox. (これはネコではありません。それはキツネです。)

注 is not は **isn't** と短縮形で表せる。また，**it's** は it is の短縮形。

Check! 否定文にしなさい。

❽ This is Brazil. ________________　❾ That is a book. ________________

③ He is ～. She is ～. ***

He〔She〕is ～. の文，疑問文，否定文

すでに話題に上がった人について言うとき，男性の場合は⑨[　　]を，女性の場合は⑩[　　]を使う。

Tom is an American. **He** is my friend.（Tom は男性）
(トムはアメリカ人です。彼は私の友達です。)

This is **Mika**. **She** is my sister.（Mika は女性）
(こちらはミカです。彼女は私の姉〔妹〕です。)

疑問文…⑪[　　]を主語の前に出す。

Is **John** **a student**? (ジョンは学生ですか。)

— Yes, **he** **is**. / No, **he** **isn't**. (はい，そうです。／いいえ，違います。)

否定文…is の後に⑫[　　](～ない)を入れる。

He **is** **not** **a student**. (彼は学生ではありません。)

ズバリ暗記　「～の」の表現

私の	あなたの	彼の	彼女の	～(人名)の	この	あの
my	your	his	her	～'s	this	that

④ What is ～? Who is ～? ***

What is ～?

疑問詞 What を文頭に置いて，その後に疑問文の形が続く。

注 what や who など wh- で始まる単語を疑問詞という。

⑬[　　] ⑭[　　] **this**? (これは何ですか。) — **It** **is** **a clock**. (それは時計です。)

What **is** **that woman**? — **She** **is** **a teacher**.　⑮[　　]・身分を尋ねることもできる。

(あの女性の職業は何ですか。—彼女は先生です。)

What＋名詞～?

What＋名詞「どんな～，何の～」を文頭に置いて，その後に疑問文の形が続く。

⑯[　　] ⑰[　　] **is** **that**? (あれは何の動物ですか。) — **It** **is** **a penguin**. (それはペンギンです。)

Who is ～?

「～はだれですか」

Who **is** **that man**? (あの男性はだれですか。)

— **He** **is** **my uncle**. (彼は私のおじです。)

「だれが～ですか」(who は主語)

Who **is** **Eri's sister**? (だれがエリの姉〔妹〕ですか。)

— **Emi** **is**. (エミです。)

月　日

STEP 2 実力問題

ねらわれるココが
- ○名詞の前の a，an の違い
- ○否定文・疑問文の作り方
- ○疑問文の答え方

解答⇨別冊 p.1

1 次の日本文に合うように，空所に適する語を書きなさい。

(1) これは本です。　This ＿＿＿＿＿ a book.

(2) メグはアメリカ人ですか。— はい，そうです。

＿＿＿＿＿ Meg an American?

— Yes, ＿＿＿＿＿ is.

(3) あちらの女の子はだれですか。— 彼女はメアリーです。

＿＿＿＿＿ is that girl?

— ＿＿＿＿＿ is Mary.

2 次の（　）内の単語を「～の」の形にかえなさい。

(1) (I) book　＿＿＿＿＿

(2) (Yui) bag　＿＿＿＿＿

(3) (she) cat　＿＿＿＿＿

重要 **3** 次の英文を指示に従って書きかえなさい。

(1) This is your watch.（疑問文に）

＿＿＿＿＿＿＿＿＿＿＿＿＿＿＿＿＿＿＿＿

(2) That is an orange.（否定文に）

＿＿＿＿＿＿＿＿＿＿＿＿＿＿＿＿＿＿＿＿

(3) Is this a ball? Is this an egg?（or を使って１つの文に）

＿＿＿＿＿＿＿＿＿＿＿＿＿＿＿＿＿＿＿＿

4 次の英文の誤りを直して，正しい文に書きかえなさい。ただし，下線部はかえないこと。

(1) That is a elephant.

＿＿＿＿＿＿＿＿＿＿＿＿＿＿＿＿＿＿＿＿

(2) Is this a France?

＿＿＿＿＿＿＿＿＿＿＿＿＿＿＿＿＿＿＿＿

(3) That's is not my sister.

＿＿＿＿＿＿＿＿＿＿＿＿＿＿＿＿＿＿＿＿

(4) Is Mary a nurse.

＿＿＿＿＿＿＿＿＿＿＿＿＿＿＿＿＿＿＿＿

得点UP!

1 (3) 疑問詞「だれ」は文頭に置き，その後は疑問文の形。

Check! 自由自在①
「～の」の意味の単語の作り方を調べてみよう。

3 (3) 共通部分は省略して，比べるもの２つを or でつなぐ。

4 (1) elephant は母音 e で始まっている。
(2) France は国の名前。
(3) That's は That is の短縮形。
(4) 疑問文

5 次の疑問文に対する答えとして最も適するものをア〜オから１つずつ選び，記号を書きなさい。

(1) Is this an apple? [　　　　]

(2) Is this a pen or a pencil? [　　　　]

(3) Who's that girl? [　　　　]

(4) What animal is this? [　　　　]

(5) What's your name? [　　　　]

ア No, it isn't.　イ It is a pen.　ウ My name is Tom.
エ It's a panda.　オ She is Kumi.

重要

6 次の英文の空所に最も適するものを下から選んで書きなさい。ただし，文頭にくるものも小文字で示しています。

(1) ＿＿＿＿ is this man? — He is my father.

(2) Is this a cat ＿＿＿＿ a dog? — It's a cat.

(3) Is that his desk? — No, ＿＿＿＿ isn't.

(4) This is Ken. ＿＿＿＿ is a soccer player.

(5) ＿＿＿＿ flower is that? — It is a rose.

what　or　he　it　who

7 次の日本文に合うように，(　)内の語を並べかえなさい。

(1) これはあなたのイスですか。
(is, chair, this, your)?

＿＿＿＿＿＿＿＿＿＿＿＿＿＿＿＿＿＿＿＿

(2) この女性はだれですか。
(this, is, woman, who)?

＿＿＿＿＿＿＿＿＿＿＿＿＿＿＿＿＿＿＿＿

8 次の日本文を英語に直しなさい。

(1) あれはノートですか，それともアルバムですか。

＿＿＿＿＿＿＿＿＿＿＿＿＿＿＿＿＿＿＿＿

(2) 彼女はケンの先生ではありません。

＿＿＿＿＿＿＿＿＿＿＿＿＿＿＿＿＿＿＿＿

(3) あの鳥は何ですか。— それはツバメ (swallow) です。

＿＿＿＿＿＿＿＿＿＿＿＿＿＿＿＿＿＿＿＿

得点UP!

5 (2) or で聞かれたら Yes / No では答えられない。
(3) Who's は Who is の短縮形。
(5) What's は What is の短縮形。

Check! 自由自在②
Is this a pen or a pencil? の疑問文の読み方を調べてみよう。

6 (1) 人の名前や家族関係を尋ねる。
(4) soccer player =「サッカー選手」
(5) rose =「ばら」

7 (2)「この女性」をセットとして考える。

8 (3)「鳥」= bird

月　日

STEP 3 発展問題

解答 ⇨ 別冊 p.1

1 次の空所に適する語を書きなさい。

(1) Is this a book ＿＿＿＿ a notebook?
　— ＿＿＿＿ ＿＿＿＿ a notebook.

(2) ＿＿＿＿ that woman? — ＿＿＿＿ is my aunt.

(3) ＿＿＿＿ ＿＿＿＿ is this?
　— ＿＿＿＿ is a lion.

(4) ＿＿＿＿ is your teacher? — Mr. Sato ＿＿＿＿.

2 次の日本文に合うように，(　)内の語(句)を並べかえなさい。ただし，不足する１語を補うこと。

(1) これは何の本ですか。
　(is,　book,　this)?

＿＿＿＿＿＿＿＿＿＿＿＿＿＿＿＿＿＿＿＿

(2) あちらは山田さんですか，それとも田中さんですか。
　(is,　Ms. Yamada,　Ms. Tanaka,　that)?

＿＿＿＿＿＿＿＿＿＿＿＿＿＿＿＿＿＿＿＿

(3) 私の兄は彼の友だちではありません。
　(is,　brother,　my,　friend,　not).

＿＿＿＿＿＿＿＿＿＿＿＿＿＿＿＿＿＿＿＿

(4) この男性はだれですか。
　(this,　is,　man)?

＿＿＿＿＿＿＿＿＿＿＿＿＿＿＿＿＿＿＿＿

3 次の英文を指示に従って書きかえなさい。

(1) That girl is Kate.（下線部を尋ねる疑問文に）

＿＿＿＿＿＿＿＿＿＿＿＿＿＿＿＿＿＿＿＿

(2) That flower is a rose.（疑問文にして，No で答える）

＿＿＿＿＿＿＿＿＿＿＿＿＿＿＿＿＿＿＿＿

(3) Are you a student?（下線部を she にかえて）

＿＿＿＿＿＿＿＿＿＿＿＿＿＿＿＿＿＿＿＿

4 次の日本文を英語に直しなさい。

(1) これは何ですか。— それはテーブルです。

____

(2) これはグラスではありません。それはカップです。

____

(3) この女の子はだれですか。— 彼女は私の娘です。

____

5 次の英文の誤りを直しなさい。ただし，下線部はかえないこと。

(1) Who is <u>that box</u>? — It's a birthday present. ______ → ______

(2) Is <u>Ken</u> her friend? — Yes, it is. ______ → ______

(3) Is this your racket? — <u>No</u>, it is. ______ → ______

難問 (4) Is Kumi <u>a nurse</u> or doctor? — She is a nurse. ______ → ______

独創的 6 次のメモを見て，それぞれを紹介する英文を，書き出しの語句に続けて 3 文書きなさい。

(1)

シンゴ
私の友だち
学生

This is ______________________________

____

____

(2)

ジェーン(Jane)
ボブ(Bob)のおばさん
歌手(singer)

This is ______________________________

____

____

音声 7 疑問文を放送します。読まれた疑問文に対する答えとして最も適するものをア～ウから 1 つずつ選び，記号を書きなさい。

(1) ア It's a piano.
イ Yes it is.
ウ She is my sister. [　　　]

(2) ア She is my mother.
イ No. She is a woman.
ウ He is my father. [　　　]

(3) ア Yes, it is.
イ It's a watch.
ウ No, it isn't. It's a watch. [　　　]

第1章　初級

2 I am ～. You are ～. / have, 一般動詞

STEP 1 まとめノート

月　　日

解答 ⇨ 別冊 p.2

❶ I am ～. You are ～. ★★★

am, are の使い方

「(主語)は…です」というときの動詞は，主語によって ① [　　] 動詞(is, am, are)を使い分ける。

主語	be 動詞
I	am
You	are
This, That, He, She, It など	is

I am a student. (② [　　] は生徒です。)

You are a teacher. (③ [　　] は先生です。)

He is my father. (④ [　　] は私の父です。)

Check! 空所に適切な be 動詞(is, am, are)を入れなさい。

❶ I ＿＿＿＿＿ Ken.　❷ You ＿＿＿＿＿ my friend.　❸ She ＿＿＿＿＿ a pretty girl.

疑問文・否定文の作り方

疑問文…be 動詞を主語の前に出す。

You are a soccer player.

Are you a soccer player?

(あなたはサッカー選手ですか。)

— Yes, I am. / No, I am not.

(はい，そうです。／いいえ，違います。)

否定文…be 動詞の後に ⑤ [　　] (～ない)を入れる。

You are [　] kind.

You are not kind.

(あなたは親切ではありません。)

「あなたは～ですか。」と聞かれたら「はい，(私は)～です。」/「いいえ，(私は)～ではありません。」と答える。

Who are you? — I'm Tom's mother.　名前や家族関係を尋ねる。(⇒ p.7 参照)

What are you? — I'm a doctor.　職業や身分を尋ねる。(⇒ p.7 参照)

ズバリ暗記　短縮形

I am	you are	am not	are not
I'm	you're	~~amn't~~ ※ I'm not とする	aren't

Check! ⓐ疑問文，ⓑ否定文にしなさい。

❹ You are an English teacher.

ⓐ ＿＿＿＿＿＿＿＿＿＿＿＿＿＿＿

ⓑ ＿＿＿＿＿＿＿＿＿＿＿＿＿＿＿

❺ I am a good boy.

ⓐ ＿＿＿＿＿＿＿＿＿＿＿＿＿＿＿

ⓑ ＿＿＿＿＿＿＿＿＿＿＿＿＿＿＿

❷ have, 一般動詞 ★★★

have, 一般動詞の文

have：「持っている」「飼っている」「食べる」「(兄弟などが)いる」→広い意味で「所有している」。

一般動詞：like「好む」，play「(競技を)する」→動作や状態を表す。

have の文

私は　本を　持っています。

I　have　a book.

(主語)「…は」(動詞)「～する」(目的語)「…を」

一般動詞の文

あなたは　本を　読みます。

You　read　a book.

(主語)「…は」(動詞)「～する」(目的語)「…を」

注 I「私は」(1 人称)，you「あなたは」(2 人称)

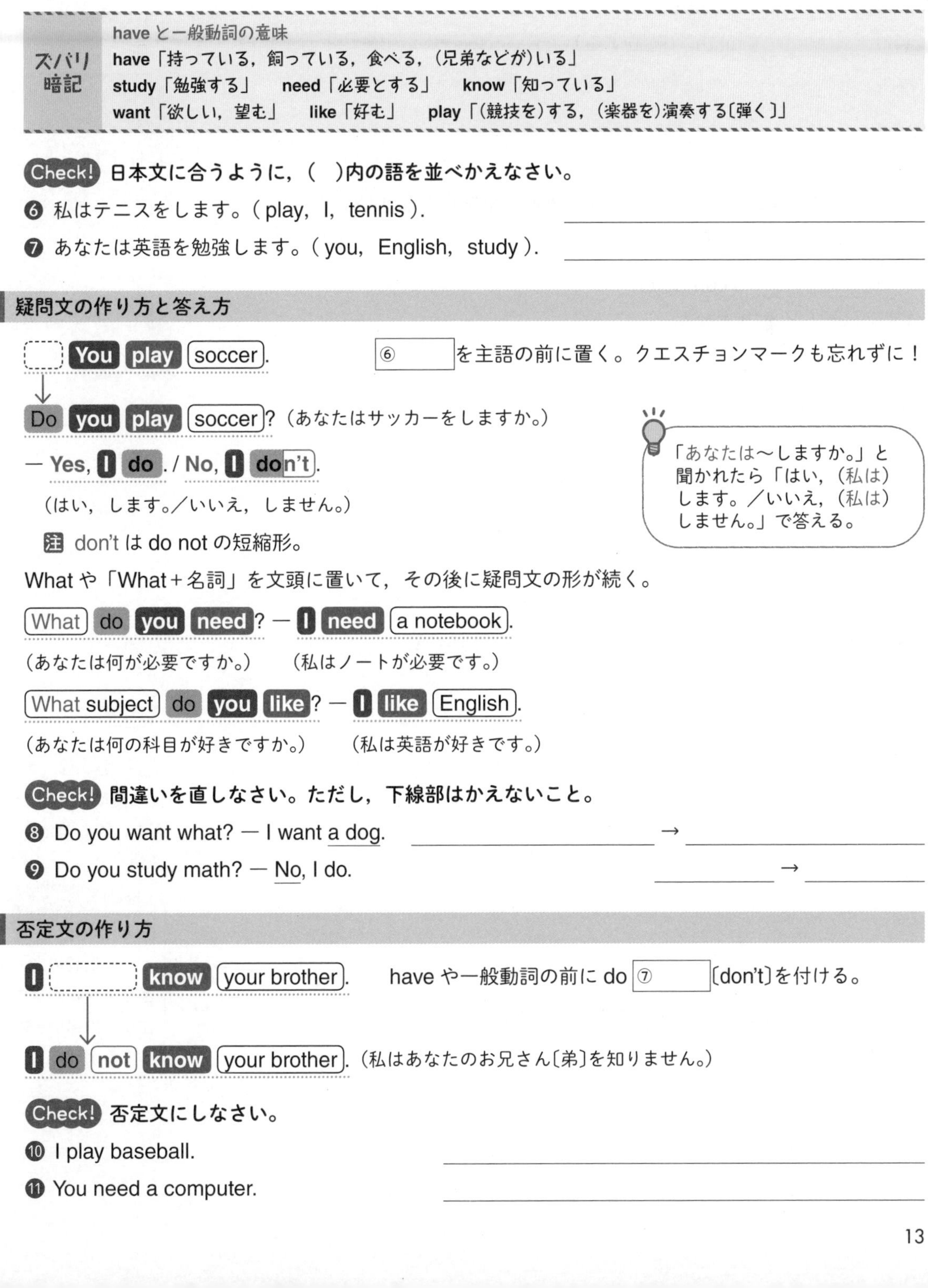

ズバリ暗記

have と一般動詞の意味

have「持っている，飼っている，食べる，(兄弟などが)いる」

study「勉強する」　**need**「必要とする」　**know**「知っている」

want「欲しい，望む」　**like**「好む」　**play**「(競技を)する，(楽器を)演奏する〔弾く〕」

Check! 日本文に合うように，(　)内の語を並べかえなさい。

❻ 私はテニスをします。(play, I, tennis). ＿＿＿＿＿＿＿＿

❼ あなたは英語を勉強します。(you, English, study). ＿＿＿＿＿＿＿＿

疑問文の作り方と答え方

［　］ You play soccer.　　⑥［　　］を主語の前に置く。クエスチョンマークも忘れずに！

Do you play soccer?（あなたはサッカーをしますか。）

— Yes, I do. / No, I don't.

（はい，します。／いいえ，しません。）

注 don't は do not の短縮形。

「あなたは～しますか。」と聞かれたら「はい，(私は)します。／いいえ，(私は)しません。」で答える。

What や「What＋名詞」を文頭に置いて，その後に疑問文の形が続く。

What do you need? — I need a notebook.

（あなたは何が必要ですか。）　（私はノートが必要です。）

What subject do you like? — I like English.

（あなたは何の科目が好きですか。）　（私は英語が好きです。）

Check! 間違いを直しなさい。ただし，下線部はかえないこと。

❽ Do you want what? — I want a dog. ＿＿＿＿ → ＿＿＿＿

❾ Do you study math? — No, I do. ＿＿＿＿ → ＿＿＿＿

否定文の作り方

I ［　　］ know your brother.　　have や一般動詞の前に do ⑦［　　］〔don't〕を付ける。

I do not know your brother.（私はあなたのお兄さん〔弟〕を知りません。）

Check! 否定文にしなさい。

⓾ I play baseball. ＿＿＿＿＿＿＿＿

⓫ You need a computer. ＿＿＿＿＿＿＿＿

月　日

STEP 2 実力問題

ねらわれるココが
- 一般動詞の文の語順
- 否定文・疑問文の作り方
- be 動詞の使い分け

解答 ⇨ 別冊 p.3

1 次の(　)内の日本語を，適する英語に直して書きなさい。

(1) I ＿＿＿＿＿ the piano.（弾く）

(2) You ＿＿＿＿＿ basketball.（好きだ）

(3) I ＿＿＿＿＿ a brother.（〜がいる）

(4) I ＿＿＿＿＿ math.（勉強する）

2 次の日本文に合うように，空所に適する語を書きなさい。

(1) 私はコンピュータを持っています。

I ＿＿＿＿＿ a computer.

(2) 私は忙しくありません。

＿＿＿＿＿ ＿＿＿＿＿ busy.

(3) 私は先生です。

＿＿＿＿＿ ＿＿＿＿＿ teacher.

(4) あなたはよい生徒ではありません。

You ＿＿＿＿＿ ＿＿＿＿＿ good student.

(5) 私はあなたの先生を知りません。

I ＿＿＿＿＿ ＿＿＿＿＿ your teacher.

(6) あなたは何が必要ですか。— 私はペンが必要です。

＿＿＿＿＿ do you ＿＿＿＿＿?

— I ＿＿＿＿＿ a pen.

(7) あなたも幸せですか。— はい，幸せです。

＿＿＿＿＿ ＿＿＿＿＿ happy, too?

— Yes, ＿＿＿＿＿ ＿＿＿＿＿.

重要

3 次の英文を指示に従って書きかえなさい。

(1) You like *sushi*.（疑問文に）

＿＿＿＿＿＿＿＿＿＿＿＿＿＿＿＿＿＿＿＿

(2) I play tennis.（否定文に）

＿＿＿＿＿＿＿＿＿＿＿＿＿＿＿＿＿＿＿＿

得点UP!

Check! 自由自在①
1人称・2人称・3人称とは何か，調べてみよう。

1 (2)(4) スポーツ名，教科名には a や an は付けない。

2 (2)(3)(4) 短縮形を考える。

(7)「〜も」は，肯定文・疑問文では too，否定文では either を使う。

Check! 自由自在②
be 動詞(is)の文と一般動詞の文の否定文・疑問文の作り方の違いを調べてみよう。

4 次の対話文が成り立つように，空所に適する語を書きなさい。

(1) Who are you?
— ＿＿＿＿＿ Kumi's mother.

(2) Are ＿＿＿＿＿ a college student?
— No, I'm not.

(3) ＿＿＿＿＿ you play soccer?
— Yes, I do.

(4) Do you like history?
— No, ＿＿＿＿＿ ＿＿＿＿＿.

重要 **5** 次の疑問文に対する答えとして最も適するものをア～ウから１つずつ選び，記号を書きなさい。

(1) Do you have a cat?
ア Yes, I do.　　イ Yes, it is.
ウ I have a cat.　　[　　　]

(2) What do you want?
ア Yes, I do.　　イ I want a car.
ウ I do a car.　　[　　　]

6 次の日本文に合うように，(　)内の語を並べかえなさい。

(1) あなたは私の友だちです。
(my,　you,　friend,　are).

＿＿＿＿＿＿＿＿＿＿＿＿＿＿＿＿＿＿＿＿

(2) 私はユミのお姉さんではありません。
(not,　I,　sister,　Yumi's,　am).

＿＿＿＿＿＿＿＿＿＿＿＿＿＿＿＿＿＿＿＿

(3) あなたは何を食べますか。
(you,　what,　eat,　do)?

＿＿＿＿＿＿＿＿＿＿＿＿＿＿＿＿＿＿＿＿

(4) 私は牛乳が好きではありません。
(do,　milk,　I,　not,　like).

＿＿＿＿＿＿＿＿＿＿＿＿＿＿＿＿＿＿＿＿

得点UP!

4 (1) この you は単数形。
(2) college =「大学」
(4) history =「歴史」

5 (1)「あなたはネコを飼っていますか。」
(2)「あなたは何が欲しいですか。」

6 (4) milk は液体で，数えられないので，a は付けない。

月　　日

STEP 3 発展問題

解答⇨別冊 p.3

1 次の英文の空所に am, is, are のうち，適する語を書きなさい。

(1) What ＿＿＿＿＿ your name?

(2) ＿＿＿＿＿ you my teacher?

(3) I ＿＿＿＿＿ not his uncle.

(4) Who ＿＿＿＿＿ her brother?

2 次の日本文に合うように，(　)内の語を並べかえなさい。ただし，不足する 1 語を補うこと。

(1) あなたはどんなスポーツをしますか。
(play, sports, you, what)?

＿＿＿＿＿＿＿＿＿＿＿＿＿＿＿＿＿＿＿＿

(2) 私はあなたの妹を知りません。
(I, not, sister, know, your).

＿＿＿＿＿＿＿＿＿＿＿＿＿＿＿＿＿＿＿＿

(3) 私は英語の先生ではありません。
(an, English, I, am, teacher).

＿＿＿＿＿＿＿＿＿＿＿＿＿＿＿＿＿＿＿＿

(4) あなたはどんな食べ物が好きですか。
(food, you, what, like)?

＿＿＿＿＿＿＿＿＿＿＿＿＿＿＿＿＿＿＿＿

(5) あなたは彼女のクラスメイトですか。
(classmate, her, you)?

＿＿＿＿＿＿＿＿＿＿＿＿＿＿＿＿＿＿＿＿

3 次の英文を指示に従って書きかえなさい。

(1) You play the flute.（下線部を尋ねる疑問文に）

＿＿＿＿＿＿＿＿＿＿＿＿＿＿＿＿＿＿＿＿

(2) You have breakfast.（疑問文にして，No で答える）

＿＿＿＿＿＿＿＿＿＿＿＿＿＿＿＿＿＿＿＿

(3) Who are you?（主語を I にして）

＿＿＿＿＿＿＿＿＿＿＿＿＿＿＿＿＿＿＿＿

4 次のようなとき，相手にどのように言いますか。英語で書きなさい。

(1) 自分も英語が好きだと言うとき。

(2) 相手の職業を尋ねたいとき。

(3) 数学が好きではないと言うとき。

独創的

5 あなた自身の立場で，次の質問に英語で答えなさい。

(1) Do you study English every day?

(2) What subject do you like?

6 次の英文を日本語に直しなさい。

(1) Are you busy, too?

(2) What animal do you like?

(3) What is your father?

音声

7 疑問文を放送します。読まれた疑問文に対する答えとして最も適するものをア～ウから１つずつ選び，記号を書きなさい。

(1) ア No, I don't.
イ I need a bike.
ウ No, it isn't. [　　　]

(2) ア No, I don't.
イ I study math.
ウ No, it isn't. [　　　]

第1章　初級

形容詞，副詞／複数形

STEP 1　まとめノート

月　　日

解答⇨別冊 p.3

1 形容詞，副詞

the ★★

名詞に付けて，① ＿＿＿のものを表す。

I have a cat. The cat is Tama.　すでに述べたもの。「② ＿＿＿」と訳すことが多い。

（私はネコを飼っています。そのネコはタマです。）

This is the moon.（これは月です。）　世の中にひとつのもの。

I play the piano.（私はピアノを弾きます。）　play the＋楽器名「～(楽器)を演奏する」

Check! 空所に a か the を入れなさい。

❶ This is ＿＿＿＿ pen. ＿＿＿＿ pen is new.　❷ Do you play ＿＿＿＿ guitar?

形容詞 ★★★

性質，状態を表し，2つの用法がある。

形容詞＋名詞

This is a big house.

（これは大きな家です。）

名詞を修飾。

主語＋is(be動詞)＋形容詞

This house is big.

（この家は大きいです。）

主語を説明。

副詞 ★★★

動作の状態，程度，様子・回数などを表す。

・**程度や様子**を表す副詞　③ ＿＿＿「上手に」，much「たいへん」，④ ＿＿＿「熱心に」

→文の最後に置く。　I study English hard.（私は熱心に英語を勉強します。）

・**回数**を表す副詞　⑤ ＿＿＿「いつも」，often「よく，しばしば」，⑥ ＿＿＿「ときどき」

→一般動詞の前に置く。　I often **read** a book.（私はよく本を読みます。）

→ is(be動詞)の後に置く。　My brother **is** always free.（私の兄〔弟〕はいつも暇です。）

・**形容詞や副詞を強調する**副詞　⑦ ＿＿＿「とても」→形容詞や副詞の前に置く。

very＋副詞

You play the piano very well.

（あなたはとても上手にピアノを弾きます。）

very＋形容詞

I have a very big car.

（私はとても大きな車を持っています。）

2 複数形

名詞の複数形 ★★★

a dog　⑧ ＿＿＿数形　　two dogs　⑨ ＿＿＿数形

複数形のつづり ***

通常	-s を付ける	pencil – pencils　cat – cats
語尾が s，sh，ch，x	-es を付ける	box – boxes　watch – watches
語尾が〈子音字＋y〉	y を i にかえて -es を付ける	city – cities　dictionary – dictionaries
語尾が f，fe	-ves にする	leaf – leaves　knife – knives
語尾が o	単語により -s，-es を付ける	piano – pianos　potato – potatoes

ズバリ暗記　不規則変化の複数形　man - men「男性」　woman - women「女性」　child - children「子ども」　sheep - sheep「羊」

some と any，many ***

some，any「いくつかの」「いくらかの」…はっきりと数が分からないときに使う。

肯定文　I have some pens.（私は何本かペンを持っています。）

疑問文　Do you have any pens?（あなたは何本かペンを持っていますか。）

否定文　I don't have any pens. = I have no pens.

（私は一本もペンを持っていません。）

some は肯定文，any は否定文・疑問文で使うことが多い。

many「たくさんの」…数が多いときに使う。I have many books.（私はたくさんの本を持っています。）

How many＋複数名詞 ～?「いくつの～」***

⑩ [　　　] を尋ねるときに使う表現。

How many books do you have?（あなたは何冊の〔どれくらい多くの〕本を持っていますか。）

— I have ten (books).（10 冊持っています。）

Check!（　）内の語を適切な形にかえなさい。

❸ Do you have any (brother)? ＿＿＿＿　❹ How many (child) do you have? ＿＿＿＿

ズバリ暗記　代名詞の複数形

単数形	this	that	I	you	he，she，it
複数形	these「これら」	those「あれら」	we「私たち」	you「あなた方」	they「彼ら，彼女ら，それら」

複数形の主語と be 動詞・一般動詞 **

	主語＋ be 動詞＋名詞			主語＋ be 動詞＋形容詞			一般動詞		
単数	This	is	a book.	I	am	busy.	I	play	tennis.
	↓	↓	↓	↓	↓	↓	↓	↓	↓
複数	These	are	books.	We	are	busy.	We	play	tennis.

複数形主語の be 動詞はいつも are。

一般動詞は複数形主語でも I や you と同じ！

否定文　Those are not your pens.　　These girls don't like music.

疑問文　Are those your pens?　　Do these girls like music?

— Yes, they are. / No, they aren't.　　— Yes, they do. / No, they don't.

月　日

STEP 2 実力問題

ココがねらわれる
- 形容詞・副詞の働きと文中の位置
- 複数形の作り方
- some, any, How many ... の文

解答⇨別冊 p.4

1 例にならって，次の絵が表すものを英語で書きなさい。

(例)

two apples

(1)

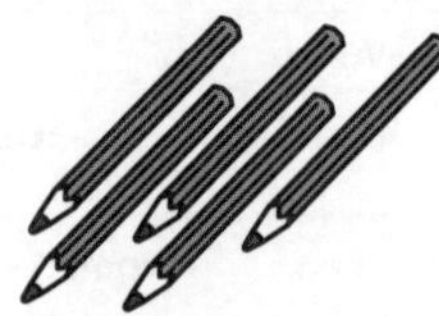

______

(2)

______

(3)

______

2 次の日本文に合うように，空所に適する語を書きなさい。

(1) あなたは大きいイヌが欲しいですか。— はい，欲しいです。

______ you ______ a big dog?

— Yes, I ______.

(2) 私はときどきこの本を読みます。

I ______ ______ this book.

(3) あなたのカバンはとても大きいです。

Your bag is ______ ______.

(4) 私は一人も兄弟がいません。

I have ______ ______.

(5) 私はいつも暇です。

I ______ ______ free.

3 次の英文を指示に従って書きかえなさい。

(1) You are not an astronaut.（下線部を複数形にかえて）

______

(2) This is my bag.（下線部を複数形にかえて）

______

(3) He is a doctor.（下線部を複数形にかえて）

______

(4) I have some apples in the box.（否定文に）

______

(5) Ken and I are good friends.（下線部を代名詞にかえて）

______

得点UP!

1 (1)「えんぴつ」= pencil
(2)「トマト」= tomato
(3)「グラス」= glass

Check! 自由自在①
名詞の複数形の作り方を調べてみよう。

Check! 自由自在②
回数を表す副詞を置く位置を調べてみよう。

3 (1)～(3) 主語が複数名詞になると，補語も複数名詞になる。
(1) astronaut「宇宙飛行士」
(4) in the box =「箱の中に」
(5) Ken and I は「私たち」，Ken and you なら「あなたたち」。

重要

4 次の英文の( )内から最も適するものを選び，○で囲みなさい。

(1) My brothers (am, is, are) singers.

(2) I have (a, an, some) eggs.

(3) (Are, Do, Is) the children like baseball?

(4) I don't have (a, this, any) dictionaries.

重要

5 次の各組の下線部の発音が同じなら○，違っていれば×を書きなさい。

(1) cups / boys [ ]

(2) watches / boxes [ ]

(3) leaves / glasses [ ]

重要

6 次の英文の誤りを直して，正しい文に書きかえなさい。ただし，下線部はかえないこと。

(1) That is a ball. A ball is red.

(2) I have pretty a doll.

(3) You play the guitar sometimes.

7 次の英文の誤りを直しなさい。ただし，下線部はかえないこと。

(1) You and John is friends. ＿＿ → ＿＿

(2) How many ball do you want? ＿＿ → ＿＿

(3) These woman are nurses. ＿＿ → ＿＿

8 次の日本文に合うように，( )内の語を並べかえなさい。

(1) あなたはアメリカに友だちがいますか。
(you, friends, do, any, have) in America?
＿＿＿＿ in America?

(2) あなたは何枚のCDを持っていますか。
(CDs, you, many, have, how, do)?

(3) 約10枚です。((2)の答えとして)
(have, I, ten, about).

得点UP!

4 (1) singer
=「歌手」

(4) dictionary
=「辞書」

Check! 自由自在③
名詞の複数形の発音のしかたを調べてみよう。

Check! 自由自在④
a, an, the と形容詞は，どの順番で使うか調べてみよう。

6 (2) doll =「人形」

8 (1) in America =「アメリカに」
否定文・疑問文では any を使うことが多い。
(2)「何枚のCD」
= How many CDs

STEP 3 発展問題

解答⇨別冊 p.4

1 次の英文の(　)内の語を，必要に応じて適切な形にかえなさい。

(1) I have many ＿＿＿＿＿ in my family.（child）

難問 (2) Do you want these ＿＿＿＿＿?（fish）

(3) We know those three ＿＿＿＿＿.（man）

(4) ＿＿＿＿＿ are my pictures.（that）

2 次の各組の英文がほぼ同じ内容を表すように，空所に適する語を書きなさい。

(1) That car is old.

That is ＿＿＿＿＿ ＿＿＿＿＿ ＿＿＿＿＿.

(2) This is not a big dog.

This dog ＿＿＿＿＿ ＿＿＿＿＿.

(3) Is this a new house?

Is this ＿＿＿＿＿ ＿＿＿＿＿?

3 次の英文を指示に従って書きかえなさい。

(1) They are very busy, too.（否定文に）

＿＿＿＿＿＿＿＿＿＿＿＿＿＿＿＿＿＿＿＿

(2) You have some balls in your bag.（疑問文に）

＿＿＿＿＿＿＿＿＿＿＿＿＿＿＿＿＿＿＿＿

難問 (3) Yuka is free.（「いつも」という語を付け加えて）

＿＿＿＿＿＿＿＿＿＿＿＿＿＿＿＿＿＿＿＿

(4) They want <u>ten</u> eggs.（下線部を尋ねる疑問文に）

＿＿＿＿＿＿＿＿＿＿＿＿＿＿＿＿＿＿＿＿

(5) What is this <u>animal</u>? — It's a rabbit.（下線部を複数形にかえて）

＿＿＿＿＿＿＿＿＿＿＿＿＿＿＿＿＿＿＿＿

4 次の疑問文に対する答えとして最も適するものをア～オから１つずつ選び，記号を書きなさい。

(1) How many flowers do you have?　[　　　]

(2) Are these flowers lilies?　[　　　]

(3) Do the girls have any flowers?　[　　　]

(4) What flowers are those?　[　　　]

ア No, they aren't.　イ I have eight.　ウ They are tulips.
エ She has roses.　オ No, they don't.

5 次のようなとき，相手にどのように言いますか。英語で書きなさい。

(1) 飼っているイヌの数を尋ねるとき。

(2) 鳥を飼っているか尋ねるとき。

(3) 遠くにいるかわいい(pretty)女の子がだれかを尋ねるとき。

独創的

6 あなた自身の立場で，次の質問に英語で答えなさい。

(1) Do you have any sisters?

(2) How many dictionaries do you have?

7 次の英文を日本語に直しなさい。

(1) We don't have any cats.

(2) These men are very busy.

(3) Are you soccer players?

音声

8 疑問文を放送します。読まれた疑問文に対する答えとして最も適するものをア～ウから１つずつ選び，記号を書きなさい。

(1) ア No, we don't.
イ We have some notebooks.
ウ No, they don't. [ ]

(2) ア Yes, I do.
イ I have three.
ウ He is my brother. [ ]

(3) ア No, I don't.
イ I want a new camera.
ウ No, it isn't. [ ]

第1章 初級 月 日

4 3単現 / my, mine, Whose ～?

STEP 1 まとめノート

解答⇨別冊 p.5

① has, likes(3単現)の文

has の文 ★★★

I have a dog.(私はイヌを飼っています。)
Rob has a dog.(ロブはイヌを飼っています。)

主語が he, she, it, および単数名詞(3人称単数)のとき, have ではなく ① を使う。

「動詞の原形＋-s〔-es〕」の使い方 ★★★

I like English.(私は英語が好きです。)
Kumi likes English.(クミは英語が好きです。)

主語が he, she, it, および単数名詞(3人称単数)のとき, 一般動詞の原形に -s〔-es〕を付ける。
→「② の -s」

「動詞の原形＋-s〔-es〕」の作り方 ★★★

通常	s を付ける	play – plays	speak – speaks
語尾が s, sh, ch, x, o	es を付ける	teach – teaches	watch – watches
語尾が〈子音字＋y〉	y を i にかえて es を付ける	study – studies	cry – cries

ズバリ暗記 3単現の -s〔-es〕の発音

語尾の発音	-s[-es]の発音	例
[p] [k] [t]	[s](ス)	works, likes
[s] [z] [ʃ] [tʃ] [dʒ]	[iz](イズ)	washes, catches
上記以外	[z](ズ)	knows, goes

Check! 正しいものを○で囲みなさい。

❶ I (play, plays) tennis.
❷ She (have, has) a bike.
❸ Tom and Bob (know, knows) that student.
❹ My mother (teach, teaches) math.

疑問文の作り方と答え方 ★★★

ふつうの文 Ken studies English.

③ を主語の前に置き, 動詞は原形にする。

疑問文 Does Ken study English? (ケンは英語を勉強しますか。)
— Yes, he does. / No, he doesn't. (はい, します。／いいえ, しません。)

What を用いた疑問文 ④ を文頭に置いて, その後に疑問文の形が続く。 注 doesn't は does not の短縮形。

What does Ken study? (ケンは何を勉強しますか。)
— He studies English. (彼は英語を勉強します。)

否定文の作り方 ★★★

ふつうの文　Jane 　 　 uses this desk.

does の後に⑤＿＿を付け，その後の動詞は原形にする。

否定文　Jane does not use this desk.（ジェーンはこの机を使いません。）

Check! ⓐ疑問文，ⓑ否定文にしなさい。

❺ John speaks Japanese well.　ⓐ＿＿＿＿　ⓑ＿＿＿＿

❻ Your dog runs fast.　ⓐ＿＿＿＿　ⓑ＿＿＿＿

目的格 ★★

目的格…「～を」の意味を表す目的語(主語の動作を受ける人や事物)になる形のこと。

I know Tom.（私はトムを知っています。）
主語　動詞　目的語

名詞は目的語で使うときもそのままの形だが，代名詞は⑥＿＿格を使う。(⇒ p.50 参照)

~~he~~
Do you know him?（あなたは彼を知っていますか。）
主語 動詞　目的語

Check! （　）内の語を適切な形にかえなさい。

❼ I like (she). ＿＿＿＿　❽ We know (they). ＿＿＿＿　❾ Do you know (I)?＿＿＿＿

2 my, mine, Whose ～?

「～の」「～のもの」★★★

代名詞のとき

「～の」「～のもの」，それぞれ形が決まっている。(⇒ p.50 参照)

Is this your bag?
(これはあなたのカバンですか。)
— No, it isn't. It's her bag.
(いいえ，違います。それは彼女のカバンです。)

名詞のとき

「～の」「～のもの」，いずれも名詞の語尾に⑦＿＿を付ける。

Is that Ken's ball?
(あれはケンのボールですか。)
— No, it isn't. It's John's ball.
(いいえ，違います。それはジョンのボールです。)

her bag の代わりに hers(彼女のもの)，John's ball の代わりに John's(ジョンのもの)を使って，それぞれ It's hers. / It's John's. と答えてもよい。

Whose(だれの，だれのもの) ★★

Whose ＋名詞「だれの～」

Whose bike is this?
(これはだれの自転車ですか。)
— It's my bike〔mine〕.
(それは私の自転車〔私のもの〕です。)

Whose「だれのもの」

Whose is this watch?
(この時計はだれのものですか。)
— It's my father's.
(それは私の父のものです。)

Check! （　）内の語を適切な形にかえなさい。

❿ This is (she) chair.　＿＿＿＿

⓫ That man is (Tomoko) brother.　＿＿＿＿

⓬ Those books are (they).　＿＿＿＿

⓭ (Who) is this watch?　＿＿＿＿

月　日

STEP 2 実力問題

ねらわれるココが
- 3 単現の -s〔-es〕の付け方
- 代名詞の目的格の使い方
- 「～の」「～のもの」の使い方

解答 ⇨ 別冊 p.5

重要

1 次の動詞を 3 単現の -s を付けた形にかえなさい。

(1) play ＿＿＿＿　(2) go ＿＿＿＿
(3) teach ＿＿＿＿　(4) have ＿＿＿＿
(5) study ＿＿＿＿　(6) cry ＿＿＿＿
(7) use ＿＿＿＿　(8) wash ＿＿＿＿
(9) speak ＿＿＿＿　(10) eat ＿＿＿＿

2 次の英文の(　)内から最も適するものを選び，○で囲みなさい。

(1) I (like, likes) music very much.
(2) Ken (have, has) many books in his room.
(3) (Do, Does) he read a newspaper every day?
(4) My father (don't, doesn't) cook.
(5) Mary doesn't (study, studies) science today.
(6) I know (they, their, them) well.
(7) Do you like (he, his, him) song?
(8) That racket is (she, her, hers).

3 次の日本文に合うように，空所に適する語を書きなさい。

(1) この大きな傘はあなたのものですか。
＿＿＿＿ this big umbrella ＿＿＿＿?
(2) エミはピアノを弾きません。
Emi ＿＿＿＿ ＿＿＿＿ the piano.
(3) あなたの弟は毎日テレビを見ますか。
＿＿＿＿ your brother ＿＿＿＿ TV every day?
(4) あなたは英語を話しません。
You ＿＿＿＿ ＿＿＿＿ English.
(5) トムは私をよく知っています。
Tom ＿＿＿＿ ＿＿＿＿ well.
(6) あれはだれの机ですか。
＿＿＿＿ ＿＿＿＿ is that?

重要

4 次の各組の下線部の発音が同じなら○，違っていれば×を書きなさい。

(1) run<u>s</u> / like<u>s</u> [　　]　(2) watch<u>es</u> / go<u>es</u> [　　]　(3) play<u>s</u> / live<u>s</u> [　　]

得点UP!

Check! 自由自在①
3 単現の -s の付け方を調べてみよう。

Check! 自由自在②
代名詞の「～の」「～を」「～のもの」の形を調べてみよう。

2 (6) 動作を受ける人を表すのは目的格。
(7) 後ろに名詞があれば「～の」の形。
(8) 後ろに名詞がなければ「～のもの」の形。

Check! 自由自在③
3 単現の -s の発音のしかたを調べてみよう。

5 次の英文を指示に従って書きかえなさい。

(1) I have a new car.（下線部を My sister にかえて）

(2) She walks to school.（否定文に）

(3) Emi lives in Osaka.（疑問文に）

(4) I sometimes sing English songs.（下線部を 1 語の代名詞にかえて）

6 次の疑問文に対する答えとして最も適するものをア〜ウから 1 つずつ選び，記号を書きなさい。

(1) Does Mike want this computer?

ア Yes, he do.　　イ Yes, he does.

ウ Yes, he is.　　[　　]

(2) Whose cameras are these?

ア It's mine.　　イ They are me.

ウ They are mine.　　[　　]

7 次の日本文に合うように，(　)内の語を並べかえなさい。

(1) 私たちの先生はいつもこの歌を歌います。

(song, sings, this, teacher, our, always).

(2) これはだれの辞書ですか。

(this, dictionary, is, whose)?

(3) 私の兄は英語の本を一冊も持っていません。

(have, brother, not, English, any, my, does, books).

(4) あなたの友だちは私を知っていますか。

(know, your, me, friend, does)?

得点UP!

Check! 自由自在④

主語が3人称単数のときの一般動詞の否定文・疑問文の作り方を調べてみよう。

5 (2) walk to 〜 =「〜へ歩いていく」

(3) live in 〜 =「〜に住んでいる」

7 (1) 回数を表す副詞は，一般動詞の前に置く。

(2)「疑問詞＋名詞」の後は疑問文の語順。dictionary「辞書」

(3) not 〜 any =「ひとつも〜ない」

月　日

STEP 3 発展問題

解答⇨別冊 p.6

1 次の英文の(　)内の語(句)を，必要に応じて適切な形にかえなさい。

(1) This is ＿＿＿＿＿ school.（we）

(2) I don't like ＿＿＿＿＿.（it）

(3) ＿＿＿＿＿ your sister use that bag?（do）

(4) Is this your bike? — No. It's ＿＿＿＿＿.（he）

(5) Mary and Ken are my friends. I like ＿＿＿＿＿ very much.（they）

(6) She always ＿＿＿＿＿ the book.（read）

(7) These toys are ＿＿＿＿＿ ＿＿＿＿＿.（my children）

(8) ＿＿＿＿＿ caps are these?（who）

2 次の日本文に合うように，(　)内の語を並べかえなさい。ただし，不足する1語を補うこと。

(1) 彼は一匹もイヌを飼っていません。
（dogs, he, no）.

＿＿＿＿＿＿＿＿＿＿＿＿＿＿＿＿＿＿＿＿

(2) あれはケンの本ですか，それともユキの本ですか。
（that, Ken's, book, book, Yuki's, is）?

＿＿＿＿＿＿＿＿＿＿＿＿＿＿＿＿＿＿＿＿

(3) 私の父はよく車を洗います。
（often, father, his, my, car）.

＿＿＿＿＿＿＿＿＿＿＿＿＿＿＿＿＿＿＿＿

(4) ケイトは何の科目が好きですか。
（Kate, subject, what, like）?

＿＿＿＿＿＿＿＿＿＿＿＿＿＿＿＿＿＿＿＿

(5) 私たちの姉はアメリカに住んでいます。
（sister, in, America, our）.

＿＿＿＿＿＿＿＿＿＿＿＿＿＿＿＿＿＿＿＿

(6) あなたのお兄さんは毎日英語を勉強しますか。
（day, English, brother, every, does, your）?

＿＿＿＿＿＿＿＿＿＿＿＿＿＿＿＿＿＿＿＿

3 次の英文を指示に従って書きかえなさい。

難問 (1) We watch soccer games on TV.（下線部を He にかえて）

(2) Yukako plays the violin very well.（下線部を尋ねる疑問文に）

(3) Amy knows Mark. Mark knows Amy, too.（下線部を代名詞にかえて）

(4) Those are Mary's dictionaries.（下線部を尋ねる疑問文に）

4 次の日本文を英語に直しなさい。

(1) 私の母はこの自転車が必要ではありません。

(2) この机はだれのですか。— 私の兄のです。

(3) ボブ(Bob)は何のスポーツが好きですか。— 彼は野球が好きです。

5 メアリーの自己紹介を放送します。その内容についての質問に対する答えとして最も適するものをア～ウから1つずつ選び，記号を書きなさい。

音声

(1) ア No, she doesn't.
イ Yes, she does.
ウ She likes math. [ ]

(2) ア Yes, she does.
イ I have two.
ウ She has two. [ ]

(3) ア She plays tennis.
イ She plays volleyball.
ウ She likes tennis. [ ]

(4) ア She wants a cat.
イ She wants an English book.
ウ She wants a new racket. [ ]

第1章 初級

月　日

5 命令文とLet's ～. / canを使う文

STEP 1 まとめノート

解答⇨別冊 p.7

① 命令文とLet's ～.

一般動詞の命令文 ★★★

「～しなさい」と命令…動詞の原形から始める。

Open the door.（ドアを開けなさい。）

「～してはいけません」と命令…文頭に ① ______ を置く。

Don't run here.（ここで走ってはいけません。）

「どうぞ～してください」と丁寧に命令…文頭か文末に ② ______ を置く。

Please come here. / Come here, please.（どうぞこちらへ来てください。）

注 Ken, wake up. や Wake up, Ken. のように，命令文の前や後で人の名前を呼びかけることがある。これは呼びかけで，主語ではない。

be動詞の命令文 ★★

ふつうの文　You are quiet.

are の原形，be を使う。

命令文　Be quiet.（静かにしなさい。）

否定の命令文　Don't be a bad boy.（悪い子ではいけません。）　文頭に ③ ______ を置く。

be動詞の否定文はbe動詞の後ろにnotを付けて，You are not ～. だが，命令文では Be not ～. にしない！

Check! 日本語に直しなさい。

❶ Study hard. ______

❷ Don't close the door. ______

❸ Don't be lazy. ______

❹ Use this chair, please. ______

Let's ～.「～しましょう」★★★

「～しましょう」と人を誘うときは，「④ ______ ＋動詞の原形」を使う。

Let's go to the park. ― Yes, let's. 〔All right.〕/ No, let's not.

（公園へ行きましょう。）　（そうしましょう。／いいえ，やめておきましょう。）

Check! 日本文に合うように，（　）内の語や符号を並べかえなさい。

❺ この映画を見ましょう。(movie, let's, this, watch). ______

― いいえ，やめておきましょう。(not, no, let's / ,). ― ______

② canを使う文

canの使い方 ★★★

can は「～⑤ ______」という意味で，動詞に意味を付け加える。← ⑥ ______ と呼ぶ。

I speak English.　　　Tom plays the violin.
　動詞の前に⑦ を入れる。　　　動詞は原形に。
I can speak English.　　　Tom can play the violin.
（私は英語を話すことができます。）　　（トムはバイオリンを弾くことができます。）

Check! **正しいものを○で囲みなさい。**

❻ Ken can (sing, sings) English songs well.　❼ She can (drive, drives) a car.

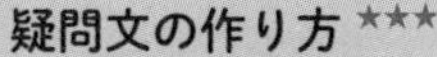

疑問文の作り方 ***

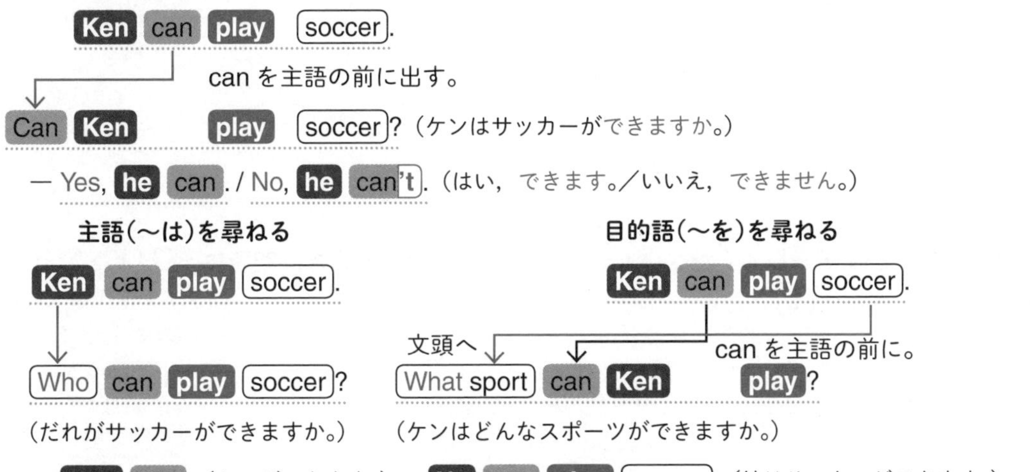

否定文の作り方 ***

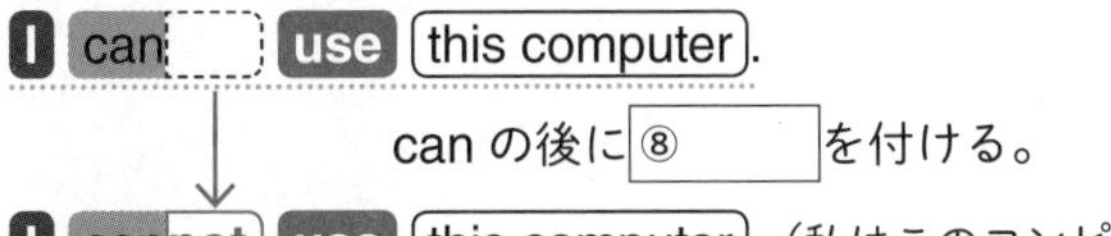

（私はこのコンピュータを使えません。）

注 can と not は can not のように離して書かない。1 語で cannot か，短縮形の can't を使う。

Check! **ⓐ疑問文，ⓑ否定文にしなさい。**

❽ Mary can eat *sushi*.　ⓐ ________________　ⓑ ________________

程度を示す副詞 *

a little「少し，少しの」

I can speak Chinese a little.（a little：副詞／動詞を修飾）
（私は中国語を少し話すことができます。）

I can speak a little Chinese.（a little：形容詞／名詞を修飾）
（私は少し（の）中国語を話すことができます。）

not ～ very ...「あまり…でない」

Kana can run very fast.（カナはとても速く走ることができます。）

Kana cannot run very fast.（カナはあまり速く走ることができません。）

月　日

STEP 2 実力問題

ねらわれるココが
- 命令文の作り方
- can の使い方
- a little / not ～ very

解答 ⇨ 別冊 p.7

1 次の英文を命令文に書きかえるとき，空所に適する語を書きなさい。

(1) You study English hard. → ＿＿＿＿ English hard.

(2) You use that pen. → ＿＿＿＿ that pen.

2 次の英文を「～してはいけません」という命令文に書きかえるとき，空所に適する語を書きなさい。

(1) You sit down here.

→ ＿＿＿＿ ＿＿＿＿ down here.

(2) You run in the classroom.

→ ＿＿＿＿ ＿＿＿＿ in the classroom.

3 次の英文を「どうぞ～してください」という文に書きかえるとき，空所に適する語を書きなさい。

(1) Look at me. → ＿＿＿＿ ＿＿＿＿ at me.

(2) Close the door. → ＿＿＿＿ the door, ＿＿＿＿.

4 次の英文を「～しましょう」という文に書きかえるとき，空所に適する語を書きなさい。

(1) We cook dinner. → ＿＿＿＿ ＿＿＿＿ dinner.

(2) We sing English songs.

→ ＿＿＿＿ ＿＿＿＿ English songs.

重要

5 次の日本文に合うように，空所に適する語を書きなさい。

(1) 彼女はフランス語を話すことができます。

She ＿＿＿＿ ＿＿＿＿ French.

(2) ケンは車を運転することができません。

Ken ＿＿＿＿ ＿＿＿＿ a car.

(3) マイクは納豆を食べることができますか。

＿＿＿＿ Mike ＿＿＿＿ *natto*?

(4) タロウ，この箱を開けてはいけません。

＿＿＿＿ ＿＿＿＿ this box, Taro.

(5) 良い子でいなさい。

＿＿＿＿ a good boy.

(6) 私は少しのお金を持っています。

I have ＿＿＿＿ ＿＿＿＿ money.

得点UP!

1 命令文は動詞の原形から始める。

2「～してはいけません」は Don't ～.
(1) sit down ＝「座る」

3「どうぞ～してください」は文頭か文末に please を置く。

4「～しましょう」は Let's ～.

Check! 自由自在① 助動詞 can の使い方を調べてみよう。

5 (4) 名前を呼んで命令するときは，文頭か文末に名前を置く。

重要

6 次の英文を指示に従って書きかえなさい。

(1) I can speak French.（否定文に）

____

(2) Be quiet.（丁寧な命令文に）

____

(3) Go to the library.（誘う文に）

____

(4) Listen to me.（ケン(Ken)に呼びかける文に）

____

7 次の対話文が成り立つように，空所に適する語を書きなさい。

(1) Let's clean the classroom.
— Yes, ________.

(2) Let's go shopping tomorrow.
— No, ________ ________.

(3) Can you get up early?
— No, ________ ________.

(4) Can your mother cook well?
— Yes, ________ ________.

8 次の日本文に合うように，(　)内の語を並べかえなさい。

(1) 公園でサッカーをしてはいけません。
(soccer, park, play, in, the, don't).

____

(2) 私はあまり速く走れません。
(fast, run, I, can't, very).

____

(3) シンジは何のスポーツができますか。
(sport, Shinji, play, can, what)?

____

(4) この部屋でうるさくしてはいけません。
(be, this, in, room, don't, noisy).

____

得点UP!

6 (3) library =「図書館」

(4) listen to ～ =「～の言うことを聞く」

7 (1) clean =「そうじする」

(2) go shopping =「買い物に行く」

8 (2)「あまり～でない」= not ～ very …

Check! 自由自在②
be動詞の命令文の作り方を調べてみよう。

(4)「うるさい」= noisy

STEP 3 発展問題

解答⇨別冊 p.7

1 次の英文を，意味の違いに注意して，日本語に直しなさい。

(1) Eat lunch here. ＿＿＿＿＿＿＿＿

Let's eat lunch here. ＿＿＿＿＿＿＿＿

(2) You don't use this bike. ＿＿＿＿＿＿＿＿

Don't use this bike. ＿＿＿＿＿＿＿＿

(3) Please come to my room. ＿＿＿＿＿＿＿＿

Come to my room. ＿＿＿＿＿＿＿＿

2 次の英文の（　）内から最も適するものを選び，○で囲みなさい。

(1) Yuta (play, plays) soccer after school.

(2) Asami, (study, studies) math hard every day.

(3) Let's (watch, watches) the soccer game on TV.

(4) (Be, Are) kind to little children.

(5) Jack cannot (read, reads) this Japanese letter.

(6) (Doesn't, Don't) go to the park today, Tomoko.

3 次の日本文に合うように，（　）内の語を並べかえなさい。ただし，不足する 1 語を補うこと。

(1) この辞書を使ってはいけません。

(use, dictionary, this).

＿＿＿＿＿＿＿＿＿＿＿＿＿＿＿＿

(2) あの老人を手助けしましょう。

(that, old, help, man).

＿＿＿＿＿＿＿＿＿＿＿＿＿＿＿＿

(3) だれがこの歌を上手に歌えますか。

(song, well, sing, this, who)?

＿＿＿＿＿＿＿＿＿＿＿＿＿＿＿＿

(4) 私はあまり音楽が好きではありません。

(don't, music, I, much, like).

＿＿＿＿＿＿＿＿＿＿＿＿＿＿＿＿

4 **次の英文を指示に従って書きかえなさい。**

(1) My sister speaks English a little.（「〜できる」の意味の文に）

(2) We clean our car.（「〜しましょう」の意味の文にして，Yes で答える）

—

難問 (3) Mary is a good tennis player.（can を使ってほぼ同じ意味の文に）

(4) He can speak three languages.（下線部を尋ねる疑問文に）

(5) Students can read science books in this room.（下線部を尋ねる疑問文に）

5 **次の日本文を英語に直しなさい。**

(1) どうぞ私の机を使ってください。

(2) 教室では静かにしなさい。(quiet)

(3) あなたはこの車を運転できますか。— はい，できます。

—

難問 (4) 私はサッカーがあまり好きではありません。

音声 **6** **3 人の中学生についての英文を放送します。その内容について，下の表の空欄にあてはまる日本語を書きなさい。**

名前	特技	苦手なもの
ケン	(1)	ピアノ
クミ	走ること	(2)
ミカ	(3)	水泳

第1章　初級

月　日

時を表す表現 / How, Which / There is〔are〕~.

STEP 1 まとめノート

解答⇨別冊 p.8

①時を表す表現

時刻の表現 ★★★

「~時です」

It's + 「~時」を表す数字.

It's five (o'clock).（5時です。）

「~時…分です」

It's + 「~時」を表す数字 + 「…分」を表す数字.

It's three fifteen now.（今3時15分です。）

「~時…分過ぎです」

It's + 「…分」を表す数字 + ① + 「~時」を表す数字.

It's twenty (minutes) past two.

（2時20分過ぎです。）

「~時…分前です」

It's + 「…分」を表す数字 + ② + 「~時」を表す数字.

It's ten (minutes) to six.

（6時10分前です。）

What time ~? When ~? ★★★

What time ~?…③ を尋ねる。

What time is it in London now? — It's seven (o'clock).（今ロンドンは何時ですか。 — 7時です。）

What time do you get up? — I get up at seven.（あなたは何時に起きますか。 — 7時に起きます。）

When ~?…時刻や時期，時間帯などを尋ねる。

When do you wash your hands? — I wash my hands before dinner.

（あなたはいつ手を洗いますか。 — 夕食の前に洗います。）

曜日・月日の尋ね方・答え方 ★★

What day (of the week) is it today? — It's Saturday.（今日は何曜日ですか。 — 土曜日です。）

What is the date today? — It's the first of April〔April 1〕.（今日は何月何日ですか。 — 4月1日です。）

〔=What day of the month is it today?〕

注 日付は序数で読む。（⇒序数は p.50 参照）

April 1 は April (the) first と読む。

ズバリ暗記	時を表す語句「~に」			
		in the morning「午前に」	at noon「正午に」	in the afternoon「午後に」
		at 時間「~時(…分)に」	on 曜日「~曜日に」	on 月日「~月…日に」
		in 月「~月に」	in 季節「~に」	(⇒曜日，月は p.50 参照)

②How, Which

How ~? ★★★

How ~?「どのようにして」④ を尋ねる。

How do you go to school? — By bike.

（あなたはどのようにして学校へ行きますか。 — 自転車で行きます。）

How ～?「どう」⑤［　　］・状態を尋ねる。

How is the weather today? — It's cloudy.（今日の天気はどうですか。— 曇りです。）

How about ～?「どうですか・いかがですか」意見・つごうを尋ねる。

How about some apples?（りんごはどうですか。）

How＋形容詞〔副詞〕～? ★★★

How＋形容詞〔副詞〕「どのくらい」⑥［　　］を尋ねる。

How long is this river?（この川の長さはどれくらいですか。）

— It's about five kilometers long.（約5キロです。）

How many＋複数名詞 ～?「いくつの～」⑦［　　］を尋ねるとき。（⇒ p.19 参照）

ズバリ暗記

How＋形容詞〔副詞〕～? の表現

長さ	年齢	背の高さ	距離	金額，量	高さ
How long ～?	How old ～?	How tall ～?	How far ～?	How much ～?	How high ～?

Which（＋名詞）～? ★★

限られた⑧［　　］の中から答えを求めるときに使う。

Which「どちら，どれ」

Which is your house?

（あなたの家はどちらですか。）

— This is mine.（これが私のです。）

Which＋名詞「どちらの，どの…」

Which season do you like?

（どの季節があなたは好きですか。）

— I like summer.（夏が好きです。）

③ There is ～. There are ～.

There is〔are〕～.「～がある・～がいる」★★★

There is＋単数名詞 ～.

There is [a book] on the desk.

（机の上に本があります。）

There are＋複数名詞 ～.

There are [two cats] under the table.

（テーブルの下に2匹のネコがいます。）

Is〔Are〕there ～?（疑問文）の作り方と答え方 ★★★

be 動詞と there を入れかえる。

Is there a boy in the park?（公園に男の子がいますか。）

— Yes, there is. / No, there isn't.（はい，います。／いいえ，いません。）

数を尋ねる場合　How many eggs are there in this box?（この箱の中に卵は何個ありますか。）

— There are ten (eggs in it).（10個あります。）

There is〔are〕not ～.（否定文）の作り方 ★★

be 動詞の後に⑨［　　］を入れる。

There are not any pens in my bag.（私のかばんの中にペンは一本もありません。）

Check! 空所を埋めなさい。

❶ There ＿＿＿＿＿ some cats in the park.

❷ ＿＿＿＿＿ there a chair in your room?

❸ How many students ＿＿＿＿＿ ＿＿＿＿＿ in your school?

月　日

STEP 2 実力問題

ねらわれる ココが
- ○時刻の表し方
- ○How, Which の使い方，答え方
- ○There is〔are〕～. の文の be 動詞の使い分け

解答 ⇨ 別冊 p.8

重要 **1** **次の日本文に合うように，空所に適する語を書きなさい。**

(1) 今，何時ですか。— 午後1時です。

__________ __________ is it now?

— It's one __________ the __________.

(2) 今日は何曜日ですか。— 火曜日です。

__________ __________ is it today?

— It's __________.

(3) 今日は何月何日ですか。—7月7日です。

__________ the __________ today?

— It's __________ 7.

(4) どちらがあなたのネコですか。— あの黒いのです。

__________ is your cat? — That black one __________.

(5) 大阪の天気はどうですか。— 雨です。

__________ is the weather in Osaka?

— __________ rainy.

(6) この箱の中には4つのカップがあります。

__________ __________ four __________ in this box.

(7) この図書館には何冊本がありますか。— 約5万冊です。

__________ __________ __________ __________

__________ in this library?

— __________ __________ about 50,000.

2 **次のカレンダーに合う対話文が成り立つように，空所に適する語を書きなさい。**

(1) 4月 20日 (金)

A：What day is it today?

B：It's __________.

(2) 10月 2日 (水)

A：What's the date today?

B：It's __________ 2.

(3) 3月 3日 (土)

A：What day is it today?

B：It's __________.

得点UP!

Check! 自由自在①
時刻・曜日・月日(日付)の尋ね方を調べてみよう。

1 (4) one は前に出てきた cat の代わりをする代名詞。

Check! 自由自在②
how を使って尋ねられることを調べてみよう。

Check! 自由自在③
曜日と月の名前の言い方を調べてみよう。

重要

3 次の英文の（　）内から最も適するものを選び，○で囲みなさい。

(1) (What day,　What's the date) is it today? — It's Wednesday.
(2) (When,　What) do you study? — I study after dinner.
(3) (How,　Which) do you go to school? — By bike.
(4) How (many,　much) cats do you have? — I have two.
(5) (What day,　What's the date) today? — It's November 15.
(6) There (aren't,　isn't) any balls in my bag.
(7) How (long,　old) is your brother? — He is twenty years old.
(8) (What day,　What time) is it now? — It's eleven ten.
(9) How (many,　much) are the shoes? — They're 3000 yen.
(10) There (is,　are) a big apple in the kitchen.

4 次の英文を指示に従って書きかえなさい。

(1) There are some tables in this room.（否定文に）

(2) Ken gets home at five.（下線部を尋ねる疑問文に）

(3) She walks in the morning.（下線部を尋ねる疑問文に）

(4) There are four pens on the desk.（下線部を尋ねる疑問文に）

5 次の日本文に合うように，（　）内の語を並べかえなさい。

(1) あなたはどちらの写真が好きですか。
(do,　like,　which,　you,　picture)?

(2) ケンはアメリカに何人の友達がいますか。
(Ken,　have,　America,　friends,　how,　many,　does,　in)?

(3) 私たちの町には図書館が２つあります。
(two,　are,　libraries,　there,　town,　our,　in).

(4) 今，４時10分過ぎです。
(four,　it's,　now,　ten,　past,　minutes).

3 (2) after ～ =「～の後で」

(9) shoe(s) =「くつ」は，通常複数形で使う。

(10) kitchen「台所」

Check! 自由自在④
There is〔are〕～. の使い方を調べてみよう。

4 (2) get home =「家に着く」

5 (3)「町」= town

月　　日

STEP 3 発展問題

解答⇨別冊 p.9

1 次の対話文が成り立つように，空所に適する語を書きなさい。

(1) *A*：__________ is your birthday?
B：It is February 8.

(2) *A*：I can see two bikes there. __________ bike is Ken's?
B：That small one is.

(3) *A*：__________ day is it today?
B：It's Monday.

(4) *A*：__________ the date today?
B：It is September 29.

(5) *A*：__________ far is it from here to the station?
B：It is about 200 meters.

(6) *A*：__________ about some juice?
B：Thank you very much.

2 次の各組の英文がほぼ同じ内容を表すように，空所に適する語を書きなさい。

(1) This house has many rooms.
__________ __________ many rooms in this house.

(2) There are not any trees in the park.
There are __________ trees in the park.

(3) How many days does a week have?
How many days __________ __________ in a week?

(4) How many months are there in a year?
How many months __________ a year __________?

3 次の英文を下線部が答えの中心となる疑問文に書きかえなさい。

(1) It's <u>Thursday</u> today.

____

(2) Ken has <u>three</u> sisters.

____

(3) It's <u>three o'clock</u>.

____

4 次の疑問文に対する答えとして最も適するものをア～キから1つずつ選び，記号を書きなさい。

(1) How do you go to the station? [　　　]
(2) Which subject do you like? [　　　]
(3) When do you read books? [　　　]
(4) How tall is your father? [　　　]
(5) How old is your father? [　　　]
(6) How is the weather today? [　　　]
(7) How many girls are there in your class? [　　　]

ア After lunch.　　イ He's 180 centimeters tall.
ウ He's forty-five years old.　　エ I like English.
オ There are eighteen.　　カ It's fine today.
キ By bus.

5 次の日本文を英語に直しなさい。

(1) 日本では学校はいつ始まりますか。

____

(2) どちらの車が彼のですか，この新しいのですか，それともあの古いのですか。

____

難問 (3) 9月の後はどの月が来ますか。

____

(4) あなたは毎日何時に家を出ますか。

____

音声 **6** 次の絵についての英文を3つずつ放送します。絵に合う英文をⓐ～ⓒから1つずつ選び，記号を書きなさい。

(1) [　　　]　　(2) [　　　]　　(3) [　　　]

第1章　初級

現在進行形

STEP 1 まとめノート

解答⇨別冊 p.9

①現在進行形

現在進行形の意味 ★★★

現在形…習慣的なことを表す。

I play tennis every day.

(私は毎日テニスをします。)

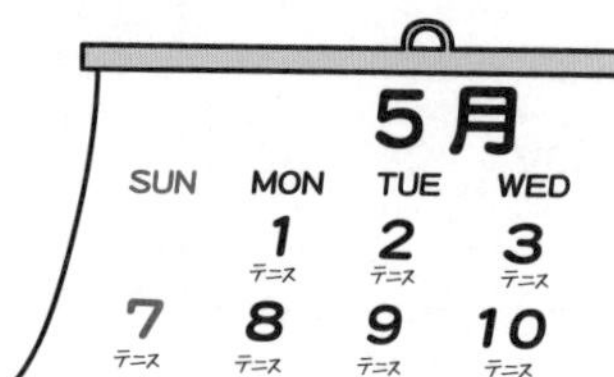

現在進行形…今，① [　　　] 中のことを表す。

I am playing tennis now.

(私は今，テニスをしています。)

現在進行形の形 ★★★

be 動詞＋動詞の -ing 形＝「～しています・～しているところです・～している最中です」

② [　　　] を表す動詞 → 進行形にできる。

work, read, wash, speak など

「私は本を読んでいます。」⇒ I am reading a book.

③ [　　　] を表す動詞 → ふつうは進行形にしない。

like, live, know, see など

「私は彼を知っています。」⇒ ○ I know him.

「動詞の -ing 形」を「現在分詞」と言う。

注 I ~~am knowing~~ him.「私は彼を知っているところ(？)です。」

am knowing を進行形の意味にすると，「知る」という動作の途中を表すことになってしまうが，know は動作ではなく，状態を表す動詞なのでおかしな意味になってしまう。

ズバリ暗記　動詞の -ing の付け方

通常	-ing を付ける	play − playing　wash − washing
語尾が e	e を取って -ing を付ける	make − making　have − having
語尾が〈短母音＋子音〉	子音字を重ねて -ing を付ける	run − running　swim − swimming

Check! ❶～❸は動詞に -ing を付け，❹～❻は現在進行形の文にしなさい。

❶ watch ＿＿＿＿　❷ plan ＿＿＿＿　❸ write ＿＿＿＿

❹ I cook dinner. ＿＿＿＿＿＿＿＿

❺ They sing a song. ＿＿＿＿＿＿＿＿

❻ Ken eats an egg. ＿＿＿＿＿＿＿＿

現在進行形の疑問文 ★★★

Bob is making a chair.

④ ＿＿ 動詞(am, are, is)を主語の前に置く。

Is Bob making a chair?（ボブはイスを作っていますか。）

― Yes, he is. / No, he isn't.

疑問詞がある場合 … 疑問詞を文頭に置く。

What are you doing?（あなたは何をしているのですか。）

― I am studying English.（私は英語を勉強しています。）

Check! **疑問文にして，その疑問文への答えを示された語に続けて書きなさい。**

❼ You are going to the library. ＿＿＿＿＿＿＿＿

― No, ＿＿＿＿＿＿＿＿.

❽ They are working very hard. ＿＿＿＿＿＿＿＿

― Yes, ＿＿＿＿＿＿＿＿.

現在進行形の否定文 ★★★

Jane is [ ] swimming now.

be 動詞の後に ⑤ ＿＿ を置く。

Jane is not swimming now.（ジェーンは今，泳いでいません。）

Check! **否定文にしなさい。**

❾ I am helping my mother. ＿＿＿＿＿＿＿＿

❿ We are cleaning our room. ＿＿＿＿＿＿＿＿

現在進行形・現在形でよく使われる語句 ★★

現在進行形でよく使われる語句… ⑥ ＿＿ (今)

現　在　形でよく使われる語句… ⑦ ＿＿ ～(毎～)，often(しばしば)，usually(ふだん)，

⑧ ＿＿ (ときどき)など

I am studying math now.（私は今，数学を勉強しています。）

I study math every night.（私は毎晩，数学を勉強します。）

注 このような語句が使われていない場合，現在形の日本語「～します」と，現在進行形の日本語「～しています」はよく似ているので注意が必要。

Check! **日本語に直しなさい。**

⓫ Tom is listening to music now.

＿＿＿＿＿＿＿＿

⓬ Tom often listens to music.

＿＿＿＿＿＿＿＿

月　日

STEP 2 実力問題

ねらわれる ココが
- 現在進行形の形
- 否定文，疑問文
- 現在形と現在進行形との違い

解答 ⇨ 別冊 p.10

1 次の英文の空所に is，am，are のうち，適する語を書きなさい。

(1) You ＿＿＿＿＿ playing soccer.

(2) Ken ＿＿＿＿＿ sleeping now.

(3) I ＿＿＿＿＿ eating lunch.

(4) Mika and I ＿＿＿＿＿ talking on the phone now.

重要 **2** 次の英文の（　）内から最も適するものを選び，○で囲みなさい。

(1) I'm (listen, listens, listening) to music.

(2) Mike (is, am, are) playing the guitar.

(3) (Is, Am, Are) your sister using the computer?

(4) Those students (is, am, are) reading books in the library.

(5) (Is, Do, Does) your mother like birds?

(6) (Is, Do, Does) Mr. Tanaka going to the station?

(7) They (do, does, are) not speaking Japanese.

(8) The boys (do, is, are) not know me.

3 次の日本文に合うように，空所に適する語を書きなさい。

(1) 私たちは今，公園のまわりを走っています。
We ＿＿＿＿＿ ＿＿＿＿＿ around the park now.

(2) 私の母は夕食を作っています。
My mother ＿＿＿＿＿ ＿＿＿＿＿ dinner.

(3) 彼は今，図書館へ行くところですか。
＿＿＿＿＿ he ＿＿＿＿＿ to the library now?

(4) 彼らは何を書いているのですか。
＿＿＿＿＿ ＿＿＿＿＿ they ＿＿＿＿＿?

(5) 私は今，音楽を聞いていません。
＿＿＿＿＿ ＿＿＿＿＿ listening to music now.

(6) 私はユカのことをとてもよく知っています。
＿＿＿＿＿ ＿＿＿＿＿ Yuka very well.

(7) だれがあの車を運転しているのですか。
＿＿＿＿＿ ＿＿＿＿＿ driving that car?

(8) ケンジは部屋で何をしていますか。
＿＿＿＿＿ ＿＿＿＿＿ Kenji ＿＿＿＿＿ in his room?

得点UP!

Check! 自由自在①
動作を表す動詞と，状態を表す動詞について調べてみよう。

Check! 自由自在②
動詞の -ing 形の作り方を調べてみよう。

3 (1) around
=「～のまわりを」
(3) go の進行形は「～へ行くところです」という意味。

(7)「だれが」が主語になるときは，3人称単数扱い。

重要

4 次の英文を指示に従って書きかえなさい。

(1) Mike takes pictures of flowers.（現在進行形の文に）

____

(2) I'm studying science.（否定文に）

____

(3) Do you play the piano?（現在進行形の文に）

____

(4) She is watching soccer on TV.（下線部を尋ねる疑問文に）

____

5 次の疑問文に対する答えとして最も適するものをア～ウから１つずつ選び，記号を書きなさい。

(1) Is John dancing on the street?

ア Yes, he does.

イ He is dancing now.

ウ Yes, he is. [ ]

(2) What are you doing now?

ア I'm helping Jane.

イ I'm busy.

ウ Yes, I am. [ ]

(3) Are your brothers swimming in the pool?

ア No, we aren't.

イ No, they aren't.

ウ They are swimming. [ ]

6 次の英文を下線部が答えの中心となる疑問文に書きかえなさい。

(1) She is making a cake.

____

(2) They are walking now.

____

(3) Kumi is singing that famous song.

____

(4) He's washing his father's car.

____

得点UP!

4 (4) on TV
=「テレビで」

5 (3) pool
=「プール」

6 (2) 動詞に下線部がある場合(動詞の部分を尋ねる疑問文にするとき)は「何をしていますか」とする。

STEP 3 発展問題

解答 ⇨ 別冊 p.10

1 次の英文の(　)内の語を，必要に応じて適切な形にかえなさい。

(1) We are ＿＿＿＿＿ at school now.（dance）
(2) I'm not ＿＿＿＿＿ him.（help）
(3) She ＿＿＿＿＿ a cute doll in her bag.（have）
(4) My brother ＿＿＿＿＿ about the singer very well.（know）
(5) My mother ＿＿＿＿＿ music at a high school.（teach）
(6) Where is Emi ＿＿＿＿＿ English?（study）
(7) Emi ＿＿＿＿＿ cats and dogs very much.（like）
(8) The children are ＿＿＿＿＿ their clothes.（change）
(9) We're ＿＿＿＿＿ breakfast now.（have）

2 次の日本文に合うように，(　)内の語(句)を並べかえなさい。ただし，不足する 1 語を補うこと。

(1) ケンは今何をしていますか。
(is, what, Ken, now)?

＿＿＿＿＿＿＿＿＿＿＿＿＿＿＿＿＿＿＿＿＿＿＿＿＿＿＿＿＿＿

難問 (2) 彼女は北海道に住んでいます。
(she, Hokkaido, in).

＿＿＿＿＿＿＿＿＿＿＿＿＿＿＿＿＿＿＿＿＿＿＿＿＿＿＿＿＿＿

(3) だれが今，公園を走っていますか。
(running, in, who, now, the park)?

＿＿＿＿＿＿＿＿＿＿＿＿＿＿＿＿＿＿＿＿＿＿＿＿＿＿＿＿＿＿

(4) ミカと私は私の部屋でテレビを見ています。
(TV, watching, in, I, Mika, and, my, room).

＿＿＿＿＿＿＿＿＿＿＿＿＿＿＿＿＿＿＿＿＿＿＿＿＿＿＿＿＿＿

3 次の疑問文に対する答えとして最も適するものをア～オから 1 つずつ選び，記号を書きなさい。

(1) Where is your brother studying? [　　　]
(2) Is John studying English now? [　　　]
(3) What are you doing? [　　　]
(4) What is the man making? [　　　]
(5) Are you doing your homework? [　　　]

ア I'm making a doll.
イ He is studying in his classroom.
ウ No. I'm writing a letter.
エ He is making a chair.
オ Yes, he is.

4 次の英文を，意味の違いに注意して，日本語に直しなさい。

(1) ⓐ Jim is watching TV in his room.

____

ⓑ Jim watches TV in his room.

____

難問 (2) ⓐ My brother isn't walking to school.

____

ⓑ My brother doesn't walk to school.

____

(3) ⓐ My children are going to the library now.

____

ⓑ My children go to the library every Saturday.

____

5 次の日本文を英語に直しなさい。

(1) あなたは何を書いているのですか。

____

(2) 彼らは今，海で泳いでいません。

____

(3) ヒロはどこでタカシと話していますか。

____

音声 **6** 次の絵について英語で質問します。その質問に対する答えを，英語で書きなさい。

(1) ______________________________

(2) ______________________________

(3) ______________________________

〔　　月　　日〕

理解度診断テスト

本書の出題範囲 pp.6〜47　時間 40分　得点 /100点　理解度診断 A B C

解答⇨別冊 p.11

1 次の単語の下線部と発音が同じものをア〜エから１つ選び，記号を書きなさい。(6点)

(1) library　ア visit　イ sit　ウ write　エ little　[　　]

(2) school　ア wash　イ city　ウ walk　エ watch　[　　]

(3) food　ア cook　イ look　ウ noon　エ book　[　　]

〔関東学園大学附属高－改〕

2 次のAとBの関係とCとDの関係が同じになるように，空所に適する語を書きなさい。(8点)

	A	B	C	D
(1)	I	mine	we	＿＿＿＿
(2)	pen	pens	man	＿＿＿＿
(3)	first	January	eighth	＿＿＿＿
(4)	play	plays	have	＿＿＿＿

重要 **3** 次の英文の(　)内の語を，必要に応じて適切な形にかえなさい。(8点)

(1) (This) bags are not mine.　＿＿＿＿　〔追手門学院大手前高〕

(2) My father (don't) drive a car.　＿＿＿＿

(3) Many children are (swim) in the sea.　＿＿＿＿

(4) Is this your brother's pencil? — No. (He) is red.　＿＿＿＿　〔大阪高－改〕

4 次の各組の英文がほぼ同じ内容を表すように，空所に適する語を書きなさい。(24点)

難問 (1) A year has twelve months.

＿＿＿＿ ＿＿＿＿ twelve months in a year.　〔追手門学院大手前高〕

(2) Mary is my mother's sister.

Mary is my ＿＿＿＿.

(3) He has a son and two daughters. They are good students.

His ＿＿＿＿ are good students.　〔共栄学園高〕

(4) Mr. Kato is an English teacher.

Mr. Kato ＿＿＿＿ English.　〔桜美林高－改〕

(5) Who is she?

＿＿＿＿ is ＿＿＿＿ name?

(6) Ken is a good tennis player.

Ken ＿＿＿＿ tennis ＿＿＿＿.

(7) This is our house.

This house is ＿＿＿＿.

(8) Don't come here before nine.

Come here ＿＿＿＿ nine.

5 次の日本文に合うように，空所に適する語を書きなさい。(28点)

(1) これはあなたの自転車ですか。— そうです。私のです。

Is this your bike? — Yes. It's ＿＿＿＿＿. 〔足立学園高〕

(2) はじめまして。

＿＿＿＿＿ do you ＿＿＿＿＿? 〔大阪学院大学高〕

(3) ここから駅までどのくらいありますか。— 約2キロです。

How ＿＿＿＿＿ is it from here to the station? — It's about two kilometers. 〔大阪学院大学高〕

(4) 窓を開けてください。

＿＿＿＿＿ ＿＿＿＿＿ the window.

(5) 今日は何曜日ですか。— 木曜日です。

＿＿＿＿＿ ＿＿＿＿＿ is it today? — It's ＿＿＿＿＿.

(6) マイクはとても上手に歌うことができます。

Mike ＿＿＿＿＿ sing very ＿＿＿＿＿.

(7) これらは何ですか。— 私のラケットです。

＿＿＿＿＿ are ＿＿＿＿＿? — ＿＿＿＿＿ my rackets.

6 次の疑問文に対する答えとして最も適するものを下から1つずつ選び，記号を書きなさい。(16点)

(1) Are you a nurse? [ ]

(2) Do you need any pencils? [ ]

(3) Is that an egg or a ball? [ ]

(4) Whose caps are these? [ ]

(5) Does Ken sometimes play the piano? [ ]

(6) Who can speak English well? [ ]

難問 (7) Are you nurses? [ ]

(8) Is that your bag? [ ]

ア Mary can.	イ They are Mary's.	ウ It's an egg.
エ Yes, it is.	オ Yes, I am.	カ Yes, we are.
キ No, he doesn't.	ク No, I don't.	

7 次のようなとき，相手にどのように言いますか。英語で書きなさい。(10点)

(1) 放課後，野球をしようと誘うとき。

＿＿＿＿＿＿＿＿＿＿＿＿＿＿＿＿＿＿＿＿

(2) 相手に毎日の起きる時刻を尋ねるとき。

＿＿＿＿＿＿＿＿＿＿＿＿＿＿＿＿＿＿＿＿

● 付録 代名詞の格変化，曜日，月，基数・序数

代名詞の格変化

	私	あなた	彼	彼女	それ	私たち	あなたたち	彼(女)ら それら
～は	I	you	he	she	it	we	you	they
～の	my	your	his	her	its	our	your	their
～を〔に〕	me	you	him	her	it	us	you	them
～のもの	mine	yours	his	hers	(its)	ours	yours	theirs

※「それのもの」にあたる形の its は，ほとんど用いられない。

曜日

日曜日	Sunday
月曜日	Monday
火曜日	Tuesday
水曜日	Wednesday
木曜日	Thursday
金曜日	Friday
土曜日	Saturday

月

1 月	January
2 月	February
3 月	March
4 月	April
5 月	May
6 月	June
7 月	July
8 月	August
9 月	September
10 月	October
11 月	November
12 月	December

基数		序数(～番目の)
1	one	first
2	two	second
3	three	third
4	four	fourth
5	five	fifth
6	six	sixth
7	seven	seventh
8	eight	eighth
9	nine	ninth
10	ten	tenth
11	eleven	eleventh
12	twelve	twelfth
13	thirteen	thirteenth
14	fourteen	fourteenth
20	twenty	twentieth
21	twenty-one	twenty-first
22	twenty-two	twenty-second
23	twenty-three	twenty-third
24	twenty-four	twenty-fourth
30	thirty	thirtieth
40	forty	fortieth
50	fifty	fiftieth
60	sixty	sixtieth
70	seventy	seventieth
80	eighty	eightieth
90	ninety	ninetieth
100	one hundred	one hundredth

第2章　中　級

第2章　中 級

第2章　中級

疑問詞で始まる疑問文

STEP 1 まとめノート

月　日

解答⇨別冊 p.12

①疑問詞で始まる疑問文

Who, What ★★★

	疑問詞が主語	疑問詞が目的語
Who (だれ)	Ken took this picture. ↓ Who took this picture? ① 　語 動詞 (だれがこの写真を撮りましたか。)	She saw Joe. ↓ Who(m) did she see? ② 　語 主語 動詞 (彼女はだれに会いましたか。)
What (何)	The accident happened last night. ↓ What happened last night? ③ 　語 動詞 (昨夜，何が起こりましたか。)	Maki bought a CD. ↓ What did Maki buy? ④ 　語 主語 動詞 (マキは何を買いましたか。)

注 who は I や you, he, she などの人称代名詞と同様に「～が」「～の」「～を」と変化する。

～が〔は〕	～の	～を〔に〕
who	⑤ (⇒ p.25 参照)	who(m)

What＋名詞，Which＋名詞 ★★

What＋名詞「何の～，どんな～」

What time do you eat dinner?

(あなたは何時に夕食を食べますか。)

Which＋名詞「どの～」

Which country is larger, China or Canada?

(中国とカナダでは，どちらの国の方が大きいですか。)

注 which は，選択するときに使う。

When「いつ」，Where「どこ」★★★

When　時を尋ねる。

She went there last week.
↓
When did she go there?

⑥ 　詞 主語 動詞

(彼女はいつそこに行きましたか。)

Where　場所を尋ねる。

Tom plays tennis in the park.
↓
Where does Tom play tennis?

⑦ 　詞 主語 動詞 目的語

(トムはどこでテニスをしますか。)

注 when, where は動詞の修飾語で，副詞の働きをし，主語・目的語にならない。

Check! 下線部が答えの中心となる疑問文にしなさい。

❶ Saki met Mr. Smith there. ______

❷ Emily bought a shirt yesterday. ______

❸ Friendship is very important for her. ______

❹ Joe uses the car every day. ______

❺ Takeshi visited Osaka last week. ______

❻ Bob was studying in the library then. ______

Why「なぜ」★★

why 理由を尋ねる。

Why did you stay at home?（あなたはなぜ家にいたのですか。）

⑧ ______ ＋動詞の原形 ～「～するためです」 （⇒ p.82 参照）

To do my homework.

（宿題をするためです。）

⑨ ______ ＋主語＋動詞 ～「～だからです」 （⇒ p.71 参照）

Because it was very cold.

（とても寒かったからです。）

ズバリ暗記

Why don't you ～?

「なぜ～しないのか」→「～したらどうですか，～しなさいよ」と人にうながす言い方。

Why don't you come with us?（私たちと一緒に行きましょうよ。）

Check! 空所を埋めなさい。

❼ Why do you study hard? ― ______ become a doctor.

❽ Why did Maki cook dinner for her family? ― ______ her mother was sick.

How「どうやって，どのよう」★★

方法や手段「どうやって，どのようにして」 （⇒ p.36 参照）

How did your friends come here?

（あなたの友だちはどうやってここに来たのですか。）

― By bus.（バスに乗って。）

様子「どのよう，どう」 （⇒ p.37 参照）

How is the weather in London?

（ロンドンの天気はどうですか。）

― It's raining.（雨が降っています。）

How＋形容詞〔副詞〕～? ★★

How many＋ ⑩ ______ **数名詞 ～?**「いくつの～」（⇒ p.19 参照）

How many hats do you have?（あなたはいくつ帽子を持っていますか。）

How＋形容詞〔副詞〕～?「どれぐらい～」ものの ⑪ ______ を尋ねる。（⇒ p.37 参照）

How much ～?（量・金額），How tall ～?（背たけ），How long ～?（長さ），How old ～?（年齢），How high ～?（高さ） など。

ズバリ暗記

How を伴った慣用表現	How are you?	How do you do?	How do you like ～?
	ご機嫌いかがですか。	初めまして。	～はいかがですか〔気に入りましたか〕。

月　日

STEP 2 実力問題

ココがねらわれる
- 疑問詞の意味と使い方
- 疑問詞のある疑問文の答え方
- 〈how＋形容詞・副詞〉の使い分け

解答⇨別冊 p.12

重要 **1** 次の英文の(　)内から最も適するものを選び，○で囲みなさい。

(1) *A*：(Who,　Whom,　Whose) is that tall boy?
　B：He is my brother, Kenichi.

(2) *A*：(What,　When,　Where) did your sister get the nice bag?
　B：She got it in London.

(3) *A*：(How,　Which,　Whose) girl plays tennis better, Mai or Yuki?
　B：Yuki plays tennis better than Mai.

(4) *A*：(How,　Who,　Why) is your father in France now?
　B：To work there.

(5) *A*：(How,　When,　What) do you like Japanese food?
　B：Very good!　*Sushi* and *tempura* are delicious.

2 次の日本文に合うように，空所に適する語を書きなさい。

(1) これはだれのラケットですか。
　________ racket ________ this?

(2) あなたは何時に，駅に着きましたか。
　________ ________ did you get to the station?

(3) あなたはなぜ怒っているのですか。
　— 彼が本当のことを言わなかったからです。
　________ are you angry?
　— ________ he didn't tell the truth.

(4) あの橋はどれくらいの長さですか。
　________ ________ is that bridge?

重要 **3** 次の英文を下線部が答えの中心となる疑問文に書きかえるとき，空所に適する語を書きなさい。

(1) Mr. Smith came to this town two years ago.
　________ ________ Mr. Smith ________ to this town?

(2) Kaori played tennis with Miki.
　________ ________ ________ with Miki?

(3) They go to school by bike.
　________ ________ ________ go to school?

(4) Jack has four dogs.
　________ ________ ________ does Jack have?

(5) She's 165 centimeters tall.
　________ ________ ________ ________?

得点UP!

1 (2)「場所」を尋ねている。

(4) 答えの文は「そこで働くためです。」という意味。

(5) 印象などを問う慣用表現。

Check! 自由自在①
疑問詞の種類と，それぞれの意味，尋ねる内容を調べてみよう。

2 (2)「時刻」を尋ねている。

(3)「〜だから」＝because

(4)「長い」という意味の形容詞を用いる。

3 (1)「時」を尋ねる。

(2)「人」を尋ねる。

(3)「手段」を尋ねる。

(4)「数」を尋ねる。

(5)「背の高さ」を尋ねる。

4 次の疑問文に対する答えとして最も適するものをア～エから１つずつ選び，記号を書きなさい。

(1) What were you doing at that time? [　　　]

(2) How far is your school from here? [　　　]

(3) What subject do you like the best? [　　　]

(4) Why does your brother study English hard? [　　　]

ア To talk with foreign people.	イ I was talking with Tomomi.
ウ I like English the best.	エ It's only 500 meters.

5 次の日本文に合うように，(　)内の語を並べかえなさい。

(1) そのとき彼らに何があったのですか。
(to,　then,　what,　them,　happened)?

＿＿＿＿＿＿＿＿＿＿＿＿＿＿＿＿＿＿＿＿

(2) あなたはどのくらい水が必要ですか。
(water,　need,　much,　you,　do,　how)?

＿＿＿＿＿＿＿＿＿＿＿＿＿＿＿＿＿＿＿＿

(3) 私たちのクラブに入りませんか。
(join,　don't,　our,　why,　club,　you)?

＿＿＿＿＿＿＿＿＿＿＿＿＿＿＿＿＿＿＿＿

6 右の絵を見て，次の質問に英語で答えなさい。

(1) What time is it?

＿＿＿＿＿＿＿＿＿＿＿＿

(2) What is Mari doing?

＿＿＿＿＿＿＿＿＿＿＿＿

(3) How many students are there in the classroom?

＿＿＿＿＿＿＿＿＿＿＿＿

音声 **7** 対話文を放送します。その内容についての質問に対する答えとして最も適するものを１つずつ選び，記号を書きなさい。

(1) ア　　イ　　ウ　　〔埼玉一改〕[　　　]

(2)

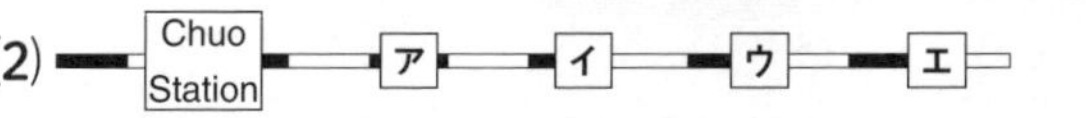

〔新潟一改〕[　　　]

得点UP!

4 (1)「していたこと」を尋ねている。
(2)「距離」を尋ねている。
(3)「好きな科目」を尋ねている。
(4)「理由」を尋ねている。

5 疑問詞は疑問文の文頭に置く。

7 先に絵をよく見ておく。

月　　日

STEP 3 発展問題

解答⇨別冊 p.13

1 **次の対話が成り立つように，空所に適する語を書きなさい。**

(1) ＿＿＿＿ computer is this? — It's my father's.

(2) ＿＿＿＿ did you meet John? — I met him by the school gates.

(3) ＿＿＿＿ are you hungry? — ＿＿＿＿ I didn't have breakfast this morning.

(4) ＿＿＿＿ ＿＿＿＿ is this book? — It's 870 yen.

(5) ＿＿＿＿ ＿＿＿＿ did you call me? — I called you at nine.

2 **次の対話が成り立つように，(　)内の語を並べかえなさい。**

(1) *A*：(school, does, how, to, go, Sam)?
B：He walks to school every day.

＿＿＿＿＿＿＿＿＿＿＿＿＿＿＿＿＿＿＿＿

(2) *A*：(country, you, better, which, do, like), Australia or New Zealand?
B：I like New Zealand better.

＿＿＿＿＿＿＿＿＿＿＿＿＿＿＿＿, Australia or New Zealand?

(3) *A*：(take, did, picture, when, you, this, where)?〈1語不要〉
B：I took it last year.

＿＿＿＿＿＿＿＿＿＿＿＿＿＿＿＿＿＿＿＿

3 **次の英文の誤りを直して，正しい文に書きかえなさい。ただし，下線部はかえないこと。**

(1) <u>Who</u> did you break the window?

＿＿＿＿＿＿＿＿＿＿＿＿＿＿＿＿＿＿＿＿

(2) <u>How many</u> book are there on the desk?

＿＿＿＿＿＿＿＿＿＿＿＿＿＿＿＿＿＿＿＿

難問 (3) <u>What</u> did you get it from him yesterday?

＿＿＿＿＿＿＿＿＿＿＿＿＿＿＿＿＿＿＿＿

4 **あなたのクラスにALT(英語指導助手)の先生が来ました。次のようなとき，相手にどのように言いますか。英語で書きなさい。ただし，必ず疑問詞で始めること。**

(1)「はじめまして。」とあいさつするとき。

＿＿＿＿＿＿＿＿＿＿＿＿＿＿＿＿＿＿＿＿

(2) 年齢を尋ねたいとき。

＿＿＿＿＿＿＿＿＿＿＿＿＿＿＿＿＿＿＿＿

(3) 出身地を尋ねたいとき。

＿＿＿＿＿＿＿＿＿＿＿＿＿＿＿＿＿＿＿＿

(4) この学校の印象はどうか知りたいとき。

＿＿＿＿＿＿＿＿＿＿＿＿＿＿＿＿＿＿＿＿

独創的

5 右のメモを見て，次の質問に英語で答えなさい。

メモ
名前：Tom（トム）
出身地：カナダ　　年齢：15歳
誕生日：5月4日　　趣味：サッカー
飼っているペット：イヌ1匹，ネコ2匹

(1) When is Tom's birthday?

______

(2) What does Tom do in his free time?

______

(3) How many cats does Tom have?

______

読解

6 次の対話文を読んで，後の各問いに答えなさい。〔長崎－改〕

Ms. Green：Hi, Takeshi. [①]

Takeshi：Fine, thank you. And you?

Ms. Green：Fine. [②]

Takeshi：I'm writing my speech in English for the *speech contest next month.

Ms. Green：Oh, your *topic is interesting. Why did you *choose ③this topic?

Takeshi：Well, my grandmother lives with my family. She said, "Many old people live *alone in our town. They can't carry heavy things and change a *light bulb. They need young people's help."

Ms. Green：I see. Well, I saw the interesting news on TV last week. It was about students and old people in the next town. The students made lunch for the old people and had lunch together.

Takeshi：The old people were happy, and the students were happy, too.

Ms. Green：That's ④an important point about the news.

（注） speech contest：スピーチコンテスト　topic：話題　choose：選ぶ　alone：ひとりで
light bulb：電球

(1) [①]，[②]に入る最も適当なものを，**ア**～**カ**から1つずつ選び，記号を書きなさい。

ア How do you do?　**イ** Who are you?　**ウ** How are you?
エ What did you do?　**オ** What are you doing?　**カ** What is that?

①［　　］②［　　］

(2) 下線部③の内容として最も適当なものを，**ア**～**エ**から1つ選び，記号を書きなさい。

ア Why do many old people live alone?
イ How do we make lunch for old people?
ウ What can we do for old people?
エ When are old people happy?

［　　］

(3) 下線部④の内容を15語程度の日本語で説明しなさい。

______

(4) 本文の内容に合うように，次の質問に英語で答えなさい。

ⓐ When did Ms. Green see the news?

______

ⓑ What did the students in the next town do?

______

月　日

第２章　中級

2 be 動詞・一般動詞の過去形 / 過去進行形

STEP 1 まとめノート

解答 ⇨ 別冊 p.14

① be 動詞の過去形 ★★★

be 動詞の過去形

am, is の過去形 → ①

現在 I am in Tokyo.

過去 I was in Tokyo yesterday.

（私は昨日，東京にいました。）

My mother is angry.

My mother was angry then.

（母はそのとき，怒っていました。）

are の過去形 → ②

現在 They are tired.

過去 They were tired last night.

（彼らは昨夜，疲れていました。）

現在形の be 動詞は am, are, is の 3 つ。
過去形は was, were の 2 つ。

ズバリ暗記	過去を表す語句	「昨日」 yesterday	「この前の～・昨～」 last ～	「～前に」 ～ ago	「そのとき」 then〔at that time〕

Check! 文末に( )内の語句を加えて，全文を書きなさい。

❶ Mr. Smith is a teacher.（three years ago）＿＿＿＿

❷ Tom and Nancy are in Canada.（last month）＿＿＿＿

be 動詞の過去形の疑問文・否定文の作り方

疑問文…was, were を主語の前に置く。

John was in the park.

Was John in the park?

（ジョンは公園にいましたか。）

― Yes, he was. / No, he wasn't.

注 wasn't は was not, weren't は were not。

否定文…was, were の後に③　を入れる。

We were busy this morning.

We were not busy this morning.

（私たちは今朝，忙しくありませんでした。）

was, were にかわっただけで，
現在形の be 動詞と同じルール！

② 一般動詞の過去形 ★★★

一般動詞の過去形

④　動詞…動詞の原形＋-(e)d

⑤　動詞…動詞ごとに独自の活用をする。

（⇒ p.114 参照）

現在 We walk to school.

過去 We walked to school yesterday.

（私たちは昨日，学校に歩いて行きました。）

I go to Tokyo.

I went to Tokyo three days ago.

（私は 3 日前，東京に行きました。）

注 動詞の過去形は，主語が 3 人称単数でも，I や you，複数主語と同じ形。

He walked to school yesterday. He went to Tokyo three days ago.

ズバリ暗記　規則動詞の -(e)d の付け方

語尾	-(e)d の付け方	例
-e で終わる	-d	live → lived
短母音＋子音字	子音字を重ねて -ed	stop → stopped
子音字＋y	-y を -i にかえて -ed	cry → cried
その他	-ed	need → needed

Check! 文末に(　)内の語(句)を加えて，全文を書きなさい。

❸ I study math.（yesterday）＿＿＿＿＿＿＿＿

❹ Yuka writes a letter.（last night）＿＿＿＿＿＿＿＿

一般動詞の過去形の疑問文・否定文の作り方

疑問文…⑥［　　　］＋主語＋動詞の原形 ～?

［　］ He lived in China.

↓ 動詞を原形にする。

Did he live in China?

（彼は中国に住んでいましたか。）

— Yes, he did. / No, he didn't.

注 didn't は did not の短縮形。

否定文… 主語＋⑦［　　　］not＋動詞の原形

Tom ［　］［　］ stayed there.

↓ 動詞を原形にする。

Tom did not stay there.

（トムはそこに滞在していませんでした。）

do〔does〕が did にかわっただけで，現在形の一般動詞と同じルール！

❸ 過去進行形 ★★★

過去進行形の形と意味

be 動詞の過去形(was，were)＋動詞の⑧［　　　］形「～していた」

She was watching TV then.

（彼女はそのときテレビを見ていました。）

They were talking at that time.

（彼らはそのとき話していました。）

注 動詞の -ing 形の作り方や，進行形にできる動詞・できない動詞については「現在進行形」を復習しよう。(⇒ p.42 参照)

過去進行形の疑問文・否定文の作り方

疑問文…was，were を主語の前に置く。

They were sleeping then.

Were they sleeping then?

（彼らはそのとき眠っていましたか。）

— Yes, they were. / No, they weren't.

否定文…was，were の後に⑨［　　　］を入れる。

Bob was ［　］ reading a book.

Bob was not reading a book.

（ボブは本を読んでいませんでした。）

月　日

STEP 2 実力問題

ねらわれる ココが
- ○主語と was, were の使い分け
- ○規則動詞，不規則動詞の区別
- ○-ing 形の作り方

解答⇨別冊 p.14

重要 **1 次の下線部の発音が[d]ならア，[t]ならイ，[id]ならウと答えなさい。**

(1) played [　　]　(2) visited [　　]
(3) looked [　　]　(4) wanted [　　]
(5) danced [　　]　(6) lived [　　]

重要 **2 次の英文の(　)内の語を，必要に応じて適切な形にかえなさい。**

(1) My sister and I ＿＿＿＿ in Nagoya three days ago.（be）
(2) Kazumi was ＿＿＿＿ the dishes at that time.（wash）
(3) He ＿＿＿＿ a book to me last Sunday.（give）
(4) We ＿＿＿＿ English yesterday.（study）
(5) I ＿＿＿＿ at the corner and talked with my friend.（stop）

3 次の日本文に合うように，空所に適する語を書きなさい。

(1) マイクは３年前，日本にやってきました。
Mike ＿＿＿＿ to Japan three years ＿＿＿＿.
(2) 私たちはこの前の日曜日とても疲れていました。
We ＿＿＿＿ very tired ＿＿＿＿ Sunday.
(3) ユキは部屋の掃除をしましたか。—はい，しました。
＿＿＿＿ Yuki ＿＿＿＿ her room?
— Yes, she ＿＿＿＿.
(4) そのときテレビを見ていましたか。—いいえ，見ていませんでした。
＿＿＿＿ you watching TV then? — No, I ＿＿＿＿.
(5) だれがこの写真を撮影したのですか。—私の兄です。
Who ＿＿＿＿ this picture? — My brother ＿＿＿＿.

重要 **4 次の英文を指示に従って書きかえなさい。**

(1) They were sick in bed.（疑問文に）

＿＿＿＿＿＿＿＿＿＿＿＿＿＿＿＿

(2) We swim in the lake.（過去進行形の文に）

＿＿＿＿＿＿＿＿＿＿＿＿＿＿＿＿

(3) Jack had dinner at the restaurant.（否定文に）

＿＿＿＿＿＿＿＿＿＿＿＿＿＿＿＿

(4) She studied math last night.（下線部を尋ねる疑問文に）

＿＿＿＿＿＿＿＿＿＿＿＿＿＿＿＿

(5) There was a nice shop in this area.（下線部を two にかえて）

＿＿＿＿＿＿＿＿＿＿＿＿＿＿＿＿

得点UP!

Check! 自由自在①
規則動詞の過去形の語尾の発音を調べてみよう。

Check! 自由自在②
規則動詞の過去形の作り方を調べてみよう。

3 (3) 一般動詞の過去形の疑問文。

(4) 過去進行形の疑問文には，was〔were〕を使って答える。
(5) 疑問詞が主語の疑問文。

4 (1) be sick in bed ＝「病気で寝ている」

(4)「何を勉強しましたか」という文にする。

5 次の疑問文に対する答えとして最も適するものをア～オから１つずつ選び，記号を書きなさい。

(1) Was John free yesterday? [　　　]
(2) What was John doing in the park? [　　　]
(3) Who was walking with John? [　　　]
(4) Who visited your house last Saturday? [　　　]
(5) Did John need your help? [　　　]

ア No, he didn't.　イ Yes, he was.　ウ John did.
エ Cathy was.　オ He was running there.

6 次の日本文に合うように，(　)内の語(句)を並べかえなさい。

(1) 机の上に本が何冊かありました。
(books, there, on, some, were, the desk).

(2) 5時には雨は降っていませんでした。
(was, at, it, not, raining, five).

(3) トムはいつ宿題をしたのですか。
(did, his homework, Tom, when, do) ?

7 右の表はメアリーの昨日の行動をまとめたものです。表を参考にして，後の各問いに英語で答えなさい。

9：00～12：00	学校でテニスの練習
12：00～13：00	昼食
13：00～14：30	公園を散歩
14：30～17：30	図書館で勉強

メアリーの昨日の行動

(1) What was Mary doing at eleven?

(2) Did Mary take a walk in the morning?

(3) Where was Mary at four?

音声 **8** 対話文を放送します。その内容についての質問に対する答えとして最も適するものをア～ウから１つずつ選び，記号を書きなさい。

(1) ア He was calling his friend.
イ He was going out.
ウ He was taking a bath. [　　　]

(2) ア Mark and his mother did.
イ Nana and her mother did.
ウ Mark and Nana did. [　　　]
〔神奈川一改〕

得点UP!

6 (2) 天気を表す文は it を主語にする。

(3)「(彼の)宿題をする」
＝do his homework

7 (2) take a walk
＝「散歩する」

STEP 3 発展問題

解答⇨別冊 p.15

1 次の英文の下線部と発音が同じものを[　]内から選び，記号を書きなさい。

(1) We need<u>ed</u> a lot of money.　[ア finish<u>ed</u>　イ start<u>ed</u>　ウ listen<u>ed</u>]　[　　]

(2) Joe r<u>ea</u>d this magazine.　[ア s<u>ai</u>d　イ r<u>a</u>n　ウ n<u>ee</u>d]　[　　]

(3) We s<u>aw</u> Bob at the station.　[ア br<u>o</u>ke　イ cl<u>ou</u>d　ウ c<u>au</u>ght]　[　　]

2 次の対話文が成り立つように，空所に適する語を書きなさい。

(1) ＿＿＿＿＿ you studying at nine yesterday? — Yes, I ＿＿＿＿＿.

(2) ＿＿＿＿＿ was in the classroom? — George and Kenji ＿＿＿＿＿.

(3) ＿＿＿＿＿ did you buy at the shop? — I ＿＿＿＿＿ this camera there.

(4) ＿＿＿＿＿ Henry visit Australia last month?

— No, he ＿＿＿＿＿. He ＿＿＿＿＿ New Zealand.

3 次の日本文に合うように，(　)内の語(句)を並べかえなさい。

(1) かごの中にはリンゴがありましたか。

(there, apples, the basket, were, in, any)?

＿＿＿＿＿＿＿＿＿＿＿＿＿＿＿＿＿＿＿＿

難問

(2) 姉は昨日，学校を休みました。〈1 語不要〉

(didn't, my, from, absent, sister, was, school) yesterday.

＿＿＿＿＿＿＿＿＿＿＿＿＿＿＿＿＿＿＿＿ yesterday.

(3) そのとき生徒たちは教室を掃除していました。〈1 語不足〉

The students (classroom, time, cleaning, their, that, at).

The students ＿＿＿＿＿＿＿＿＿＿＿＿＿＿＿＿＿＿＿＿.

(4) 父は今朝，牛乳を 2 杯飲みました。〈下線の語を適当な形に直して〉

My father (of, glasses, this, <u>drink</u>, milk, two) morning.

My father ＿＿＿＿＿＿＿＿＿＿＿＿＿＿＿＿＿＿＿＿ morning.

4 次の各文には 1 か所ずつ誤りがあります。その部分の記号を答え，正しい表現を書きなさい。

(1) That woman ア<u>was loving</u> イ<u>him</u> ウ<u>very much</u> many years エ<u>ago</u>.

記号 [　　] 正 ＿＿＿＿＿

(2) ア<u>What</u> イ<u>did</u> she ウ<u>eats</u> エ<u>for dinner</u> yesterday?

記号 [　　] 正 ＿＿＿＿＿

(3) ア<u>There</u> イ<u>was</u> ウ<u>some</u> books in my bag エ<u>then</u>.

記号 [　　] 正 ＿＿＿＿＿

難問

(4) ア<u>Who</u> イ<u>did write</u> ウ<u>this report</u>? — Nancy エ<u>did</u>.

記号 [　　] 正 ＿＿＿＿＿

5 **右の絵を見て，後の質問に英語で答えなさい。**

(1) What did the boy do last night?

____

(2) What were the girls doing at three?

____

(1)

(2)

6 **次のようなとき，相手にどのように言いますか。英語で書きなさい。**

(1) 先週はとても暑かったと言うとき。

____

(2) 自分は昨夜，宿題をしなかったと伝えるとき。

____

(3) 5時ごろこの車を洗っていたのかと相手に尋ねるとき。

____

読解

7 **次の[新聞記事]を読んで，後の各問いに答えなさい。** 〔新潟－改〕

[新聞記事]

NIIGATA — A boy *saved an old woman in South Park.

Yamada Masao, a junior high school student, got up at 6:00 in the morning and ①(go) to the park with his dog. They were *walking in the park. *Suddenly, the dog *barked. Masao ②(find) an old woman by a *pond. She was ③(sit) on the *ground and her face was *pale. He thought, "She is sick." He talked to the woman, but she [④]. He ⑤(run) to the *road. He said to a man there, "Please call an *ambulance."

Masao said, "She is older than my grandmother, so I worried very much. Now she is all right."

（注） save：～を救う　walk：散歩する　suddenly：突然　bark：ほえる　pond：池
ground：地面　pale：青ざめた，青白い　road：道路　ambulance：救急車

(1) ①②③⑤の(　)内の語を必要に応じて適切な形にかえなさい。

① ________　② ________　③ ________　⑤ ________

(2) [④]に入る最も適当なものを，**ア**～**エ**から1つ選び，記号を書きなさい。

ア ate something　**イ** wasn't sick　**ウ** didn't answer　**エ** was all right

［　　　　］

(3) [新聞記事]の内容に合うものを，**ア**～**エ**から1つ選び，記号を書きなさい。

ア Masao went to South Park with his grandmother on that day.

イ There was an old woman near the pond in South Park.

ウ Masao's grandmother was as old as the old woman.

エ Masao called an ambulance on the road.

［　　　　］

第2章 中級

未来表現 / 接続詞

STEP 1 まとめノート

月　日

解答⇨別冊 p.16

① 未来表現

be going to ＋動詞の原形 ***

近い ① を表し，「～しようとしている，～するつもりだ」といった意味を表す。

Jack plays tennis.

「be going to＋動詞の ② 形」にする。

Jack is going to play tennis tomorrow.（ジャックは明日，テニスをすることにしています。）

疑問文…主語と be 動詞を入れかえる。

Is Jack going to play tennis tomorrow?

— Yes, he is. / No, he isn't.

否定文…be 動詞の後ろに ③ を入れる。

Jack is not going to play tennis tomorrow.

ズバリ暗記	未来を表す語句	「明日」 tomorrow	「次の～，来～」 next ～	「すぐに」 soon	「あさって」 the day after tomorrow

Check! 文末に（　）内の語(句)を加えて，be going to を使った文にしなさい。

❶ I take a bath.（soon）＿＿＿＿＿＿＿＿

❷ Maki makes a cake.（next Sunday）＿＿＿＿＿＿＿＿

will＋動詞の原形 ***

未来のことを ④ する表現で，「～するだろう」という意味。自分の予定や意思を表すこともある。

Alice [　] comes here.

「will＋動詞の ⑤ 形」にする。

Alice will come here soon.（アリスはすぐにここに来るでしょう。）

疑問文…主語と will を入れかえる。

Will Alice come here soon?

（アリスはすぐにここに来るでしょうか。）

— Yes, she will. / No, she won't.

否定文…will の後ろに ⑥ を入れる。

Alice will not come here soon.

（アリスはすぐにはここに来ないでしょう。）

注 will は can などと同じ助動詞。will not の短縮形は won't。

Check! ⓐ疑問文，ⓑ否定文にしなさい。

❸ Mike will do it.　ⓐ＿＿＿＿＿＿＿＿　ⓑ＿＿＿＿＿＿＿＿

❹ He will visit us.　ⓐ＿＿＿＿＿＿＿＿　ⓑ＿＿＿＿＿＿＿＿

Shall I〔we〕～?　Will you ～? ★★

Shall I ～?　相手の意向を尋ねる表現。

Shall I open the door?

((私が)ドアを開けましょうか。)

— Yes, please. / No, thank you.

(はい，お願いします。／いいえ，結構です。)

Shall we ～?　相手を誘う表現。

Shall we have lunch here?

((私たちは)ここで昼食にしませんか。)

— Yes, let's. / No, let's not.

(はい，そうしましょう。/ いいえ，やめておきましょう。)

Will you ～?　相手にものを頼む表現。

Will you call me tonight? — All right.〔Yes, I will.〕/ No, I won't.

(今夜私に電話をしてもらえませんか。)　(いいですよ。／いいえ，いやです。)

注 Won't you ～? や Will you please ～? は，Will you ～? よりも丁寧な依頼の言い方。

② 接続詞

and, but, or ★

⑦［　　］接続詞…語と語，句と句，文と文を対等に結び付ける。

A and B「A と B，A そして B」

A but B「A だが B，A しかし B」

not A but B「A でなくて B」

A or B「A か B，A あるいは B」

命令文＋， ⑧［　　］「…しなさい，そうすれば～」

命令文＋， ⑨［　　］～「…しなさい，そうしないと～」

Hurry up, and you will catch the train.

(急ぎなさい，そうすれば電車に間に合いますよ。)

Study hard, or you will not pass the exam.

(熱心に勉強しなさい，そうしないと試験に通りませんよ。)

when, if, because, though ★★★

⑩［　　］接続詞…文と文を結び付けて，さまざまな意味を表す。

「時」を表す **when**(～が…したとき)

「条件」を表す **if**(もし～ならば)

「原因・理由」を表す **because**(～だから)

「譲歩」を表す **though**(～だけれども)

When I got home, my mother was cooking ⇔ My mother was cooking when I got home.

(When I got home = 従属節，my mother was cooking = 主節 ／ My mother was cooking = 主節，when I got home = 従属節)

(私が帰宅したとき，母は調理をしていました。)

接続詞を含む重要構文 ★★★

- both A ⑪［　　］B「A も B も両方」Both Ken and Mike like cats.(ケンもマイクもネコが好きです。)
- not only A ⑫［　　］(also) B「A だけでなく B も」

  Not only Tom but also I am from Kobe.(トムだけでなく私も神戸出身です。)
- either A ⑬［　　］B「A かまたは **B**」 注 動詞は B に合わせる。

  Either he or I am going to join the meeting.(彼か私のどちらかが会議に参加します。)
- as ～ as ... ⑭［　　］「できるだけ～」 Run as fast as you can.(できるだけ速く走りなさい。)
- so ～ ⑮［　　］...「たいへん～で…だ」

  He worked so hard that he became rich.(彼はとても頑張って働いたので，裕福になりました。)

月　日

STEP 2 実力問題

ねらわれるココが
- will，be going to の後の動詞の形
- Shall we〔I〕～？ Will you ～？と答え方
- 従属接続詞の使い方と意味

解答⇨別冊 p.16

1 次の日本文に合うように，空所に適する語を書きなさい。

(1) 私たちは野球をするつもりです。
We ＿＿＿＿ ＿＿＿＿ to ＿＿＿＿ baseball.

(2) カオリはここに来るでしょうか。― いいえ，来ないでしょう。
＿＿＿＿ Kaori ＿＿＿＿ here? ― No, she ＿＿＿＿.

(3) もし明日晴れたら，私は外出するでしょう。
＿＿＿＿ it ＿＿＿＿ fine tomorrow, I ＿＿＿＿ go out.

(4) 音楽を聞きませんか。― はい，そうしましょう。
＿＿＿＿ we listen to music? ― Yes, ＿＿＿＿.

(5) 私はアメリカ出身ではなく，カナダ出身です。
I'm ＿＿＿＿ from America ＿＿＿＿ from Canada.

(6) ケンかトムのどちらかがあなたを手伝うでしょう。
＿＿＿＿ Ken ＿＿＿＿ Tom ＿＿＿＿ going to help you.

重要 **2 次の英文を指示に従って書きかえるとき，空所に適する語を書きなさい。**

(1) Masato reads the book.（文末に tomorrow を加えて）
Masato ＿＿＿＿ ＿＿＿＿ the book tomorrow.

(2) She is going to make curry.（疑問文に）
＿＿＿＿ ＿＿＿＿ ＿＿＿＿ to make curry?

(3) I'll paint a picture in the park.（否定文に）
I ＿＿＿＿ ＿＿＿＿ paint a picture in the park.

(4) Ken likes dogs. Joe likes dogs, too.（ほぼ同じ意味の 1 文に）
＿＿＿＿ Ken ＿＿＿＿ Joe ＿＿＿＿ dogs.

(5) I lived in Osaka.（「私が 7 歳だったとき」という意味の文に）
＿＿＿＿ ＿＿＿＿ ＿＿＿＿ seven, I lived in Osaka.

重要 **3 次の英文を，意味の違いに注意して，日本語に直しなさい。**

(1) ⓐ Start at once, and you'll be in time.
＿＿＿＿＿＿＿＿＿＿＿＿＿＿＿＿＿＿＿＿

ⓑ Start at once, or you'll be late.
＿＿＿＿＿＿＿＿＿＿＿＿＿＿＿＿＿＿＿＿

(2) ⓐ I didn't go to school because I was sick.
＿＿＿＿＿＿＿＿＿＿＿＿＿＿＿＿＿＿＿＿

ⓑ I went to school though I was sick.
＿＿＿＿＿＿＿＿＿＿＿＿＿＿＿＿＿＿＿＿

得点UP!

1 (1)「be going to ＋動詞の原形」
(2) will not の短縮形。
(3) if 節の中は未来のことも現在形で表す。
(6) be 動詞に注意。

Check! 自由自在①
未来のことを表す be going to と will の使い方を調べてみよう。

2 (3) I'll は I will の短縮形。
(5)「時」を表す接続詞を使う。

3 (1) and と or の違いに注意。you'll は you will の短縮形。
(2) ⓐ because は「理由」を表す。
ⓑ though は「譲歩」を表す。

4 次の疑問文に対する答えとして最も適するものをア～オから１つずつ選び，記号を書きなさい。

(1) Shall I make dinner for you? [　　　]
(2) Are you going to visit the museum tomorrow? [　　　]
(3) Will you sing an English song? [　　　]
(4) Will your sister go to America next year? [　　　]
(5) Shall we watch TV in the living room? [　　　]

ア Yes, I am.　イ Yes, please.　ウ No, let's not.
エ No, I won't.　オ Yes, she will.

5 次の日本文に合うように，（　）内の語を並べかえなさい。

(1) 私はすぐに出かけるつもりはありません。
（to, am, going, not, I, go）out soon.
＿＿＿＿＿＿＿＿＿＿ out soon.

(2) エリは英語だけでなく，フランス語も話すことができます。
Eri can speak（French, but, not, English, only, also）.
Eri can speak ＿＿＿＿＿＿＿＿＿＿.

(3) できる限り頑張ってサッカーを練習しなさい。
（you, hard, can, practice, as, as, soccer）.
＿＿＿＿＿＿＿＿＿＿

(4) もし明日雨なら，あなたは何をしますか。
What（if, do, will, rains, you, it）tomorrow?
What ＿＿＿＿＿＿＿＿＿＿ tomorrow?

(5) 私はとても空腹だったので，ハンバーガーを３個食べました。
I（so, ate, that, I, was, hungry）three hamburgers.
I ＿＿＿＿＿＿＿＿＿＿ three hamburgers.

音声

6 英語クラブの先生が，明日の校外活動について生徒に連絡をします。その内容に合うように，次のメモを日本語で完成させなさい。〔長崎－改〕

明日の校外活動について
○行き先　：①[　　　　　]
○集合場所：②[　　　　　]
○集合時間：午前③[　　　時　　　分]
○注意事項：・欠席の場合は先生に電話する。
・昼食は持参する。
・雨の場合は来週の④[　　　　]曜日に実施。

得点UP!

Check! 自由自在②
助動詞を使った勧誘や依頼の言い方と答え方を調べてみよう。

5 (2)「Aだけでなく Bも」= not only A but also B

(3)「できるだけ～」= as ～ as ... can

(5)「たいへん～で…だ」= so ～ that ...

Check! 自由自在③
接続詞 when, if, because, though の意味と使い方を調べてみよう。

STEP 3 発展問題

解答⇨別冊 p.18

1 次の英文の空所に最も適するものを右から選んで書きなさい。

and, but
or, so
because, if
though

(1) Beth is either in the music room ＿＿＿＿＿ in the library.
(2) ＿＿＿＿＿ Ms. Green is rich, she is not happy.
(3) Practice every day, ＿＿＿＿＿ you'll become a good player.
(4) I can't buy this car ＿＿＿＿＿ I don't have enough money.
(5) Please call me ＿＿＿＿＿ you are free.

2 次の英文の空所に最も適するものを選び，記号を書きなさい。

(1) Ben (　　) busy the day after tomorrow.
ア will　イ will be　ウ will be not　エ will not　[　　]
(2) Jackie is going (　　) me tonight.
ア for calling　イ to calls　ウ for called　エ to call　[　　]
(3) If it (　　) tomorrow, we will ski on the hill.
ア will snow　イ snows　ウ snowing　エ snowy　[　　]
(4) Shall we dance on the stage? — No, (　　).
ア thank you　イ you won't　ウ let's not　エ we can't　[　　]
(5) Neither he nor I (　　) using this computer.
ア am　イ are　ウ is　エ were　[　　]

3 次の日本文に合うように，(　)内の語を並べかえなさい。

(1) あなたは今日ではなく，明日出発するつもりなのですか。
(tomorrow, you, leaving, today, are, not)? 〈1語不足〉

＿＿＿＿＿＿＿＿＿＿＿＿＿＿＿＿＿＿＿＿＿＿＿＿

(2) 私たちが来るまでここで待っていてくださいませんか。
(we, till, come, won't, before, wait, you, here)? 〈1語不要〉

＿＿＿＿＿＿＿＿＿＿＿＿＿＿＿＿＿＿＿＿＿＿＿＿

4 次の各組の英文がほぼ同じ内容を表すように，空所に適する語を書きなさい。

(1) Kate won't buy the CD.
Kate ＿＿＿＿＿ ＿＿＿＿＿ ＿＿＿＿＿ to buy the CD.
(2) The student can speak both Spanish and Chinese.
The student can speak ＿＿＿＿＿ ＿＿＿＿＿ Spanish ＿＿＿＿＿ Chinese.
難問 (3) If you run to the station, you will catch the train.
＿＿＿＿＿ to the station, ＿＿＿＿＿ you will miss the train.
(4) Everyone likes Mary because she is very kind.
Mary is ＿＿＿＿＿ kind ＿＿＿＿＿ everyone likes her.

5 次のようなとき，相手にどのように言いますか。英語で書きなさい。

(1) その窓を開けましょうか，と相手の意向を尋ねるとき。

____

難問 (2) 相手に，中学生のころ，どこに住んでいたのかと尋ねたいとき。（a junior high school student）

____

(3) できる限り一生懸命勉強しなさい，と助言するとき。

____

(4) 自分の妹は来月で10歳になる，と紹介したいとき。（will）

____

読解 **6** 次の対話文を読んで，後の各問いに答えなさい。〔茨城一改〕

Tom：Hi, Kenta. What are you going to do?

Kenta：Hi, Tom. ①(　　　)(　　　)(　　　) practice baseball. Do you play baseball?

Tom：I *belonged to a baseball team when I was in America, but I don't play in Japan.

Kenta：I'm looking for new members. My team has only eight players now.

Tom：*That's too bad.

Kenta：If you join us, Mr. Sato will be happy.

Tom：Mr. Sato? Our math teacher?

Kenta：Yes. He loves baseball. He *sometimes practices baseball with us in his free time.

Tom：I see.

Kenta：［　②　］

Tom：All right. I'll play baseball with you.

（注）belong to ～：～に所属する　That's too bad.：困ったことだね。

(1) 下線部①が「私は野球を練習するつもりです。」という意味になるように，空所に適する語を書きなさい。

_______ _______ _______ practice baseball.

(2) ［　②　］に入る最も適当なものを，ア～ウから1つ選び，記号を書きなさい。

ア Shall I play with you?　　イ Will you join us?

ウ Why don't you visit him?　［　　　　］

(3) 本文の内容に合わないものを，ア～ウから1つ選び，記号を書きなさい。

ア Tom was on a baseball team in America.

イ Mr. Sato will be glad if Tom becomes a member of Kenta's team.

ウ When Mr. Sato is not busy, he teaches math to Tom.　［　　　　］

(4) 本文の内容に合うように，次の質問に英語で答えなさい。

Why is Kenta looking for new members?

____

第2章 中級

比較表現

STEP 1 まとめノート

月　日

解答⇨別冊 p.19

① 比較表現 (1)

as＋形容詞〔副詞〕＋as ～ ★★★

as＋形容詞〔副詞〕＋as ...「…と同じくらい～」

→程度が ① ＿＿ 2つのものを表す。

Ken is **as** **tall** **as** Mai.（ケンはマイと同じくらいの背の高さです。）

not as＋形容詞〔副詞〕＋as ...「…ほど～ない」

→程度が ② ＿＿ 2つのものを表す。

Ken is **not** **as** **tall** **as** Bob.（ケンはボブほど背が高くない。）

Mai　Ken　Bob

Check! 日本語に直しなさい。

❶ You are as old as my sister. ＿＿＿＿＿＿＿＿＿＿

❷ I can't swim as fast as Bob. ＿＿＿＿＿＿＿＿＿＿

比較級の文 ★★★

比較級の作り方…形容詞・副詞のもとの形に ③ ＿＿ を付ける。

比較級＋than ～「～より…」2つのものを比べて，一方の程度が他方より勝っていることを表す。

Bob is **taller** **than** Ken.（ボブはケンより背が高い。）

最上級の文 ★★★

最上級の作り方…形容詞・副詞のもとの形に ④ ＿＿ を付ける。

the＋最上級＋of〔in〕～「～(中)で最も…」3つ以上の中で程度がいちばん勝っていることを表す。

Bob is **the** **tallest** **of** the three.（ボブは3人の中でいちばん背が高い。）

注 of＋複数名詞→ of the 人数「～人の中で」，of all (of) the ～ / of ～ all「全ての～の中で」

in＋単数名詞→「～(集団)の中で」

ズバリ暗記 注意すべき比較級・最上級の作り方

語尾	作り方	もとの形－比較級－最上級
-e で終わる	-r，-st を付ける	nice - nicer - nicest
発音が「短母音＋子音字」で終わる	最後の子音字を重ねて -er，-est を付ける	big - bigger - biggest
「子音字＋-y」で終わる	-y を -i にかえて -er，-est を付ける	easy - easier - easiest

Check! (　)内の語を適切な形にかえなさい。

❸ I get up (early) than my brother. ＿＿＿＿

❹ Tom runs the (fast) in his class. ＿＿＿＿

疑問詞で始まる比較表現★★

Which is colder, February or March?
(2月と3月では，どちらが寒いですか。)
— February is.（2月です。）

Who studies harder, Tom or Bob?
(トムとボブでは，どちらが一生懸命勉強しますか。)
— Tom does.（トムです。）

注 2つのものから選ぶ場合は Which を使うが，人の場合は Who を使うことが多い。

2 比較表現 (2) ★★★

more, most を使った比較表現

比較的発音の長い形容詞〔副詞〕の比較級・最上級は more・most を用いる。

⑤ ＿＿ + 形容詞〔副詞〕+ **than** ～

This book is **more** **popular** **than** that one.
(この本はあの本より人気があります。)

the ⑥ ＿＿ + 形容詞〔副詞〕+ **of**〔**in**〕～

This book is the **most** **popular** of the three.
(この本はその3冊の中でいちばん人気があります。)

注 one は book を言いかえた表現で，book の繰り返しを避けている。

Check! (　)内の語を適切な形にかえなさい。ただし，2語になるものもあります。

❺ My mother speaks (slowly) than my father. ＿＿＿＿＿＿

❻ Peace is the (important) thing in this world. ＿＿＿＿＿＿

不規則な比較変化をする形容詞・副詞

many・much － more － most

many(多くの)の比較級・最上級。

He reads more books than Tom.（彼はトムよりも多くの本を読みます。）

He reads the most books of us.（彼は私たちの中でいちばん多くの本を読みます。）

good・well － better － best

He sings better than Tom.（彼はトムよりも上手に歌います。）

like ～ better「より〔もっと〕～が好き」　**like ～ (the) best**「～がいちばん好き」

Which do you like better, cats or dogs? — I like cats better.
(ネコとイヌでは，どちらのほうが好きですか。)(私はネコのほうが好きです。)

I like tennis (the) best of all sports.（私はすべてのスポーツの中で，テニスがいちばん好きです。）

比較級，最上級を用いた重要表現

one of the＋最上級＋⑦ ＿＿ 数名詞「最も～な…のひとつ」

Tokyo is one of the biggest cities in the world.（東京は世界で最も大きな都市のひとつです。）

比較級＋⑧ ＿＿ ＋比較級「ますます～」

The puppy is getting bigger and bigger.（その子犬はますます大きくなってきています。）

比較級＋⑨ ＿＿ any other ＋ ⑩ ＿＿ 数名詞「他のどの～よりも…」

John swims faster than any other boy in his class.
(ジョンはクラスのどの男の子よりも速く泳ぎます。)

STEP 2 実力問題

ねらわれるココが
- ○規則変化，不規則変化，more〔most〕の変化
- ○比較級，最上級の後の語句
- ○図や表を使った比較の文

解答 ⇨ 別冊 p.19

重要

1 次の英文の( )内の語を，必要に応じて適切な形にかえなさい。ただし，2語になるものや，形がかわらないものもあります。

(1) She runs ＿＿＿＿＿ than Yuri. (fast)

(2) You are as ＿＿＿＿＿ as my brother. (young)

(3) This bag is ＿＿＿＿＿ than mine. (nice)

(4) The question is the ＿＿＿＿＿ of the three. (difficult)

(5) Kazuya speaks English the ＿＿＿＿＿ of us. (well)

重要

2 次の英文の( )内から最も適するものを選び，○で囲みなさい。

(1) This flower is (pretty, as pretty, prettier, the prettiest) as that flower.

(2) I can play the guitar (well, best, most, better) than George.

(3) Who is the most popular (from, in, of, during) all the singers in this group?

3 次の日本文に合うように，空所に適する語を書きなさい。

(1) サムはコウジほど背が高くありません。
Sam is ＿＿＿＿＿ ＿＿＿＿＿ tall ＿＿＿＿＿ Koji.

(2) 私たちはより多くのお金が必要です。
We need ＿＿＿＿＿ ＿＿＿＿＿.

(3) だれがいちばん早起きですか。— ボブです。
＿＿＿＿＿ gets up the ＿＿＿＿＿? — Bob ＿＿＿＿＿.

(4) ますます暑くなってきています。
It is getting ＿＿＿＿＿ and ＿＿＿＿＿.

4 次の日本文に合う英文を完成させなさい。

(1) 数学は理科よりも簡単ですか。
Is math ＿＿＿＿＿＿＿＿＿＿＿＿＿＿＿＿＿ science?

(2) この辞書が3冊の中でいちばん役に立ちます。
This dictionary is ＿＿＿＿＿＿＿＿＿＿＿＿＿＿＿＿＿ the three.

(3) あなたは野球とサッカーではどちらの方が好きですか。
Which do you ＿＿＿＿＿＿＿＿＿＿＿＿＿＿＿＿＿, baseball or soccer?

(4) 私は兄ほど背が高くはありません。
I'm ＿＿＿＿＿＿＿＿＿＿＿＿＿＿＿＿＿ my brother.

得点UP!

Check! 自由自在①
形容詞・副詞の比較級・最上級の作り方を調べてみよう。

Check! 自由自在②
最上級での in と of の使い分けを調べてみよう。

3 (1)「…ほど～ではない」= not as ～ as ...
(2)「たくさんのお金」= much money
(4)「暑い」= hot

4 (1)「簡単な」= easy
(2)「役に立つ」= useful
(4)「背が高い」= tall

5 都市A・Bの年間平均気温のグラフ(graph)についての質問に対する答えとして，最も適するものをア～エから１つ選び，記号を書きなさい。

〔神奈川－改〕

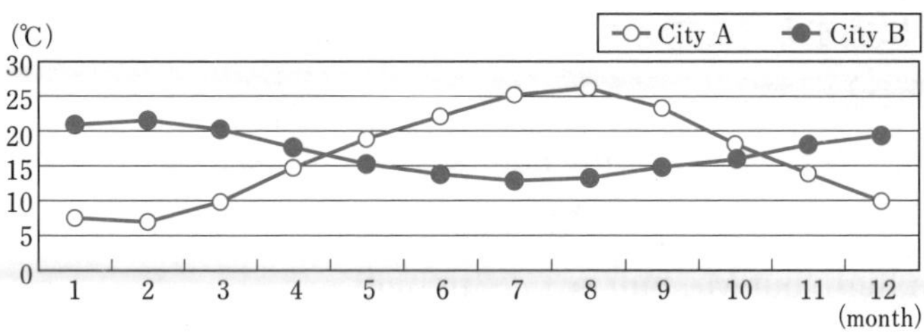

Question：What can we say from the graph?　[　　　　]

ア January is the coldest month in City A and B.

イ City A is always hotter than City B from March to December.

ウ City A in July is hotter than City B in September.

エ City B in December is colder than City A in November.

6 次の日本文に合うように，(　)内の語(句)を並べかえなさい。

(1) 京都は日本で最も古い都市のひとつです。

Kyoto (one, cities, the, is, oldest, in, of) Japan.

Kyoto ______________________________ Japan.

(2) この計画はあなたの計画よりも重要です。

This plan (yours, more, than, is, important).

This plan ______________________________.

(3) 妹は全ての花の中でチューリップがいちばん好きです。

My sister (of, tulips, all, likes, flowers, the best).

My sister ______________________________.

(4) ナイル川は世界の他のどの川よりも長い。

The Nile is (than, river, other, longer, any) in the world.

The Nile is ______________________________ in the world.

音声

7 マキがEmi，Jane，Miki，Cathyの４人の友だちを紹介する文を放送します。それぞれの人物をア～エから１つずつ選び，記号を書きなさい。

Emi [　　　] Jane [　　　] Miki [　　　] Cathy [　　　]

得点UP!

5 グラフから都市A，Bの各月の気温の高低を読み取る。

6 (1)「最も～な…のひとつ」=「one of the＋最上級＋複数名詞」

月　　日

STEP 3 発展問題

解答 ⇨ 別冊 p.20

1 次の対話文が成り立つように，空所に適する語を書きなさい。

(1) *A*：Who is heavier, you or your father?
　B：I ＿＿＿＿. I'm the ＿＿＿＿ ＿＿＿＿ my family.

(2) *A*：Is Mt. Kilimanjaro much ＿＿＿＿ ＿＿＿＿ Mt. Fuji?
　B：Yes. Mt. Kilimanjaro is 5,895 m high, but Mt. Fuji is 3,776 m high.

2 次の日本文に合うように，(　)内の語を並べかえなさい。ただし，不足する１語を補うこと。

(1) 私はマイクほど早起きではありません。
　(get, Mike, early, I, as, as, up).

＿＿＿＿＿＿＿＿＿＿＿＿＿＿＿＿＿＿＿＿

(2) タロウはクラス一の大食です。
　(the, Taro, our, most, eats, class).

＿＿＿＿＿＿＿＿＿＿＿＿＿＿＿＿＿＿＿＿

(3) この国はますます豊かになっています。
　(is, and, this, richer, country, becoming).

＿＿＿＿＿＿＿＿＿＿＿＿＿＿＿＿＿＿＿＿

3 次の各組の英文がほぼ同じ内容を表すように，空所に適する語を書きなさい。

(1) This question is more difficult than that one.
　That question is ＿＿＿＿ ＿＿＿＿ this one.

(2) Ken is taller than John.
　John is ＿＿＿＿ as ＿＿＿＿ as Ken.

難問 (3) You study the hardest of all boys in our class.
　You study ＿＿＿＿ ＿＿＿＿ any other ＿＿＿＿ in our class.

(4) My parents are the same age.
　My father is ＿＿＿＿ ＿＿＿＿ ＿＿＿＿ my mother.

4 次の英文の誤りを直して，正しい文に書きかえなさい。ただし，下線部はかえないこと。

(1) Ichiro can run the fastest in the <u>five</u>.

＿＿＿＿＿＿＿＿＿＿＿＿＿＿＿＿＿＿＿＿

(2) My cat is more pretty <u>than</u> yours.

＿＿＿＿＿＿＿＿＿＿＿＿＿＿＿＿＿＿＿＿

(3) Lake Biwa is larger than any <u>other</u> lakes in Japan.

＿＿＿＿＿＿＿＿＿＿＿＿＿＿＿＿＿＿＿＿

(4) Who plays the piano better in <u>your class</u>?

＿＿＿＿＿＿＿＿＿＿＿＿＿＿＿＿＿＿＿＿

5 次の英文を指示に従って書きかえなさい。

(1) Miho reads many books.（文末に than Kazumi を加えて）

(2) Water is an important thing for us.（「最も大切なもののうちのひとつ」という意味の文に）

(3) Maki likes *sushi*. She likes pizza, too.（マキがどちらのほうが好きかを尋ねる疑問文に）

6 次のようなとき，相手にどのように言いますか。英語で書きなさい。

難問

(1) ある映画を見た後，この映画はあの映画と同じくらいわくわくしたと感想を述べるとき。

(2) この橋がこの町でいちばん長いことを説明するとき。

(3) アメリカとカナダではどちらが大きいかと尋ねるとき。

7 次の対話文は，ケンタ(Kenta)が，家にホームステイしているインドからの留学生ラジブ(Rajiv)と交わしている会話の一部です。これを読んで，後の各問いに答えなさい。〔岡山－改〕

読解

Kenta：①Which (the, of, do, best, you, like) the four *seasons in Japan?
Rajiv：I like winter the best. *Snow is very beautiful, but we don't have snow in my city in India.
Kenta：I see. Look at this *graph.
Rajiv：Wow, spring is the most popular season among Japanese people.
Kenta：We can enjoy (②) days and *cherry blossoms in the season.
Rajiv：*I hear Japanese people eat food under the cherry trees.
Kenta：That's *hanami*. You also can enjoy it next spring.

（注） season(s)：季節　snow：雪　graph：グラフ　cherry blossom(s)：桜の花
I hear ～：～と聞いている

日本人の好きな季節（複数回答）

春	69%
夏	30%
秋	55%
冬	13%

（NHK 放送文化研究所「日本人の好きなもの」から作成）

(1) 下線部①が意味の通る英文になるように，（　）内の語を並べかえなさい。

Which ________ the four seasons in Japan?

(2) (　②　)に入る最も適当なものを，ア～エから１つ選び，記号を書きなさい。

ア busier　イ colder　ウ darker　エ warmer　[　　]

(3) 本文と表の内容に合うように，次の質問に英語で答えなさい。

Which is more popular among Japanese people, summer or fall?

第２章　中級

助動詞 / have to ～, had better ～

STEP 1　まとめノート

月　日

解答⇨別冊 p.21

❶助動詞

can ★★★

「～できる」（⇒ p.30 参照）　Eric can play the guitar.　（エリックはギターを弾くことができます。）

「～だろうか」（疑問文で）　Can she still be there?　（彼女はまだそこにいるだろうか。）

「～はずがない」（否定文で）　The story cannot be true.　（その話が本当なはずがない。）

be able to ～「～できる」★★

①＿＿＿（～できる）の代用表現。

Ken is able to speak English.（ケンは英語を話すことができます。）

疑問文…主語と be 動詞を入れかえる。

Is Ken able to speak English?

（ケンは英語を話すことができますか。）

否定文…be 動詞の後ろに②＿＿＿を入れる。

Ken is not able to speak English.

（ケンは英語を話すことができません。）

注 be 動詞を過去形の was, were にすれば，「～できた」と過去のことを表現できる。

助動詞 can の過去形 could ★★

Could Tomoko swim when she was young?（トモコは若いとき泳げましたか。）

= Was Tomoko able to swim when she was young?

may「～してもよい」★★★

You may come in.（入ってもいいですよ。）　③＿＿＿を表す。

May I go home? — Yes, you may. / No, you may not.

（帰ってもいいですか。）　（はい，よろしい。／いいえ，いけません。）

may not は不許可「～してはいけない」を表す。

You may not go out today.（今日は出かけてはいけません。）

may「～かもしれない」★★

Maki may be tired.（マキは疲れているかもしれません。）　④＿＿＿を表す。

David may not know her.（デイビッドは彼女のことを知らないかもしれない。）

Check! 日本語に直しなさい。

❶ May I watch TV? — No, you may not.　＿＿＿＿＿＿＿＿

❷ It may rain tomorrow.　＿＿＿＿＿＿＿＿

must「～しなければならない」★★★

I must read the book.（私はその本を読まなければならない。）⑤ ・⑥ を表す。

Must I read the book?（私はその本を読まなければならないのですか。）

— Yes, you must. / No, you need not.

No のときの答え方に注意！

（はい，読まなければなりません。／いいえ，その必要はありません。）

must「～に違いない」★★

must 肯定的⑦

John must be sick.

（ジョンは病気に違いない。）

⇔

cannot〔can't〕 否定的推量（⇒ p.76 参照）

John cannot be sick.

（ジョンが病気のはずがない。）

must not「～してはいけない」★★★

You must not read the book.（きみはその本を読んではいけない。） ⑧ を表す。

❷ have to ～，had better ～，should

have to ～「～しなければならない」★★★

⑨ （～しなければならない）の代用表現。

現在 He ⑩ to stay at home.（彼は家にいなければならない。）

過去 I ⑪ to stay at home yesterday.（私は昨日，家にいなければならなかった。）

未来 We will ⑫ to stay at home next week.（私たちは来週，家にいなければならないでしょう。）

疑問文 Do＋主語＋ have to ～?

「～しなければなりませんか」

Does she have to go to Tokyo?

（彼女は東京に行かなければならないのですか。）

— Yes, she does. / No, she doesn't.

否定文 don't have to ～

「～する必要はない」

Sam doesn't have to wash the car.

（サムはその車を洗う必要はありません。）

had better＋動詞の原形「～したほうがよい」★★

You had better stay here.（ここにいたほうがいいよ。）

You had better not stay here.（ここにいないほうがいいよ。）

had better の後の動詞は原形。

should「～するべきである，～した方がよい」★★★

It's a great movie. You should see it.（それは素晴らしい映画です。見るべきです。）

相手に対する助言と，義務の意味がある。

Check! 日本文に合うように，空所を埋めなさい。

❸ 急ぐ必要はありません。 You ______ ______ ______ hurry up.

❹ 約束は守るべきです。 You ______ ______ your promise.

月　日

STEP 2 実力問題

ねらわれるココが
- 助動詞のいろいろな意味
- can と be able to ～，must と have to ～
- must と have to の違い

解答⇨別冊 p.21

1 次の日本文に合うように，空所に適する語を書きなさい。

(1) もう帰ってもいいよ，ボブ。
Now you ________ ________ home, Bob.

(2) 彼女は妹たちの世話をしなければなりません。
She ________ ________ care of her sisters.

(3) その生徒たちは中国語を話すことができます。
The students ________ ________ ________ speak Chinese.

(4) 無理しないで。一休みするべきです。
Don't work too hard. You ________ ________ a rest.

(5) きみはもっと熱心にサッカーを練習したほうがよい。
You ________ ________ practice soccer harder.

2 次の疑問文に，( )内の語を使って，それぞれ英語で答えなさい。

(1) May I smoke here? (Yes) ________________
(2) Must Kevin stay at home? (No) ________________
(3) Does she have to try it? (Yes) ________________
(4) Are the boys able to swim? (No) ________________

重要 **3** 次の英文を過去の文に書きかえなさい。

(1) I can't open this box.

____

(2) We are able to take the first train.

____

(3) Masato must go to bed at nine.

____

重要 **4** 次の英文を，意味の違いに注意して，日本語に直しなさい。

(1) ⓐ The story must be true.

____

ⓑ The story cannot be true.

____

(2) ⓐ You must not join the meeting.

____

ⓑ We need not join the meeting.

____

得点UP!

1 (1)(2) 助動詞の後は動詞の原形。

Check! 自由自在①
助動詞 can，will，shall，may の過去形を調べてみよう。

(4)「～するべきです」は助言の意味。

2 (2) must not だと「～してはいけない」と禁止の意味になってしまう。

3 (3) must に過去形はない。

Check! 自由自在②
助動詞 can，will，may，must の意味を調べてみよう。

4 (1) ⓐ肯定的推量
ⓑ否定的推量
(2) ⓐ禁止
ⓑ不必要

5 次の日本文に合うように，(　)内の語(句)を並べかえなさい。

(1) 彼女は泳ぐことができません。

(able,　not,　she,　swim,　is,　to).

____

(2) 兄は公園にいるかもしれません。

(in,　may,　my brother,　the park,　be).

____

(3) きみは今，このゲームをしないほうがよい。

(better,　play,　you,　not,　this game,　had) now.

______________________________ now.

(4) 私たちは次の日曜日，学校に行かなければならないでしょう。

(have,　school,　go,　we,　to,　to,　will) next Sunday.

______________________________ next Sunday.

6 次の絵を見て，吹き出しに合う英文を完成させなさい。

(1) ______________________________

(2) You had ______________________________.

音声

7 対話文を放送します。対話の最後の文の応答として最も適切なものをア～エから１つずつ選び，記号を書きなさい。〔岩手一改〕

(1) ア OK. I will study with my classmates.
　イ Sure. You may go to the library now.
　ウ Yes. I have to read some books for my homework.
　エ No, you need not.　[　　　]

(2) ア Shall we go to the movies?
　イ You had better not see it.
　ウ May I see the movie with you?
　エ Can you tell me about the story?　[　　　]

得点UP!

5 (3) not の位置に注意。

(4) will の位置に注意。

月　日

STEP 3 発展問題

解答⇨別冊 p.22

1 次の英文の空所に最も適するものを下から選び，記号を書きなさい。

(1) May I use your father's car? — No, you (　　).

ア may　イ mustn't　ウ need not　エ won't　[　　]

(2) Mary (　　) to eat *natto* when she came to Japan, but she can eat it now.

ア wasn't able　イ isn't able　ウ can't　エ couldn't　[　　]

難問 (3) (　　) I clean the room now? — No, you need not.

ア May　イ Will　ウ Must　エ Can　[　　]

(4) We will (　　) stay in London next week.

ア must　イ have to　ウ may　エ able to　[　　]

2 次の日本文に合うように，(　)内の語(句)を並べかえなさい。

(1) 彼女が皿を洗う必要はありません。〈1 語不足〉

(to, the dishes, she, have, wash).

______

(2) 彼は明日，学校を休むかもしれません。〈1 語不要〉

(be, may, school, he, absent, must, from) tomorrow.

______ tomorrow.

(3) それは本当の話なのでしょうか。

(story, it, a, can, be, true)?

______

3 次の各組の英文がほぼ同じ内容を表すように，空所に適する語を書きなさい。

(1) Nancy must help her mother.

Nancy ______ ______ help her mother.

(2) Can George write a letter in Japanese?

______ George ______ to write a letter in Japanese?

(3) Don't swim in this lake.

You ______ ______ swim in this lake.

4 次の各文には 1 か所ずつ誤りがあります。その部分の記号を答え，正しい表現を書きなさい。

(1) ア Ken イ must ウ finishes the work エ today.

記号 [　　]　正 ______

(2) You ア have better イ leave ウ here エ at once.

記号 [　　]　正 ______

(3) It ア rained a lot, so I イ can't ウ go エ on a picnic yesterday.

記号 [　　]　正 ______

5 **次のようなとき，相手にどのように言いますか。英語で書きなさい。**

(1) このケーキを食べていいか，と相手に許可を求めるとき。

____

難問 (2) 明日は晴れるに違いない，と自信を持って推測するとき。(sunny)

____

(3) 自分はこの前の日曜日，学校に行かなければならなかった，と言うとき。

____

(4) その仕事はしないほうがよい，と弟に助言するとき。

____

(5) 面白い本を読んで楽しかったので，友人にも読むべきだと助言するとき。

____

読解 **6** **次の英文を読んで，後の各問いに答えなさい。** 〔栃木－改〕

Do you sleep well at night? You [①] play *video games or watch TV for many hours every night. Many students can't sleep well and can't get up early in the morning. If you have ②the *same problem, listen to this *idea.

Go out and have light from *the sun when you get up in the morning. If you ③do so, you will be able to sleep well at night. Do you know why? Because your *body clock is working. When you get up in the morning and have light from the sun, your body clock sends a *message to your *brain. The message says to you, "You will be sleepy after [④] hours." *For example, if you get up and have light from the sun at seven o'clock in the morning, you become sleepy at nine o'clock.

⑤You (from, better, light, had, have) the sun in the morning. This is simple, *isn't it? You [⑥] do difficult things. Now, let's enjoy light from the sun every morning.

（注） video game：テレビゲーム　same：同じ　idea：考え　the sun：太陽
body clock：体内時計　message：メッセージ　brain：脳　for example：たとえば
～, isn't it?：～ですよね。

(1) [①]，[⑥]に入る最も適当なものを，ア～エから１つずつ選び，記号を書きなさい。

① ア could　イ may　ウ must　エ shall　[　　　]

⑥ ア couldn't　イ don't have to　ウ must not　エ won't　[　　　]

(2) 下線部②が指す内容を，具体的に日本語で説明しなさい。

______________________________という問題。

(3) 下線部③が指す内容を，具体的に日本語で説明しなさい。

____

(4) [④]に入る最も適当な数字を英語で書きなさい。

____

(5) 下線部⑤が意味の通る英文になるように，(　)内の語を並べかえなさい。

You ______________________________ the sun in the morning.

中級 | 1 疑問詞で始まる疑問文 | 2 be動詞・一般動詞の過去形／過去進行形 | 3 未来表現／接続詞 | 4 比較表現 | 5 助動詞／have to ～, had better ～ | 6 不定詞 | 7 SVCとSVOO／前置詞 | 8 動名詞 | 9 受動態（受け身） | 10 感嘆文／Here is ～.／その他 | 理解度診断テスト

第2章 中級

不定詞

STEP 1 まとめノート

月　日

解答⇨別冊 p.23

① 不定詞 (1) ★★★

不定詞の形

① [　　] ＋動詞の原形

副詞的用法「～するために」

副詞的用法の不定詞…動詞を修飾する。→② [　　] 詞と同じ働き。

I visited Tokyo [to see] my uncle.　　不定詞が動詞を修飾

（私はおじに[会うために]東京を訪れました。）

I ran [fast] in the race.　　副詞が動詞を修飾

（私はレースで[速く]走りました。）

③ [　　] を表す。

Check! （　）内の日本語の意味を加えた英語にしなさい。

❶ I went to bed at nine.（早く起きるために）　＿＿＿＿＿＿＿＿

❷ Bob came to Japan.（日本語を学ぶために）　＿＿＿＿＿＿＿＿

不定詞を含む重要構文

形容詞〔副詞〕＋④ [　　] to ～「～するのに十分に…」

She is rich enough to buy the car.（彼女はその車を買えるほど十分にお金持ちです。）

⑤ [　　] **＋形容詞〔副詞〕＋to ～**「～するにはあまりにも…すぎる」

→「あまり…なので～できない」

He is too old to run fast.（彼はあまりに年をとっているので速く走れません。）

Check! 日本語に直しなさい。

❸ It is dark enough to see stars.　＿＿＿＿＿＿＿＿

❹ You are too young to drive a car.　＿＿＿＿＿＿＿＿

❺ I am too busy to watch TV.　＿＿＿＿＿＿＿＿

② 不定詞 (2) ★★★

名詞的用法「～すること」

名詞的用法の不定詞…目的語・主語・補語になる。→⑥ [　　] 詞と同じ働き。

目的語

I like [to cook].
主語　動詞　目的語

（私は[料理をすること]が好きです。）

主　語

[To cook] is fun.
主語　動詞　補語

（[料理をすること]は楽しい。）

補　語

My job is [to cook].
主語　動詞　補語

（私の仕事は[料理をすること]です。）

ズバリ暗記	目的語の位置に不定詞をとる動詞	「～し始める」 **begin〔start〕to do**	「～したい」 **want to do**	「～しようとする」 **try to do**
		「～することを好む」 **like to do**	「～しようと決心する」 **decide to do**	

Check! **英語に直しなさい。**

❻ 私たちは野球がしたいです。 ＿＿＿＿＿＿＿＿

❼ その本を読むのは難しいです。 ＿＿＿＿＿＿＿＿

❽ 私の夢はフランスに行くことです。 ＿＿＿＿＿＿＿＿

仮の主語の it

To speak English is difficult.

不定詞が主語のとき，仮の主語の ⑦＿＿＿＿ を文頭に置いて，不定詞は後置することが多い。

It is difficult to speak English. （英語を話すことは難しい。）

仮の主語　動詞　補語

注 仮の主語の it は「それは」と訳さない。

Check! **仮の主語の it を使った文にしなさい。**

❾ To do the work was not easy. ＿＿＿＿＿＿＿＿

❿ To understand each other is important. ＿＿＿＿＿＿＿＿

形容詞的用法「～する(べき)…」

形容詞的用法の不定詞…名詞を修飾する。→ ⑧＿＿＿＿ 詞と同じ働き。

I want a book to read.　不定詞が名詞を修飾　（私は読む本が欲しい。）

something new　（何か新しいもの）

a banana on the table　形容詞(句)が名詞を修飾　（テーブルの上のバナナ）

Check! **日本語に直しなさい。**

⓫ I want something to drink. ＿＿＿＿＿＿＿＿

⓬ She was the first girl to come here. ＿＿＿＿＿＿＿＿

疑問詞＋to *do*

⑨＿＿＿＿ ＋to *do*「どのように～するのか，～するしかた」

Do you know how to make *sushi*?（あなたはすしの作り方を知っていますか。）

ズバリ暗記	疑問詞＋to *do*	
		how to do「どのように～するのか，～するしかた」
		where to do「どこで～するのか，～する場所」
		when to do「いつ～するのか，～する時間」
		what to do「何を～するのか，～する事柄」
		which (名詞) to do「どちら(の名詞)を～するのか」

月　日

STEP 2 実力問題

ねらわれるココが
- 不定詞の基本3用法(副詞的用法, 名詞的用法, 形容詞的用法)
- 疑問詞＋不定詞
- 仮の主語 it を使った表現

解答⇨別冊 p.23

重要 **1 次の日本文に合うように，空所に適する語を書きなさい。**

(1) 私はたまごを買うためにそのスーパーマーケットに行きました。
I went to the supermarket ______ ______ some eggs.

(2) 何か飲むものをもらえますか。
Can I have something ______ ______?

(3) 妹はテニスをするのが好きです。
My sister ______ ______ ______ tennis.

(4) この本は難しすぎて読めません。
This book is ______ ______ ______ read.

(5) あなたはこのコンピュータの使い方を知っていますか。
Do you know ______ ______ ______ this computer?

(6) 私たちにとって湖で泳ぐのは楽しかった。
______ was fun ______ us ______ swim in the lake.

2 次の英文は誤っています。to を補って，意味の通る英文に書きかえなさい。

(1) Play video games is interesting.

______

(2) Kyoto has a lot of places visit.

______

(3) Go to bed now get up early tomorrow.

______

(4) We decided where go tomorrow.

______

(5) Mike was strong enough carry the heavy bag.

______

重要 **3 次の英文を日本語に直しなさい。**

(1) I want to know when to call you.

______

(2) We stopped to talk with Mariko.

______

(3) There are no chairs to sit on in this room.

______

(4) I was too sick to go out yesterday.

______

得点UP!

Check! 自由自在①
不定詞の名詞的用法・副詞的用法・形容詞的用法の違いを調べてみよう。

1 (4)「too＋形容詞＋to ～」
(5)「疑問詞＋不定詞」
(6) 仮の主語の文。

2 不定詞はどの用法でも必ず「to＋動詞の原形」の形になる。

3 (1) when ＝「いつ」
(2) 副詞的用法。
(3) 形容詞的用法。

4 次の日本文に合うように，(　)内の語(句)を並べかえなさい。

(1) 一生懸命勉強することは大切です。

(to,　it,　hard,　important,　study,　is).

____

(2) 兄には遊び友だちがたくさんいます。

(friends,　has,　to,　my brother,　with,　many,　play).

____

(3) その子どもたちは学校に行くのに十分な年齢です。

The children (go,　are,　enough,　to,　to,　old) school.

The children ______________________________ school.

(4) 彼らは次に何をすればいいのか分かりませんでした。

(what,　didn't,　next,　to,　they,　know,　do).

____

5 右のメモを見て，後の質問に英語で答えなさい。

(1) Why does Meg study English every day?

____

____

(2) What does Meg like to do?

____

____

名前：Meg

将来の夢

・英語の先生になること。

・そのために毎日英語を勉強している。

好きなもの，好きなこと

・ネコ

・ピアノの演奏

6 対話文を放送します。その内容についての質問に対する答えとして最も適するものをア～エから１つずつ選び，記号を書きなさい。（音声）

(1)　ア　イ　ウ　エ　〔北海道－改〕

[　　　]

(2) ア To get her notebook from him.　〔栃木－改〕

イ To go home with him.

ウ To play the piano.

エ To study history together.

[　　　]

得点UP!

4 (1) it を仮の主語にする。

(2)「～と遊ぶ」＝play with ～

(3)「十分に」＝enough

Check! 自由自在②

〈疑問詞＋不定詞〉の種類を調べてみよう。

5 (1) 目的を表す不定詞で答える。

STEP 3 発展問題

解答⇨別冊 p.25

1 次の対話文が成り立つように，(　)内の語(句)を並べかえなさい。

(1) *A*：Did you go to the summer festival last night?
B：No. My sister was sick. So I was at (care, of, to, home, take, her) last night.
So I was at ______________________________ last night.

(2) *A*：I can't solve these questions.
B：Wow, (to, too, they, for, solve, are, difficult, us).
Wow, ______________________________.

難問 (3) *A*：I left my pencil case in my house. (anything, you, with, to, do, write, have)?
B：Yes. You can use this pencil.
____

(4) *A*：(to, tell, next, what, do, me).
B：We have to clean our classroom next.
____

(5) *A*：My dream is to be a doctor. How about you?
B：(a scientist, want, become, in, I, to) the future.
______________________________ the future.

2 次の英文の空所に最も適するものを選び，記号を書きなさい。

(1) It is warm (　　) swim in the sea. [　　　]
(2) My father's job (　　) drive a taxi. [　　　]
(3) Kate (　　) to watch TV. [　　　]
(4) I worked (　　) get a lot of money. [　　　]
(5) Do you know (　　) start? [　　　]

ア hard to　イ was too busy　ウ when to　エ is to　オ enough to

3 次の各組の英文がほぼ同じ内容を表すように，空所に適する語を書きなさい。

(1) I have a lot of homework. I have to do it today.
I have a lot of homework ________ ________ today.

(2) To play soccer is very exciting.
________ is very exciting ________ play soccer.

(3) Amy will go to the zoo because she wants to take pictures of animals.
Amy will go to the zoo ________ ________ pictures of animals.

(4) I was so tired that I couldn't walk.
I was ________ tired ________ walk.

(5) Where can I take the bus? I want to know the place.
I want to know ________ ________ take the bus.

4 次の日本文を英語に直しなさい。

(1) 英語を話すことはあなたには簡単ですか。(it)

____

(2) ジェーンは宿題をするために図書館に行きました。(Jane)

____

難問 (3) 彼はこの家を買えるぐらいお金持ちです。(enough)

____

(4) あなたはカレーの作り方を知っていますか。(curry)

____

5 次の対話文を読んで，後の各問いに答えなさい。 〔新潟一改〕

読解

Yumi is a junior high school student. She is talking with Mr. Simon, an ALT at her school.

Yumi : I'm going to join an English *speech contest at our school festival next month.

Mr. Simon : Oh, that's nice.

Yumi : I like English, but I don't know [①] to make a speech in English.

Mr. Simon : What are you going to talk about?

Yumi : I'm going to talk about my favorite book. It's a book about a Japanese *astronaut.

Mr. Simon : Are you interested in *space?

Yumi : Yes, I am. I often go to mountains ⓐto see stars. When I learned about astronauts from the book, I began ⓑto think about my future. ②I decided to study science hard to be an astronaut.

Mr. Simon : You have a lot of things ⓒto talk about in the contest. You can speak English well enough to *give your opinions in English.

Yumi : Thank you, Mr. Simon.

(注) speech contest：スピーチコンテスト　astronaut：宇宙飛行士　space：宇宙
give one's opinions：自分の意見を述べる

(1) [①] に入る最も適当なものを，**ア**～**エ**から1つ選び，記号を書きなさい。

ア how　**イ** that　**ウ** what　**エ** why　[　　]

(2) 下線部ⓐ～ⓒと同じ用法の不定詞を含む文を，**ア**～**ウ**から1つずつ選び，記号を書きなさい。

ア I want something to drink.　**イ** John went to Paris to study art.

ウ The boy tried to climb the tree.　ⓐ[　　] ⓑ[　　] ⓒ[　　]

(3) 下線部②を日本語に直しなさい。

____

(4) 本文の内容に合うものを，**ア**～**エ**から1つ選び，記号を書きなさい。

ア Yumi won't go to her school festival next month.

イ Mr. Simon likes to talk about his favorite book.

ウ Yumi will give her opinions in English because she is a good English speaker.

エ Mr. Simon is going to write a book about science.　[　　]

第2章 中級　　月　日

7 SVC と SVOO / 前置詞

STEP 1 まとめノート

解答⇨別冊 p.26

① SVC と SVOO ★★★

主語＋動詞＋補語(SVC)

主語(S) ＋ 動詞(V) ＋ 補語(C)

補語は主語が何なのか，どんな状態なのかを説明する。

「主語(S)＝補語(C)」の関係が成り立つ。

補語が ① ____ 詞の場合

He looks happy.
S V C

(彼は楽しそうに見えます。→彼は楽しそうです。)

補語が ② ____ 詞の場合

She became a teacher.
S V C

(彼女は先生になりました。)

ズバリ暗記 補語をとる動詞

補語が名詞・形容詞…be 動詞(〜である)，become(〜になる)
補語が形容詞…get(〜になる)，look(〜に見える)，feel(〜な感じがする)，smell(〜なにおいがする)，sound(〜に聞こえる)，taste(〜な味がする)

Check! 日本文に合うように，空所を埋めなさい。

❶ このケーキはとてもいい香りがします。　This cake ______ very good.

❷ 私は疲れました。　I ______ tired.

主語＋動詞＋目的語(人)＋目的語(物) (SVOO)

・主語(S) ＋ 動詞(V) ＋ 目的語$_1$(O$_1$) ＋ 目的語$_2$(O$_2$)
〜は　〜する　〜(人)に　〜(物)を

「〜に」を間接目的語，「〜を」を直接目的語と言う。

I taught him math.　(私は彼に数学を教えました。)

My mother bought me a jacket.　(母は私にジャケットを買ってくれました。)

・主語(S) ＋ 動詞(V) ＋ 目的語(O) ＋ to〔for〕〜.
〜は　〜する　〜(物)を　〜(人)に

注 to〔for〕を使って，SVOO の ③ ____ 目的語を文末に置いた形。

④ ____ を使う動詞…bring，give，lend，send，show，teach，tell，write など

I taught math to him.　(私は彼に数学を教えました。)

⑤ ____ を使う動詞…buy，cook，make，find など

My mother bought a jacket for me.　(母は私にジャケットを買ってくれました。)

Check! 空所を埋めなさい。

❸ She told the story ______ Bob.　❹ My father made a chair ______ me.

❷ 前置詞 ★★★

時を表す前置詞

at 時刻 < ⑥ [　　] 曜日・(月)日 < **in** 年・月・季節

at nine（9時に） on Sunday（日曜日に） in July（7月に）

at＜on＜in の順で時間の幅が広くなる！

⑦ [　　]（～前に）⇔ **after**（～後に） **till** 継続(～まで) **by** 期限(～までに)

before lunch ⇔ after lunch（昼食前に）（昼食後に）

till eleven（11時まで）

by eleven（11時までに）

for 期間 for three days（3日の間）

⑧ [　　]（特定の）期間 during the vacation（休暇の間）

in 時の経過 in three minutes（3分たてば）

場所を表す前置詞

at 狭い場所・地点 ⑨ [　　] 面や線で表す場所・接触 **in** 広い地域・空間の中

at the corner（角に〔で〕） on the desk（机の上に〔で〕） in Japan（日本に〔で〕）

⑩ [　　]（～の中へ〔に〕）⇔ **out of**（～から外へ〔に〕） ⑪ [　　]（～から） **to**（～へ・まで）

into the room ⇔ out of the room（部屋の中に）（部屋の外に）

from Osaka to Kyoto（大阪から京都へ）

by（～のそばに），**along**（～に沿って），**in front of**（～の前に），**near**（～の近くに），
around（～の回りに），**behind**（～の後に），**under**（～の真下に），**for**（～へ向かって）

その他の前置詞

with

「～と一緒に」 with my father（父と一緒に）

「～で」手段・道具 with a knife（ナイフで）

「～を持って」 with an umbrella（傘を持って）

⑫ [　　]「～で」手段 by train（電車で）

for「～のために〔の〕」 I made cookies for you.（あなたのためにクッキーを作りました。）

⑬ [　　]「～について」 a book about history（歴史についての本）

⑭ [　　]「～で」言語 in English（英語で）

among「～の間で」 This song is popular among children.（この歌は子どもたちの間で人気があります。）

Check! 空所を埋めなさい。

❺ I ate dinner ＿＿＿＿ six last night.

❻ We'll have a party ＿＿＿＿ June 20.

❼ John watched TV ＿＿＿＿ two hours.

❽ I lived ＿＿＿＿ Canada three years ago.

❾ My father goes to work ＿＿＿＿ bike.

❿ Tom played tennis ＿＿＿＿ his sister.

月　　日

STEP 2 実力問題

ねらわれるココが
- ○前置詞のいろいろな意味
- ○SVOO の語順と前置詞を使った書きかえ
- ○〈動詞＋前置詞〉，〈be＋形容詞＋前置詞〉の熟語

解答 ⇨ 別冊 p.26

重要 **1 次の日本文に合うように，空所に適する語を書きなさい。**

(1) 駅の前でだれに会ったのですか。
Whom did you see ＿＿＿＿ front ＿＿＿＿ the station?

(2) 昼食後に彼は教室から出て行きました。
He went ＿＿＿＿ of the classroom ＿＿＿＿ lunch.

(3) 兄は4月2日にアメリカに向かいました。
My brother left ＿＿＿＿ America ＿＿＿＿ April 2.

(4) 毎日英語を勉強しなさい。
＿＿＿＿ ＿＿＿＿ every day.

(5) 彼女は病気になりました。
She ＿＿＿＿ ＿＿＿＿.

(6) サトウ先生は彼らに歴史を教えます。
Mr. Sato ＿＿＿＿ ＿＿＿＿ history.

2 次の英文を指示に従って書きかえなさい。

(1) My uncle gave a watch.（me を補って）

＿＿＿＿＿＿＿＿＿＿＿＿＿＿＿＿

(2) I sent John some pictures yesterday.（前置詞を使って）

＿＿＿＿＿＿＿＿＿＿＿＿＿＿＿＿

(3) I taught him English.（前置詞を使って）

＿＿＿＿＿＿＿＿＿＿＿＿＿＿＿＿

(4) My father made a doghouse.（our dog と前置詞を補って）

＿＿＿＿＿＿＿＿＿＿＿＿＿＿＿＿

重要 **3 次の英文を，意味の違いに注意して，日本語に直しなさい。**

(1) ⓐ She was very tired yesterday.

＿＿＿＿＿＿＿＿＿＿＿＿＿＿＿＿

ⓑ She looked very tired yesterday.

＿＿＿＿＿＿＿＿＿＿＿＿＿＿＿＿

(2) ⓐ Ken was looking at the white dog.

＿＿＿＿＿＿＿＿＿＿＿＿＿＿＿＿

ⓑ Ken was looking for his dog.

＿＿＿＿＿＿＿＿＿＿＿＿＿＿＿＿

得点UP!

Check! 自由自在① SVC の文型・SVOO の文型で使われる動詞を調べてみよう。

Check! 自由自在② 時を表す前置詞の種類と意味を調べてみよう。

Check! 自由自在③ 場所を表す前置詞の種類と意味を調べてみよう。

1 (3) 日付の前

2 (1)〈人＋物〉の語順。

3 (1) ⓑ この look は「～を見る」の意味ではない。

(2) look at ～ と look for ～

4 **次の日本文に合うように，(　)内の語(句)を並べかえなさい。**

(1) マリは両親にお茶を入れました。
(her, made, for, Mari, parents, tea).

____

(2) ジュディは自分の仕事を誇りに思っています。
(proud, her, Judy, is, job, of).

____

(3) その店は月曜日から木曜日まで開いています。
(Monday, opens, to, Thursday, that shop, from).

____

(4) 英語で話すのは私には難しいです。
It is (in, me, difficult, to, for, speak) English.
It is ______________________________ English.

(5) どうぞ私に何か食べるものを持ってきてください。
(bring, something, eat, please, to, me).

____

5 **次の英文の空所に最も適するものを下から選んで書きなさい。ただし，同じ語は1度しか使わないこと。**

(1) I'll ________ my new bike to you tomorrow.
(2) Did you ________ a birthday cake for Bob?
(3) It will ________ dark soon.
(4) You ________ like a teacher.
(5) Do you know that girl ________ long hair?
(6) She is absent ________ school today.

with, from, buy, get, look, show, work

音声

6 **対話文を放送します。対話の最後の文の応答として最も適切なものを，ア～ウから1つずつ選び，記号を書きなさい。**

(1) ア Don't worry. It will not rain tomorrow. 〔岩手－改〕
イ Please give me something to drink.
ウ OK. Let's go to the park. [　　　　]

(2) ア No, I didn't. I helped old people. 〔秋田－改〕
イ I felt good. I want to do it again.
ウ That's right. The beach became clean. [　　　　]

得点UP!

4 (4)「～語で」＝〈in＋言語〉

(5)「何か食べるもの」は不定詞を使って表す。

Check! 自由自在④
SVOOの文型から書きかえるときに，toを使う動詞とforを使う動詞を調べてみよう。

5 (3) dark(形容詞)は補語。
(5)「長い髪をした少女」
(6)「～を欠席する」

STEP 3 発展問題

解答⇨別冊 p.27

1 次の英文の空所に最も適するものを選び，記号を書きなさい。

(1) I (　　) him my name.

ア said　イ spoke　ウ talked　エ told　[　　]

(2) Kaori looks (　　).

ア a scientist　イ a little sad　ウ easily　エ a lot of money　[　　]

(3) Who cooked (　　) last night?

ア dinner to you　イ dinner you　ウ you dinner　エ you for dinner　[　　]

2 次の英文の(　)内から最も適するものを選び，記号を○で囲みなさい。

(1) It was fun for (ア they　イ her　ウ his　エ ours) to talk with foreigners.

(2) I have no pens. Please lend me something to write (ア by　イ for　ウ in　エ with).

(3) The song is very popular (ア among　イ between　ウ into　エ through) young people.

3 次の各組の英文がほぼ同じ内容を表すように，空所に適する語を書きなさい。

(1) Mr. Smith is our English teacher.

Mr. Smith ______ ______ English.

(2) I had dinner after I took a bath.

I took a bath ______ ______.

難問 (3) While I was staying in London, I watched many soccer games.

______ my ______ in London, I watched many soccer games.

4 次の語句に続けるものとして最も適するものを選び，記号を書きなさい。

(1) The basket on the table is full [　　]

(2) Many people were present [　　]

(3) My uncle bought [　　]

(4) Mari and Yuri belong [　　]

(5) The letter was written [　　]

ア at Tom's birthday party.

イ by my brother in Canada.

ウ of oranges from America.

エ a nice bike for me.

オ to the English club.

5 上の文の下線部と発音が同じ語を下の文の空所に書き，英文を完成させなさい。

(1) What did you <u>buy</u> at the store?

Some students are standing ______ the school gates.

(2) Did you <u>hear</u> the news from him?

______ are some good books about history.

(3) Who <u>threw</u> the ball?

The river runs ______ our city.

6 **次の対話文が成り立つように，(　)内の語(句)を並べかえなさい。**

(1) *A*：Junko, you look sad.

B：(was,　my friends,　at,　I,　by,　laughed).

____

(2) *A*：Are you free today?

B：No. (till,　my report,　I,　finish,　tomorrow,　have to,　by).〈1 語不要〉

____

読解

7 **次の対話文は，アメリカに留学しているユミ(Yumi)と友だちのジュディ(Judy)のものです。これを読んで，後の各問いに答えなさい。** 〔青森―改〕

Judy：Yumi, you look happy.

Yumi：Yes. I got a letter from my friend in Japan. ①(some, me, also, she, sent, pictures). This is my school in Japan.

Judy：How many students are there in your school?

Yumi：There are about 1,000 students.

Judy：[　ⓐ　] My school has only 200 students. Oh, what are they doing in the next picture?

Yumi：They are cleaning their classroom. In Japan, students usually clean their school *by themselves.

Judy：Really? ②That's interesting. Oh, look at this picture. They are playing tennis.

Yumi：They are my friends. I was a member of the tennis club. I want to play tennis here, but I don't have a tennis racket now.

Judy：[　ⓑ　] You can use one of my rackets. It is a little old, but it's a nice racket. If you want to play tennis, please meet me at the park after school. You can play tennis there.

Yumi：[　ⓒ　] I'll see you later.

(注) by themselves：自分たちで

(1) 下線部①が意味の通る英文になるように，(　)内の語を並べかえなさい。

____

(2) [ⓐ]～[ⓒ]に入る最も適当なものを，**ア**～**オ**から1つずつ選び，記号を書きなさい。

ア Don't worry.

イ Don't tell me about it.

ウ That sounds nice.

エ How big your school is!

オ I will buy a racket for you.　　ⓐ[　　　] ⓑ[　　　] ⓒ[　　　]

(3) 下線部②について，ジュディは何が興味深いと言っていますか。具体的に日本語で説明しなさい。

____

第2章 中級

月　日

8 動名詞

STEP 1 まとめノート

解答⇨別冊 p.28

❶ 動名詞の基本的用法 ★★★

動名詞の形と意味 ★★★

形：動詞の原形＋① ______　　意味：「～すること」

注 動名詞の作り方は，進行形を作る -ing 形(現在分詞)と同じルール。(⇒ p.42 参照)

Check! 動名詞にしなさい。

❶ watch ______　❷ write ______　❸ run ______
❹ think ______　❺ say ______　❻ sit ______

動名詞の用法 ★★★

② ______語として

I like playing soccer.（私はサッカーをするのが好きです。）

③ ______語として

Dancing is fun.（踊ることは楽しい。）

Walking in the morning is good for health.（朝，散歩をするのは健康によい。）

④ ______語として

My job is cooking.（私の仕事は料理をすることです。）

注 be 動詞の後に -ing 形がくると，一見すると，「be 動詞＋現在分詞」の現在進行形のように思えるが，-ing 形が動名詞で補語として用いられているのかを見分ける必要がある。

My mother is cooking.（母は料理をしています。）

⑤ ______詞とともに

I'm fond of listening to music.（私は音楽を聞くことが好きです。）

不定詞の名詞的用法と同じように(⇒ p.82 参照)，主語・補語・目的語として動名詞を使うことができるが，不定詞は前置詞と一緒には使えない。

動名詞と不定詞の使い分け ★★★

目的語に動名詞をとるか不定詞をとるかは，動詞によって決まっている。

動名詞・不定詞とも目的語にできる動詞

like・love(～を好む)，begin・start(～を始める) など

It started to rain / raining then.（そのとき雨が降り始めました。）

⑥ [　　] 詞だけを目的語にする動詞

finish（～を終える），enjoy（～を楽しむ），mind（～を気にする），stop（～をやめる）など

He finished **watching** the DVD.（彼はDVDを見終えました。）

⑦ [　　] 詞だけを目的語にする動詞 （⇒ p.83 参照）

want（～を欲する），hope（～を望む），expect（～を期待する），decide（～を決心する）など

Jack wants **to drink** coffee.（ジャックはコーヒーを飲みたいと思っています。）

Check! （　）内の語を適切な表現や形にかえなさい。

❼ We enjoyed (swim) in the sea. ________

❽ She hopes (visit) Hokkaido. ________

❾ I finished (write) a letter. ________

❿ He decided (become) a doctor. ________

注意すべき表現 ★★

stop *doing*

「～することをやめる」

We stopped **talking**.

（私たちは話すのをやめました。）

stop to *do*

「～するために立ち止まる」

We stopped **to talk**.

（私たちは話すために立ち止まりました。）

注 動名詞 talking は目的語だが，不定詞 to talk は目的語ではない。
副詞的用法の不定詞で「～するために」と目的を表す。

remember *doing*

「～したことを覚えている」

Do you remember **going** to the shop?

（(過去に)そのお店に行ったことを覚えていますか。）

remember to *do*

「～することを覚えている，忘れずに～する」

Do you remember **to go** to the shop?

（(これから)そのお店に行くことを覚えていますか。）

forget *doing*

「～したことを忘れる」

I forgot **telling** the story to my mother.

（私は母にその話をしたことを忘れていました。）

forget to *do*

「～することを忘れる」

Don't forget **to tell** the story to your mother.

（忘れずにお母さんにその話をしなさい。）

前置詞とともに用いられた動名詞 ★★★

前置詞(in，of など)の後にくる動詞は ⑧ [　　] 詞の形になる。

I read a book before **going** to bed.（私は寝る前に本を読みます。）

Kumi is good at **painting**.（クミは絵を描くのがうまい。）

ズバリ暗記

「前置詞＋動名詞」を含む慣用句

「～することを恐れる」	「～が得意だ」	「～するのが好きである」	「～することに興味がある」
be afraid of doing	**be good at doing**	**be fond of doing**	**be interested in doing**

「～するのを楽しみにして待つ」	「～するのはいかがですか。」	「～してくれてありがとう。」
look forward to doing	**How〔What〕about doing?**	**Thank you for doing.**

月　　日

STEP 2 実力問題

ねらわれる ココが
- ○動名詞の機能(主語・補語・目的語)
- ○動名詞と不定詞(名詞的用法)の使い分け
- ○前置詞とともに使われる動名詞

解答⇨別冊 p.28

1 次の日本文に合うように，空所に適する語を書きなさい。

(1) 英語を話すことは私には難しいです。
 ＿＿＿＿ English ＿＿＿＿ difficult for me.

(2) テレビを見た後で，私は風呂に入りました。
 After ＿＿＿＿ TV, I ＿＿＿＿ a bath.

(3) 私は昨日，レポートを書き終えました。
 I ＿＿＿＿ ＿＿＿＿ my report yesterday.

(4) あなたはパーティーに行きたいのですか。
 Do you want ＿＿＿＿ ＿＿＿＿ to the party?

重要 **2** 次の英文の(　)内から最も適するものを選び，○で囲みなさい。

(1) Ken likes (play, playing, played) soccer.

(2) Mike enjoyed (to visit, visiting, visit) Kyoto.

(3) She hopes (becoming, to become, for becoming) a doctor.

(4) Jack finished (doing, to do, with doing) the work.

(5) I'm fond (using, to use, of using) a computer.

3 次の各組の英文がほぼ同じ内容を表すように，空所に適する語を書きなさい。

(1) It started to rain at nine.
 It started ＿＿＿＿ at nine.

(2) She sings English songs well.
 She is good ＿＿＿＿ ＿＿＿＿ English songs.

(3) I saw a movie in the theater. It was fun.
 I ＿＿＿＿ ＿＿＿＿ a movie in the theater.

(4) Joe collects stamps. It's his hobby.
 Joe's hobby ＿＿＿＿ ＿＿＿＿ stamps.

4 次の絵に合うように，空所に適する語を書きなさい。

(1)

泳ぐな！
危険

(2)

野球観戦券
○○○ vs △△△
○月×日（水）
□□スタジアム

(1) ＿＿＿＿ in the lake is ＿＿＿＿.

(2) We will enjoy ＿＿＿＿ a baseball game on ＿＿＿＿.

得点UP!

Check! 自由自在①
動詞による動名詞と不定詞の使い分けを調べてみよう。

1 (2) この after は前置詞。

2 (1)～(4) すべて動詞の目的語の部分。
(5) fond を含む連語。

3 (3)「～することを楽しむ」の文に。
(4)「趣味は～すること」の文に。

4 (1)「泳ぐことは危険だ」
(2)「on＋曜日」

重要

5 **次の英文を，意味の違いに注意して，日本語に直しなさい。**

(1) ⓐ Jane is playing the piano now.

ⓑ Jane's hobby is playing the piano.

(2) ⓐ We stopped to talk with Mike.

ⓑ We stopped talking at that time.

6 **次の日本文に合うように，(　)内の語(句)を並べかえなさい。**

(1) 走ることはあなたの健康に良いですよ。
(good, your, running, health, is, for).

(2) 私はあなたに会うのを楽しみにしています。
(looking, seeing, I'm, to, you, forward).

(3) あなたは彼に会ったことを覚えていますか。
(him, remember, meeting, do, you)?

(4) 彼は失敗することを気にしません。
(mind, mistakes, he, making, doesn't).

音声

7 **中学生のケンは，英語の授業で，余暇の過ごし方についてのアンケートを取り，その結果について発表することになりました。これからその内容を放送します。(1)はケンが余暇の時間にするのが好きなことを，(2)はケンの発表した内容と一致するグラフを，ア～ウから１つずつ選び，記号を書きなさい。** 〔茨城－改〕

(1) ケンが余暇の時間にするのが好きなこと。
ア 音楽鑑賞　**イ** 読書　**ウ** スポーツ　［　　］

(2) ケンが発表した内容と一致するグラフ。

ア

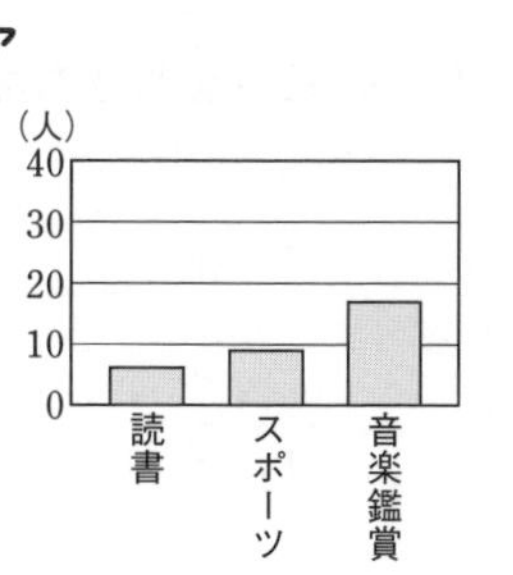

イ

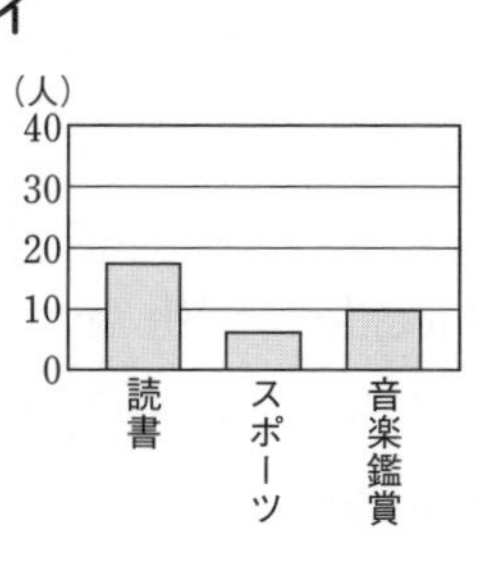

ウ

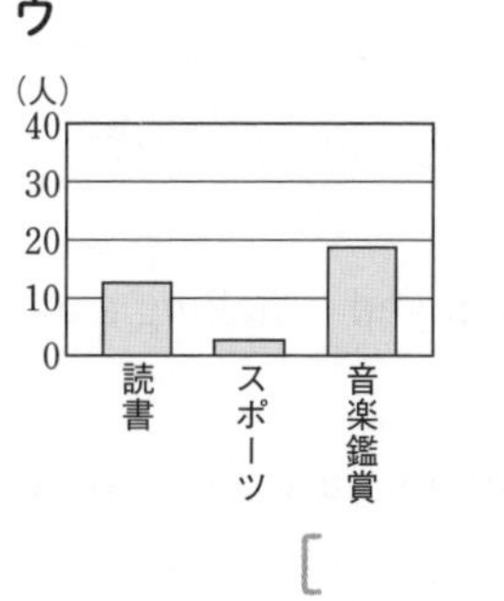

［　　］

得点UP!

5 (1) 現在進行形と動名詞の文。

(2) stop は目的語に動名詞しかとらない。

Check! 自由自在②
動名詞の用法について調べてみよう。

6 (1)「健康」＝health

(2) look forward to *doing*＝「～するのを楽しみにして待つ」

(4)「気にする」＝mind

7「余暇」＝「ひまなとき(free time)」

STEP 3 発展問題

解答⇨別冊 p.29

1 次の英文の空所に最も適するものを選び，記号を書きなさい。

(1) You will enjoy (　　) in the sea.
ア swim　イ swimming　ウ to swim　エ for swimming　[　　]

(2) Kaori (　　) washing the dishes in the kitchen.
ア didn't hope　イ decided　ウ started　エ wanted　[　　]

(3) We found Mike in the park, so we stopped (　　) him.
ア talking　イ to talking　ウ to talk　エ to talk to　[　　]

難問 (4) I don't (　　) that man before. Please tell me his name.
ア forget meeting　イ forget to meet
ウ remember meeting　エ remember to meet　[　　]

2 次の日本文に合うように，(　)内の語(句)を並べかえなさい。

(1) 彼は日本食を作ることに興味があります。
(in, he, Japanese, interested, make, is, food).〈下線の語を適当な形に直して〉

____

(2) あなたはいつその本を読み終えましたか。
(did, finish, when, the book, you)?〈1 語不足〉

____

(3) 3 時にそこに着ければと思います。
(expect, three, getting, at, there, I, to get).〈1 語不要〉

____

3 次の各組の英文がほぼ同じ内容を表すように，空所に適する語を書きなさい。

(1) Playing tennis is fun for us.
_______ is fun for us _______ _______ tennis.

(2) She likes to paint pictures.
She is _______ of _______ pictures.

(3) Will you close the door?
Do you mind _______ the door?

4 次の各文には 1 か所ずつ誤りがあります。その部分の記号を答え，正しい表現を書きなさい。

(1) ア Why イ do you want ウ going エ to the museum?
記号 [　　] 正 _______

難問 (2) ア Last Sunday, I enjoyed イ making and ウ eat a cake エ with my mother.
記号 [　　] 正 _______

(3) ア Playing video games イ are ウ a lot of fun エ for me.
記号 [　　] 正 _______

5 次の日本文に合うように，空所に適する語を書きなさい。

(1) 彼にとって，泳ぐのは走るのよりも簡単です。

______ is easier for him than ______.

(2) あなたはもう夕食を食べ終えましたか。

Have you ______ ______ dinner yet?

難問 (3) あなたからのお便りを楽しみにしています。

I'm looking ______ to ______ from you.

(4) 私を助けてくれてありがとう。

Thank you ______ ______ me.

6 次の英文を読んで，後の各問いに答えなさい。 〔茨城一改〕

読解

Ben, an American boy, came to Japan ①(study) Japanese culture last year. He stayed with Hiroshi's family. Ben and Hiroshi were the same *age. They soon became good friends. Ben visited many places with Hiroshi while he was in Japan. One day Hiroshi said to Ben, "I have to finish ②(do) my homework. After that, I'll take you to my grandmother's house."

Hiroshi's grandmother, Hisako, lives alone. ③Her (vegetables, is, on, work, growing) her farm. She likes meeting people. She talks and laughs with them. When Ben visited her with Hiroshi for the first time, she ④(make) lunch for them. There was so much food on the table. "*Help yourself," she said in English. Hiroshi taught her these words. She could not speak English well, but that was not a big problem. Hiroshi helped her with her English and Ben tried to understand her. ⑤They enjoyed talking.

(注) age：年齢　help yourself：自由にとって食べる

(1) ①，②，④の(　)内の語を，必要に応じて適切な表現や形にかえなさい。ただし，2語になる場合もあります。

① ______ ② ______ ④ ______

(2) 下線部③が意味の通る英文になるように，(　)内の語を並べかえなさい。

Her ______ her farm.

(3) 下線部⑤について，次の質問に日本語で答えなさい。

Why could Hisako enjoy talking with Hiroshi and Ben?

______

(4) 本文の内容に合うものを，**ア**～**エ**から1つ選び，記号を書きなさい。

ア Hiroshi and Ben visited Hisako to work on her farm.

イ Hiroshi lives with his grandmother because she needs his help.

ウ Hisako feels happy when she meets people and talks with them.

エ Hisako was not good at cooking, so she bought lunch for Hiroshi and Ben.

[　　]

第2章　中級

受動態(受け身)

STEP 1 まとめノート

月　日

解答⇨別冊 p.30

①受動態 (1)

能動態と受動態 ★★

①［　　　］態「主語が(～を)…する」　②［　　　］態「主語が(～によって)…される」

受動態の作り方 ★★★

be 動詞＋③［　　　］＋by＋行為者

能動態　Everyone loves Ken.
主語　動詞　目的語

受動態　Ken is loved by everyone.（ケンはみんなに愛されています。）
主語　be 動詞＋過去分詞

能動態で目的語の Ken が受動態では主語になっているね。

過去分詞の作り方 ★★★

④［　　　］動詞…動詞の原形＋-(e)d（過去形と同じ作り方）

原形 ― 過去 ― 過去分詞　play － played － played　use － used － used　など

⑤［　　　］動詞…動詞ごとに独自の活用をする。（⇒ p.114 参照）

原形 ― 過去 ― 過去分詞　make － made － made　take － took － taken　など

Check! 受動態の文にしなさい。

❶ My father uses the car. ＿＿＿＿＿＿＿＿

❷ The students clean the room. ＿＿＿＿＿＿＿＿

by 以下の省略 ★★★

行為者が⑥［　　　］の人々，あるいは不明のときは by 以下を省略する。

能動態　They speak French in this country.

受動態　French is spoken ~~by them~~ in this country.
（この国では，フランス語が話されています。）

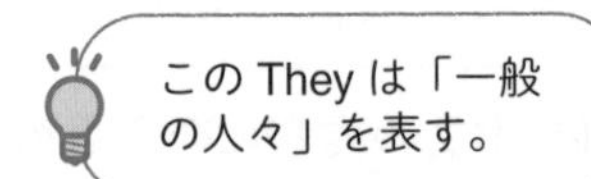

Check! 日本語に直しなさい。

❸ This book is read all over the world. ＿＿＿＿＿＿＿＿

❹ A lot of stars are seen here. ＿＿＿＿＿＿＿＿

疑問文・否定文の作り方 ★★★

疑問文…be 動詞を主語の前に置く。

This car is used every day.

Is this car used every day?

（この車は毎日使われますか。）

否定文…be 動詞の後に⑦＿＿を入れる。

The language is ＿＿ spoken here.

The language is not spoken here.

（その言語はここでは話されていません。）

— Yes, it is. / No, it isn't.（はい，使われます。／いいえ，使われません。）

注 疑問詞が主語の文では，「疑問詞＋ be 動詞＋過去分詞？」の語順になる。

Which car is used every day? — This car is.

（どちらの車が毎日使われますか。）（この車です。）

Check! ⓐ疑問文，ⓑ否定文にしなさい。

❺ The sport is played in Japan.

ⓐ ＿＿＿＿＿＿＿＿ ⓑ ＿＿＿＿＿＿＿＿

❻ These songs are sung by children.

ⓐ ＿＿＿＿＿＿＿＿ ⓑ ＿＿＿＿＿＿＿＿

2 受動態 (2)

過去の受動態 ★★★

was〔were〕+ ⑧＿＿（＋by＋行為者）「主語が(〜によって)…された」

能動態 Jack broke the window yesterday.

受動態 The window was broken by Jack yesterday.

（その窓は昨日，ジャックによって割られました。）

be 動詞が過去形になるだけで，現在の受動態と同じ。

注意すべき受動態 ★★

「〜する」「〜している」という意味になる受動態→ by 以外の前置詞を伴うことが多い。

I am interested ⑨＿＿ history.（私は歴史に興味があります。）

We were surprised ⑩＿＿ the result.（私たちはその結果に驚きました。）

by 以外の前置詞を伴う受動態

The garden was covered ⑪＿＿ snow.（庭は雪で覆われていました。）

Wine is made ⑫＿＿ grapes.（ワインはブドウから作られます。）

ズバリ暗記

「〜する」「〜している」という意味の受動態

be interested in 〜（〜に興味がある） **be born**（生まれる） **be surprised at 〜**（〜に驚く）

be tired of 〜（〜にあきている） **be pleased with 〜**（〜が気に入る）

be delighted with〔at〕〜（〜を喜ぶ）

by 以外の前置詞を伴う受動態

be covered with 〜（〜で覆われている） **be filled with 〜**（〜で満たされている）

be made of 〜（〜(材料)でできている） **be made from 〜**（〜(原料)から作られる）

be known to 〜（〜に知られている）

月　日

STEP 2 実力問題

ねらわれるココが
- ○能動態と受動態の書きかえ
- ○不規則動詞の過去分詞
- ○by 以外の前置詞を伴う受動態の表現

解答⇨別冊 p.31

重要 **1** 次の英文の(　)内の語を，必要に応じて適切な形にかえなさい。

(1) These rooms are (clean) by the students. ＿＿＿＿

(2) This bike is (use) every day. ＿＿＿＿

(3) Was this cake (make) by Maki? ＿＿＿＿

(4) Stars aren't (see) here at night. ＿＿＿＿

(5) That vase was (break) by Tom. ＿＿＿＿

重要 **2** 次の英文を指示に従って書きかえなさい。

(1) Nancy likes these pictures.（受動態の文に）

＿＿＿＿＿＿＿＿＿＿＿＿＿＿＿＿

(2) They speak Spanish in this country.（下線部が主語になる文に）

＿＿＿＿＿＿＿＿＿＿＿＿＿＿＿＿

(3) This car was washed by Jane.（疑問文にして，Yes で答える）

＿＿＿＿＿＿＿＿＿＿＿＿＿＿＿＿

(4) Sugar is sold at that store.（否定文に）

＿＿＿＿＿＿＿＿＿＿＿＿＿＿＿＿

(5) These novels were written by Mr. Brown.（能動態の文に）

＿＿＿＿＿＿＿＿＿＿＿＿＿＿＿＿

3 次の日本文に合うように，空所に適する語を書きなさい。

(1) この写真は彼によって撮影されました。
This picture ＿＿＿＿ ＿＿＿＿ by ＿＿＿＿.

(2) それらの古いコンピュータは今は使われていません。
Those old computers ＿＿＿＿ ＿＿＿＿ now.

(3) その店は6時に閉まるのですか。— いいえ，閉まりません。
＿＿＿＿ the shop ＿＿＿＿ at six? — No, it ＿＿＿＿.

(4) 彼らはその事故に驚いています。
They are ＿＿＿＿ ＿＿＿＿ the accident.

重要 **4** 次の英文の空所に最も適するものを右から選んで書きなさい。

(1) The player is known ＿＿＿＿ everyone.

(2) The mountain was covered ＿＿＿＿ snow.

(3) Are you interested ＿＿＿＿ science?

(4) *Sake* is made ＿＿＿＿ rice.

(5) This box is made ＿＿＿＿ paper.

from, of, in, to, with

得点UP!

1 (1)(2) 規則動詞。

(3)〜(5) 不規則動詞。

Check! 自由自在①
現在形と過去形の受動態の，疑問文・否定文の作り方を調べてみよう。

2 (2) They は一般の人々を指す。

(5) 過去の文。

3 (1) by の後の代名詞は目的格になる。

(4)「驚く」は，受動態を使って表現する。

Check! 自由自在②
受動態で，by 以外の前置詞を伴う表現を調べてみよう。

5 次の日本文に合うように，(　)内の語(句)を並べかえなさい。

(1) そのカレーは私が調理したものではありません。
(was,　me,　cooked,　the curry,　by,　not).

____

(2) 野球をするのに何人必要ですか。
(many,　are,　how,　needed,　people) to play baseball?

______________________________ to play baseball?

(3) トムはその結果に満足しています。
(with,　is,　Tom,　the result,　satisfied).

____

(4) あなたのお父さんはどこで生まれたのですか。
(was,　father,　where,　born,　your)?

____

(5) そのイヌはマリによって世話をされています。
(Mari,　of,　is,　care,　by,　the dog,　taken).

____

6 右はある寺の紹介文です。紹介文を参考にして，後の質問に３語以上の英語で答えなさい。

(1) Is the temple visited by many people every day?

____

(2) When was the temple built?

____

> ○○寺
> この寺は毎日たくさんの参詣(さんけい)者で賑わいます。
> この寺は794年に建立(こんりゅう)されました。

音声

7 次のそれぞれの絵について，英文を３つずつ放送します。絵を説明する英文として最も適するものをａ～ｃから１つずつ選び，記号を書きなさい。

(1)

[　　　]

(2)

[　　　]

得点UP!

5 (1)「私によって調理されなかった」

(2)「何人が必要とされていますか」

(5)「～の世話をする」＝take care of ～

7 (1) This is used の後に注意して聞き取る。
(2) マイクは和食を目の前にして，どのように感じているかを聞き取る。

STEP 3 発展問題

解答⇨別冊 p.32

1 次の対話文が成り立つように，空所に適する語を書きなさい。

(1) Is Ms. Brown liked by her friends? — Yes, ＿＿＿＿ ＿＿＿＿.

(2) ＿＿＿＿ the car used by Mike last Sunday? — No, it ＿＿＿＿.

(3) ＿＿＿＿ was introduced to you by John? — Koji ＿＿＿＿.

(4) ＿＿＿＿ ＿＿＿＿ the keys found? — They were found under the desk.

2 次の英文の空所に最も適するものを選び，記号を書きなさい。

(1) This novel is (　　) all students in my class.
ア known from　イ known to　ウ knew by　エ knowing to　[　　]

(2) The glass was (　　) with water.
ア covered　イ full　ウ pleased　エ filled　[　　]

(3) Stars (　　) seen here last night.
ア aren't　イ didn't　ウ weren't　エ won't　[　　]

(4) Mary is (　　) basketball in the gym.
ア play　イ playing　ウ played　エ plays　[　　]

(5) Was this picture (　　) in London?
ア take　イ taken　ウ taking　エ took　[　　]

3 意味の通る英文になるように，(　)内の語(句)を並べかえなさい。

(1) (not, to, we, the party, are, invited).

＿＿＿＿＿＿＿＿＿＿＿＿＿＿＿＿

(2) (were, by, the windows, John, break). 〈下線の語を適当な形に直して〉

＿＿＿＿＿＿＿＿＿＿＿＿＿＿＿＿

難問 (3) (the hill, covered, snow, was)? 〈1 語追加〉

＿＿＿＿＿＿＿＿＿＿＿＿＿＿＿＿

(4) (from, is, the desk, wood, of, made). 〈1 語不要〉

＿＿＿＿＿＿＿＿＿＿＿＿＿＿＿＿

4 次の各組の英文がほぼ同じ内容を表すように，空所に適する語を書きなさい。

(1) Did she make the cake?
＿＿＿＿ the cake ＿＿＿＿ by ＿＿＿＿?

(2) Ken doesn't like this dog.
This dog ＿＿＿＿ ＿＿＿＿ ＿＿＿＿ Ken.

難問 (3) My sister is thirteen years old.
My sister ＿＿＿＿ ＿＿＿＿ thirteen years ago.

(4) Many people know the musician.
The musician is ＿＿＿＿ ＿＿＿＿ many people.

5 あなたのクラスにカナダから留学生が来ました。その留学生に伝えるために，次の内容を英語で書きなさい。ただし，受動態を使うこと。

(1) この学校は創立20周年だと，自分の学校を紹介する。

____

(2) ササキ先生(Mr. Sasaki)はみんなに好かれていると，先生を紹介する。

____

(3) 日本の文化に興味があるのか尋ねる。

____

読解

6 次の対話文を読んで，後の各問いに答えなさい。〔愛知一改〕

Akane：What are you reading?

Cathy：I'm reading *Kaguyahime*. This *picture book is ①(write) in easy Japanese and has many pictures. So I can understand the story.

Akane：I have a few picture books. Why don't you read them?

Cathy：Thank you, Akane. What do you have?

Akane：*Momotaro* and *Urashimataro*.

Cathy：*Momo* is *peach. Is it a story about peaches?

Akane：Its *main character was born out of a very big peach.

Cathy：②That's interesting. I want to read the book.

Akane：OK. I will bring it tomorrow. *Urashimataro* is also interesting. You will be surprised [③] the story. He goes into the sea on ...

Cathy：Stop ④(talk). I will try to understand it alone.

Akane：Sorry. I said too much. Well, do you remember any *fairy tales in your country?

Cathy：Yes. My mother often told me fairy tales. Children hear them in bed, so the word "*bedtime story" is sometimes used in my country.

Akane：I see. I want to listen to bedtime stories in English.

(注) picture book：絵本　peach：桃　main character：主人公　fairy tale：おとぎ話　bedtime：就寝時の

(1) ①，④の( )内の語を，必要に応じて適切な形にかえなさい。

① ______　④ ______

(2) 下線部②のThatが指す内容を，具体的に日本語で説明しなさい。

____

(3) [③]に入る最も適当なものを，ア～エから1つ選び，記号を書きなさい。

ア at　イ for　ウ in　エ to　[　　]

(4) 本文の内容に合わないものを，ア～エから1つ選び，記号を書きなさい。

ア Cathy enjoys the story and pictures of *Kaguyahime*.

イ Akane will lend her picture books to Cathy.

ウ Cathy wants to read *Urashimataro* without Akane's help.

エ Fairy tales are not told in Cathy's country at night.　[　　]

月　　日

第2章　中級

感嘆文 / Here is ～. / その他

STEP 1　まとめノート

解答⇨別冊 p.33

① 感嘆文 ★★

How で始まる感嘆文

[①　　　 + 形容詞〔副詞〕] + 主語 + 動詞 !

感嘆符を忘れないように注意。

That cat is very pretty.（あのネコはとてもかわいいです。）

↓

How pretty that cat is!（あのネコはなんてかわいいのでしょう。）

注 How は副詞なので，後ろに形容詞か副詞が来る。

Check!（　）内の指示に従って，英語に直しなさい。

❶ 彼はなんて速く泳ぐのでしょう。（how を使って）＿＿＿＿＿＿＿＿

❷ このリンゴはなんて大きいのでしょう。（how を使って）＿＿＿＿＿＿＿＿

❸ それらのギターはなんてかっこいいのでしょう。（how を使って）＿＿＿＿＿＿＿＿

What で始まる感嘆文

[②　　　 (+a〔an〕) + 形容詞 + 名詞] + 主語 + 動詞 !

That is a very pretty cat.（あれはとてもかわいいネコです。）

↓

What a pretty cat that is!（あれはなんてかわいいネコなのでしょう。）

Check!（　）内の指示に従って，英語に直しなさい。

❹ これはなんて古い家なのでしょう。（what を使って）＿＿＿＿＿＿＿＿

❺ これはなんて高い建物なのでしょう。（what を使って）＿＿＿＿＿＿＿＿

❻ これらはなんて美しい写真なのでしょう。（what を使って）＿＿＿＿＿＿＿＿

感嘆文の書き換え

How hot it is today! ⇆ What a hot day it is today!

（今日はなんて暑いのでしょう。）（今日はなんて暑い日なのでしょう。）

How の感嘆文と What の感嘆文で書き換えができる。

Check! 次の英文を指示に従って書きかえなさい。

❼ How cool those dancers are!（what を使った感嘆文に）

＿＿＿＿＿＿＿＿＿＿＿＿＿＿＿＿

❽ What an exciting game this is!（how を使った感嘆文に）

＿＿＿＿＿＿＿＿＿＿＿＿＿＿＿＿

❷ Here is ～，その他

Here is〔are〕～. / Here＋一般動詞 ～. ★★

Here is〔are〕～.「ここに～があります〔います〕」

③	数名詞のとき	Here is my racket.（ここに私のラケットがあります。）
④	数名詞のとき	Here are three books.（ここに 3 冊の本があります。）

Here＋一般動詞 ～.　Here comes John.（ジョンが来ます。／ジョンが来ました。）

注 代名詞が主語のときは Here S＋V. の語順。

Here he comes.（彼が来ます。／彼が来ました。）

一般動詞の形は主語に合わせる。

How〔What〕about ～? ★★

相手を誘う「～はいかがですか」

How〔What〕about a cup of coffee?

（コーヒーを一杯いかがですか。）

相手の意見を尋ねる「～はどうですか」

I like cats better than dogs. How〔What〕about you?

（私はイヌよりもネコが好きです。あなたはどうですか。）

注 about は前置詞「～について」なので，後の動詞は -ing（動名詞）にする。

What about fishing next Sunday?（次の日曜日，釣りはどうですか。）

代名詞 one ★★★

数えられる名詞の代わりに使う。it との違いに注意。

I lost my cap, so I will buy one.

（＝a cap）

（帽子をなくしたので，帽子を買うつもりです。）

I lost my cap, so I'm looking for it now.

（＝the cap）

（帽子をなくしたので，その帽子をさがしています。）

注 代名詞の one を形容詞が修飾するときは〈a＋形容詞＋one〉，〈形容詞＋ones〉になる。

This shirt is big. Show me a smaller one.（このシャツは大きい。小さいものを見せてください。）

one another「お互いに」

They always help one another.（彼らはいつもお互いに助け合っています。）

one ～, the other ...「一方は～，他方は…」

I have two dogs. One is black, and the other (is) white.

（私は 2 匹のイヌを飼っています。1 匹は黒色で，もう 1 匹は白色です。）

Check! **日本文に合うように，空所を埋めなさい。**

❾ ここにたくさんのニンジンがあります。 ＿＿＿＿＿ ＿＿＿＿＿ a lot of carrots.

❿ テニスをしてはどうですか。 ＿＿＿＿＿ ＿＿＿＿＿ playing tennis?

⓫ このコンピュータはとても古い。新しいのが欲しいです。

This computer is very old. I want a new ＿＿＿＿＿.

⓬ 私たちはお互いに理解し合いました。　We understood ＿＿＿＿＿ another.

⓭ 私には 2 人の兄弟がいます。1 人は医者で，もう 1 人は教師です。

I have two brothers. ＿＿＿＿＿ is a doctor, and the ＿＿＿＿＿ is a teacher.

STEP 2 実力問題

ねらわれるココが
- How を使った感嘆文と What を使った感嘆文
- 〈動詞＋前置詞〉，〈be＋形容詞＋前置詞〉の熟語
- 代名詞の one と it の違い

解答⇨別冊 p.33

重要 **1** 次の英文の（　）内から最も適するものを選び，○で囲みなさい。

(1) (How, Very, What) a tall tree this is!

(2) The big bag is his and the small (it, one, another) is mine.

(3) He bought a red shirt. I will buy a white (each, one, it).

(4) I like English. I study (it, one) every day.

(5) I don't like this plan. What (about, among, along) you, Jane?

(6) We have to understand (each, one, the) another.

(7) I don't like this shirt. Show me a better (it, one, that).

2 次の英文の空所に最も適するものを右から選んで書きなさい。

(1) ＿＿＿＿＿ about playing soccer tomorrow?

(2) ＿＿＿＿＿ comes the bus.

(3) This video game is not interesting. I want ＿＿＿＿＿.

(4) There are white roses and red ＿＿＿＿＿.

how, here, another, ones

3 次の日本文に合うように，空所に適する語を書きなさい。

(1) この湖はなんて大きいのでしょう。

＿＿＿＿＿ large this lake ＿＿＿＿＿!

(2) ミカが来ます。／ミカが来ました。

＿＿＿＿＿ comes Mika.

(3) これはなんて難しいテストなのでしょう。

＿＿＿＿＿ a ＿＿＿＿＿ test this is!

(4) サンドイッチをいかがですか。

＿＿＿＿＿ ＿＿＿＿＿ some sandwiches?

(5) ここに新しいコンピュータが１台あります。

＿＿＿＿＿ ＿＿＿＿＿ a new computer.

(6) 彼は息子が２人います。１人は東京に，もう１人は京都にいます。

He has two sons. ＿＿＿＿＿ is in Tokyo, and the ＿＿＿＿＿ is in Kyoto.

4 次の英文を，意味の違いに注意して，日本語に直しなさい。

(1) ⓐ How is the weather today?

＿＿＿＿＿＿＿＿＿＿＿＿＿＿＿＿＿＿＿＿

ⓑ How fine it is today!

＿＿＿＿＿＿＿＿＿＿＿＿＿＿＿＿＿＿＿＿

得点UP!

1 (1) a tall tree は名詞句。

2 (1) 相手を誘う表現。

3 (4) 2通りの言い方がある。

(5) a computer は単数名詞。

重要

5 **次の英文を指示に従って書きかえなさい。**

(1) How beautiful this is!（flower を補って）

______

(2) Lucy helped Bob and Bob helped Lucy.（one another を使って）

______

(3) He is a kind boy.（What を使った感嘆文に）

______

(4) What a good singer he is!（how を使って）

______

6 **次の日本文に合うように，(　)内の語(句)を並べかえなさい。**

(1) ここに数種類の果物があります。
(of, some, here, kinds, fruit, are).

______

(2) 休暇の間，私のところに滞在してはどうですか。
(about, with, during, how, me, staying) the vacation?

______ the vacation?

(3) ジョーはなんて親切な生徒なのでしょう。
(is, what, Joe, kind, a, student)!

______

(4) もっと小さいのはありますか。
(smaller, have, one, you, do)?

______

(5) この黄色いのはいかがですか。
(about, yellow, one, this, how)?

______

(6) 東京に行ってはどうですか。
(about, to, going, Tokyo, how)?

______

音声

7 **対話文を放送します。その内容についての質問に対する答えとして最も適するものをア〜エから１つずつ選び，記号を書きなさい。** 〔福井一改〕

(1) ア 青いセーター　　イ 茶色いセーター
ウ 4,000 円のセーター　　エ 5,000 円のセーター

[　　　]

得点UP!

5 (3) 感嘆文の what の後は，名詞または名詞句。

Check! 自由自在①
Here で始まる文の種類と意味を調べてみよう。

6 (2) during ＝「の間」

7 (1) thousand ＝「1,000」

STEP 3 発展問題

解答⇨別冊 p.34

1 次の各組の英文がほぼ同じ内容を表すように，空所に適する語を書きなさい。

(1) How pretty this cat is!
What ______ ______ ______ this is!

(2) Would you like to go to the movies?
______ ______ ______ to the movies?

(3) This dictionary is very useful.
How ______ ______ ______ ______!

(4) We have some books here.
______ ______ ______ books.

(5) Why don't you take a walk together?
______ ______ ______ a walk together?

(6) Our teacher comes here.
______ ______ our teacher.

(7) We should help one another.
We should help ______ ______.

2 次の対話文が成り立つように，(　)内の語(句)を並べかえなさい。

(1) *A*：Look at that!
B：(a,　what,　that,　beautiful,　is,　mountain)!

____

難問 (2) *A*：Your brother has two computers.
B：Yes, but they are old. (wants,　one,　buy,　new,　he,　to). 〈1 語不足〉

____

(3) *A*：I'm looking for a T-shirt for my sister.
B：(have,　some,　we,　ones,　nice).

____

3 次のようなとき，相手にどのように言いますか。英語で書きなさい。

(1) あなたはなんて上手な歌手なのでしょうと，強く感激していることを述べるとき。

____

(2) 水を一杯いかがですかと，たずねるとき。(How で文を始めて)

____

(3) あなたの母が来ましたと，相手に知らせるとき。(Here で文を始めて)

____

4 次の日本文に合うように，(　)内の語(句)を並べかえなさい。ただし，不要な語が１語あります。

(1) 紅茶を一杯いかがですか。
(tea,　a,　about,　how,　of,　give,　cup)?

____

(2) この話はなんて面白いのでしょう。
(What,　this,　interesting,　is,　how,　story)!

____

5 次の対話文は，日本でホームステイをしているアメリカ人のマイク(Mike)と，ユウタ(Yuta)のものです。これを読んで，後の各問いに答えなさい。 〔静岡－改〕

読解

(Mike and Yuta are walking home from school.)

Yuta：How were today's classes?

Mike：Someone talked about a kotatsu in class. I became interested (ⓐ) it.

Yuta：You can see ①one at my house. [Ⓐ]

Mike：Thank you. I will.

(At Yuta's home)

Yuta：[Ⓑ]

Mike：Wow! Show me how to use it.

Yuta：It's easy. *Switch on, and get in. Come here, Mike.

Mike：Oh, it's warm. It's special for me to sit on the floor. ②Usually, we Americans don't do that. So, what do you do at the *kotatsu*?

Yuta：We just sit and talk. On New Year's Day, we watch TV here *almost all day.

Mike：I see. Is it easier to *communicate with family members at the *kotatsu*?

Yuta：I think so. ③*Kotatsu* is useful for that. There is another good thing. When I do my homework here, I can find someone to help me (ⓑ) it.

Mike：That's nice.

(注) switch on：スイッチを入れる　almost：ほとんど　communicate with ～：～とコミュニケーションをとる

(1) ⓐⓑの(　)内に適する前置詞を書きなさい。　ⓐ________　ⓑ________

(2) [Ⓐ]・[Ⓑ]に入る最も適当なものを，**ア**～**オ**から１つずつ選び，記号を書きなさい。

ア That's too bad.　**イ** How about coming?　**ウ** You need more.
エ Here is our *kotatsu*.　**オ** Why do you like it?

Ⓐ[　　　]　Ⓑ[　　　]

(3) 下線部①が指すものを２語の英語で答えなさい。　________　________

(4) 下線部②③を，thatが指す内容がわかるようにして，日本語に直しなさい。

②______________________________

③______________________________

〔　　月　　日〕

理解度診断テスト

本書の出題範囲 pp.52～111　時間 40分　得点 /100点　理解度診断 A B C

解答⇨別冊 p.35

重要

1 次の英文の(　)内の語を必要に応じて適切な表現や形にかえなさい。ただし，2語になる場合もあります。(8点)

(1) Mayumi (live) in Okinawa last year. ＿＿＿＿

(2) This question is (difficult) than that one. ＿＿＿＿

(3) I finished (write) my report yesterday. ＿＿＿＿

(4) My brother hopes (see) you again. ＿＿＿＿

2 次の英文を指示に従って書きかえなさい。(12点)

(1) She swam in the lake.（過去進行形の文に）

＿＿＿＿＿＿＿＿＿＿＿＿＿＿＿＿

(2) He can finish his work.（文末に tomorrow を加えて未来の文に）〔愛徳学園高－改〕

＿＿＿＿＿＿＿＿＿＿＿＿＿＿＿＿

(3) George runs fast.（文末に of us を加えて最上級の文に）

＿＿＿＿＿＿＿＿＿＿＿＿＿＿＿＿

重要

(4) They speak English in America.（下線部を主語にした文に）〔履正社学園高－改〕

＿＿＿＿＿＿＿＿＿＿＿＿＿＿＿＿

3 意味の通る英文になるように，(　)内の語(句)を並べかえなさい。(16点)

(1) あなたはいつカナダに出発しますか。
(Canada, to, are, going, for, when, you, leave)?

＿＿＿＿＿＿＿＿＿＿＿＿＿＿＿＿

(2) 家でやるべきことがたくさんあります。〔郁文館高〕
(at, do, to, I, have, home, many, things).

＿＿＿＿＿＿＿＿＿＿＿＿＿＿＿＿

(3) A：Which bag is yours?〔青森〕
B：It (the chair, one, is, the black, on).

It ＿＿＿＿＿＿＿＿＿＿＿＿＿＿＿＿.

(4) A：Look! The sky in the west is becoming dark!〔豊島岡女子学園高－改〕
B：(it, before, begins, go, have, home, to, we) to rain.

＿＿＿＿＿＿＿＿＿＿＿＿＿＿＿＿ to rain.

4 次の疑問文に対する答えとして最も適するものを，右のア～オから1つずつ選び，記号で書きなさい。(10点)

(1) Why do you get up early every morning? 〔　　〕

(2) How long were you there? 〔　　〕

(3) Shall we go on a picnic? 〔　　〕

(4) Where did you paint the picture? 〔　　〕

(5) Must we clean the park? 〔　　〕

ア Yes, let's.
イ No, we need not.
ウ In the park.
エ To take a walk.
オ For two hours

5 次の英文の(　)に最も適するものを選び，○で囲みなさい。(10点)

(1) (　　　) a tall boy he is!

ア How　　イ What　　ウ Who　　エ Why

(2) You (　　　) better study English every day.

ア have　　イ had　　ウ may　　エ must

(3) Mr. Brown is (　　　) to buy the car.

ア as rich　　イ too rich　　ウ rich enough　　エ rich much

(4) (　　　) my father usually finishes work at five, he worked till eight yesterday.

ア Because　　イ If　　ウ When　　エ Though

難問 (5) Both Ken and I (　　　) high school students at that time.

ア are　　イ am　　ウ was　　エ were

6 次の各組の英文がほぼ同じ内容を表すように，空所に適する語を書きなさい。(12点)

(1) He was our math teacher. 〔大阪信愛高〕

He __________ __________ math.

(2) This bridge is not as long as that bridge. 〔高知学芸高〕

This bridge is __________ __________ that bridge.

(3) Ken was too hungry to run any more. 〔愛徳学園高〕

Ken was __________ hungry that he __________ run any more.

難問 (4) You must try harder if you want to succeed in business. 〔慶應義塾高〕

__________ __________, __________ you won't succeed in business.

7 次の各文には1か所ずつ誤りがあります。その部分の記号を答え，正しい表現を書きなさい。(16点)

(1) "ア Here イ the bus comes." "OK. ウ Let's エ get on it." 記号[　　　] 正__________

(2) ア How イ around ウ having lunch エ at the restaurant? 記号[　　　] 正__________

(3) ア Learning foreign languages イ is ウ one of the best way エ to understand people in other countries. 〔関西学院高〕 記号[　　　] 正__________

(4) ア Would you give this memo イ to Mr. Roger ウ when you エ will see him this afternoon?

(注) memo：メモ 〔慶應義塾高－改〕 記号[　　　] 正__________

8 次の日本文を英語に直しなさい。(16点)

(1) このコンピュータを使ってもいいですか。

____

(2) 私たちは夕食後，テレビを見て楽しみました。

____

(3) 野球とサッカーでは，あなたは どちらのほうが好きですか。

____

(4) 次に何をしたらよいのか私に教えてください。

____

● 付録 不規則動詞の活用表

	原形	意味	過去形	過去分詞
A−B−C 型 （原形・過去形・過去分詞が異なる）	be ※現在形は am, is, are	（〜である）	was were	been
	begin	（始まる）	began	begun
	bear	（産む）	bore	born, borne
	break	（壊す）	broke	broken
	do, does	（する）	did	done
	draw	（引く，描く）	drew	drawn
	eat	（食べる）	ate	eaten
	forget	（忘れる）	forgot	forgotten, forgot
	give	（与える）	gave	given
	go	（行く）	went	gone
	know	（知る）	knew	known
	see	（見る）	saw	seen
	show	（示す，見せる）	showed	shown, showed
	sing	（歌う）	sang	sung
	speak	（話す）	spoke	spoken
	swim	（泳ぐ）	swam	swum
	take	（取る）	took	taken
	write	（書く）	wrote	written
A−B−A 型 （原形と過去分詞が同じ）	become	（なる）	became	become
	come	（来る）	came	come
	run	（走る）	ran	run
A−B−B 型 （過去形と過去分詞が同じ）	build	（建てる）	built	built
	buy	（買う）	bought	bought
	catch	（捕らえる）	caught	caught
	find	（見つける）	found	found
	get	（得る）	got	got, gotten
	have	（持つ）	had	had
	hear	（聞く）	heard [hə́ːrd]	heard [hə́ːrd]
	keep	（保つ）	kept	kept
	learn	（学ぶ）	learned, learnt	learned, learnt
	leave	（去る，残す）	left	left
	lend	（貸す）	lent	lent
	lose	（失う）	lost	lost
	make	（作る）	made	made
	meet	（会う）	met	met
	say	（言う）	said [séd]	said [séd]
	sell	（売る）	sold	sold
	send	（送る）	sent	sent
	sit	（座る）	sat	sat
	sleep	（眠る）	slept	slept
	teach	（教える）	taught	taught
	tell	（語る）	told	told
	think	（考える）	thought	thought
	understand	（理解する）	understood	understood
A−A−A 型 （原形・過去形・過去分詞が同じ）	cut	（切る）	cut	cut
	put	（置く）	put	put
	read	（読む）	read [réd]	read [réd]

第3章 上　級

第3章　上 級

月　日

1 現在完了形／現在完了進行形

STEP 1 まとめノート

解答⇨別冊 p.36

① 現在完了形

現在完了形の作り方 ★★★

have〔has〕+ ①

主語が3人称単数のときは has を用いる。

現在完了形の疑問文・否定文 ★★★

疑問文…have〔has〕と主語の語順を入れかえる。

You have finished your homework.

Have you finished your homework?

— Yes, I have. / No, I haven't.

否定文…have〔has〕の後に ② を入れる。

I have visited the city.

I have not visited the city.

Check! ⓐ疑問文，ⓑ否定文にしなさい。

❶ You have read the book.　ⓐ ______　ⓑ ______

❷ Tom has done the work.　ⓐ ______　ⓑ ______

過去形と現在完了形 ★

過去形	現在完了形
過去の特定のある時のことを述べる。 現在のことは含まない。	③ を含む今までのことを述べる。
過去　現在	過去　現在

② 現在完了形の表す意味 ★★★

現在までの状態継続「ずっと～でいます」

be, have, hope, want, know, live などの状態動詞（もともと継続的な意味を持つ）の現在完了形

ズバリ暗記			
since の使い方	①前置詞（since＋名詞） since yesterday 「昨日から」	②接続詞（since ＋主語＋動詞） since I was a child 「子どものときから」	③副　詞 (ever) since 「それ以来」

現在完了進行形「ずっと～し続けている」

過去に始まった動作が現在まで続いて，今後も続くことを表す。状態動詞を除いて，一般動詞では，現在完了進行形にする。

Judy has been taking the piano lessons since she was three.

（ジュディは3歳の時からピアノのレッスンを受けています。）

現在までの経験「今までに～したことがある」

I have visited the temple before.（私は以前にその寺を訪れたことがあります。）

How often have you climbed Mt. Fuji?（あなたは何回富士山に登ったことがありますか。）

現在までの完了「～してしまった，～したところだ」

We have already had dinner.（私たちはもう夕食を食べてしまいました。）

The train has not arrived yet.（列車はまだ到着していません。）

ズバリ暗記
「まだ」と「もう」の使い分け
①肯定文「もう(～した)」 **already**　②疑問文「もう(～しましたか)」 **yet**　③否定文「まだ(～していない)」 **yet**

Check! **意味の違いに注意して，日本語に直しなさい。**

❸ I have studied English for three years. ＿＿＿＿＿＿＿＿＿＿

❹ My father has been working too hard. ＿＿＿＿＿＿＿＿＿＿

❺ Have you ever seen a panda? ＿＿＿＿＿＿＿＿＿＿

❻ I have already finished my homework. ＿＿＿＿＿＿＿＿＿＿

③ 注意すべき現在完了形 ★★

現在完了形と副詞語句

継続でよく使われる語句…④［　　］(～から)や期間を表す語句

経験でよく使われる語句…⑤［　　］(今までに)，⑥［　　］(一度も～ない)，before(以前に)や，twice (2回)や～ times(～回)などの⑦［　　］を表す語句

完了でよく使われる語句…⑧［　　］(もう)，⑨［　　］(まだ／もう)，just(ちょうど)

注 ～ ago，just now など特定の過去の時を示す語を含む文や，when で始まる疑問文では現在完了形は使えない。

Check! **下線部に注意して，日本語に直しなさい。**

❼ My brother has been in Hokkaido for a week. ＿＿＿＿＿＿＿＿＿＿

❽ I have met Tom's sister three times. ＿＿＿＿＿＿＿＿＿＿

❾ Have you cleaned your room yet? ＿＿＿＿＿＿＿＿＿＿

be と go の現在完了形

go の現在完了形…「行ってしまって今はもういない」

be の現在完了形…「行ったことがある」「来たことがある」「行ってきたところだ」

Check! **下線部に注意して，日本語に直しなさい。**

❿ I have just been to the library. ＿＿＿＿＿＿＿＿＿＿

⓫ We have never been abroad. ＿＿＿＿＿＿＿＿＿＿

⓬ My mother has gone out. ＿＿＿＿＿＿＿＿＿＿

月　日

STEP 2 実力問題

ねらわれるココが
- 不規則変化の過去分詞
- 現在完了形の意味
- 現在完了形とともに使われる語句

解答⇨別冊 p.37

1 次の動詞の過去分詞を書きなさい。

(1) live ＿＿＿＿＿＿　(2) hear ＿＿＿＿＿＿
(3) lose ＿＿＿＿＿＿　(4) make ＿＿＿＿＿＿
(5) write ＿＿＿＿＿＿　(6) do ＿＿＿＿＿＿
(7) take ＿＿＿＿＿＿　(8) begin ＿＿＿＿＿＿

重要

2 次の英文の空所に最も適するものを下から選んで書きなさい。

(1) We have learned *judo* ＿＿＿＿＿ we were children.
(2) How ＿＿＿＿＿ have you read this book?
(3) The bus has ＿＿＿＿＿ left.
(4) Have you ＿＿＿＿＿ visited that museum?

ever,　often,　since,　already

3 次の英文を指示に従って書きかえなさい。

(1) Taro has lived in New York for twenty years.（疑問文に）

＿＿＿＿＿＿＿＿＿＿＿＿＿＿＿＿＿＿＿＿＿＿＿＿

(2) I have washed my car.（否定文に）

＿＿＿＿＿＿＿＿＿＿＿＿＿＿＿＿＿＿＿＿＿＿＿＿

(3) Ken has wanted a new bike for a long time.（下線部を尋ねる疑問文に）

＿＿＿＿＿＿＿＿＿＿＿＿＿＿＿＿＿＿＿＿＿＿＿＿

4 次の英文の誤りを直して，正しい文に書きかえなさい。ただし，下線部はかえないこと。

(1) Mr. Smith have been sick since last week.

＿＿＿＿＿＿＿＿＿＿＿＿＿＿＿＿＿＿＿＿＿＿＿＿

(2) I am not seen the picture yet.

＿＿＿＿＿＿＿＿＿＿＿＿＿＿＿＿＿＿＿＿＿＿＿＿

(3) Did you gone to the library last Saturday?

＿＿＿＿＿＿＿＿＿＿＿＿＿＿＿＿＿＿＿＿＿＿＿＿

得点UP!

1 不規則動詞は原形—過去形—過去分詞をセットにして，口に出して言いながら覚えよう。

Check! 自由自在①
現在完了形の3つの用法でよく使われる副詞語(句)を調べてみよう。

Check! 自由自在②
現在完了形の疑問文・否定文の作り方を調べてみよう。

3 (3)「長い間何を欲しがっていますか」の文にする。

4 (3) last Saturday は特定の過去を表す。

5 次の疑問文に対する答えとして最も適するものをア～オから１つずつ選び，記号を書きなさい。

(1) Have you known Sam for five years? [　　　]

(2) Has Nancy cleaned the room yet? [　　　]

(3) How long has Kana been in Nagano? [　　　]

(4) Where have you been? [　　　]

ア For five days.　イ No, not yet.　ウ Yes, I have.
エ No, she didn't.　オ To the bookstore.

重要 **6** 次の英文を日本語に直しなさい。

(1) My father has been to China twice.

(2) Koji has gone to Australia.

(3) I have already finished my homework.

7 次の日本文に合うように，(　)内の語(句)を並べかえなさい。

(1) トムは一度も寿司を食べたことがありません。
(eaten, Tom, never, *sushi*, has).

(2) 私の兄はちょうど学校へ出かけたところです。
(school, just, my brother, left, has, for).

(3) 私は今まで１時間彼女を待っています。
I (waiting, have, her, for, for, been) an hour up to now.

音声 **8** 対話文を放送します。対話の最後の文の応答として最も適切なものを，ア～エから１つずつ選び，記号を書きなさい。

(1) ア Sure. I'll see you at my house at four. 〔和歌山－改〕
イ Sure. We did the homework with Miki.
ウ Well, I have finished the homework.
エ Well, we don't have any homework. [　　　]

(2) ア I've been there for a week.
イ Yes, I have. I went there by train.
ウ Yes, I did. I went there with my family.
エ I've been there three times. [　　　]

得点UP!

5 イ No, not yet.
「いいえ，まだです。」

Check! 自由自在③
be と go の現在完了形の意味の違いを調べてみよう。

8 (1) after school
=「放課後」

月　　日

STEP 3 発展問題

解答 ⇨ 別冊 p.38

1 次の英文の( )内の語を，必要に応じて適切な形にかえなさい。

難問 (1) *A*：Did you (see) Kumi yesterday?

B：Yes. I (see) her yesterday morning, but I haven't (see) her since then.

(2) *A*：Are you (make) dinner?

B：No. I've already (make) it.

2 次の日本文に合うように，( )内の語(句)を並べかえなさい。ただし，不足する1語を補うこと。

(1) 私は一度も英語で手紙を書いたことがありません。

(a letter, written, I, in, have, English).

(2) あなたはどのくらい日本に滞在していますか。

(stayed, you, Japan, in, have, how)?

(3) 私の母はまだ夕食を作っていません。

(dinner, not, my mother, cooked, has).

(4) 私はちょうど郵便局に行ってきたところです。

(to, I've, the post office, just).

(5) マイは5歳の時からずっとバレエのレッスンを受けています。

(since, ballet lessons, has, Mai, taking, she was five).

3 次の英文を指示に従って書きかえなさい。

(1) It is sunny.（文末に since last week を加えて現在完了形の文に）

(2) Tom reads this book.（文末に twice を加えて現在完了形の文に）

(3) They have learned French <u>for a year</u>.（下線部を尋ねる疑問文に）

(4) Mike has visited Kyoto <u>three times</u>.（下線部を尋ねる疑問文に）

4 次のようなとき，相手にどのように言いますか。英語で書きなさい。

(1) 納豆(*natto*)を食べたことがあるかどうか尋ねるとき。

(2) 自分は昨日からずっと忙しいと伝えるとき。

(3) 宿題を終えたかどうかを尋ねるとき。

5 次の英文の誤りを直しなさい。ただし，下線部はかえないこと。

難問

(1) I have known Ken for <u>last year</u>. ＿＿＿ → ＿＿＿

(2) <u>When</u> have you buy the car? ＿＿＿ → ＿＿＿

(3) Betty has gone to Osaka <u>before</u>. ＿＿＿ → ＿＿＿

6 あなた自身の立場で，次の質問に英語で答えなさい。

How long have you been studying English?

読解

7 次の対話文は，シンガポール(Singapore)に留学中のエミ(Emi)と，ある女性が英語で話している時のものです。これを読んで，後の各問いに答えなさい。〔三重一改〕

A woman：Are you from Japan?

Emi：Yes. My name is Emi. I came here to study English a week ago.

A woman：I see. I'm Betty. Where do you stay?

Emi：I stay at my host family's house near the City Library.

A woman：Oh really? Is the house near ABC *Hotel?

Emi：Yes.

A woman：My friends live near ABC Hotel. One of them said, "A student from Japan is staying at our house." Do you know *Mr. and Ms. Scott?

Emi：Yes. I stay at their house. Are Mr. and Ms. Scott your friends?

A woman：Yes. Mr. and Ms. Scott and I have been good friends for about ten years. Yesterday they told me about a Japanese student. The student is you! I can't believe it.

Emi：It's a small world. I'll tell them about you tonight.

(注) hotel：ホテル　Mr. and Ms. ～：～夫妻

(1) 本文の内容に合うように，次の質問に英語で答えなさい。

How long has Betty known Mr. and Ms. Scott?

(2) 本文の内容に合うものを，**ア**～**ウ**から１つ選び，記号を書きなさい。

ア Emi met Mr. and Ms. Scott about ten years ago.

イ Emi has stayed in Singapore for a week.

ウ Emi stays at ABC Hotel near the City Library. [　　　]

月　　日

2 SVO/SVOO/SVOC/原形不定詞

STEP 1 まとめノート

解答⇨別冊 p.39

① SVO

いろいろな目的語(O) ★★

I like music.　S V O(名詞)　(私は音楽が好きです。)

Tom wants to buy a new car.　S V O(名詞的用法の ① ＿＿ 詞)　(トムは新しい車を買いたがっています。)

We enjoyed watching TV.　S V O(② ＿＿ 詞)　(私たちはテレビを見て楽しみました。)

目的語が that で始まる文 ★★★

I think + He is our new teacher.

(that)

I think (that) he is our new teacher. (私は彼が私たちの新しい先生だと思います。)

S V O

この他に，say，hope，believe などがこの形で使われる。

注 この that は「～ということ」という意味の接続詞。**省略**されることが多い。

目的語が「疑問詞＋to *do*」★★★

「疑問詞＋to ***do***」→名詞の働きをする語句として，目的語に使われる。(⇒ p.83 参照)

I don't know how to play *shogi*. (私は将棋のしかたを知りません。)

S V O

目的語が間接疑問文 ★★★

I know + What is this?

疑問詞はそのままで，SV の語順にする。

→この形を ③ ＿＿ 疑問文と言う。

I know what this is. (私はこれが何かを知っています。)

S V O

Check! **下線部に注意して，日本語に直しなさい。**

❶ I don't know what to do next. ＿＿＿＿＿＿＿＿

❷ I hope that it will be sunny tomorrow. ＿＿＿＿＿＿＿＿

❸ Do you know when the game starts? ＿＿＿＿＿＿＿＿

② SVOO ★★★

間接目的語

SVO(人) O(物・事)「～(＝人)に…(＝物・事)を－する」(⇒ p.88 参照)

「～に」の O を間接目的語，「～を」の O を直接目的語と言う。

SVOO　My father gave me this watch. (父は私にこの腕時計をくれました。)

S V O(～に) O(…を)

↕

SVO＋to＋名詞　My father gave this watch to me. (父は私にこの腕時計をくれました。)

S V O(…を) to＋名詞(～に)

注 SVOO の文は，「SVO＋to〔for〕＋名詞」の形に書きかえることができるが，「to＋名詞」か「for＋名詞」かは，動詞によって決まっている。（⇒ p.88 参照）

Check! 空所を埋めなさい。

❹ Please show your notebook ＿＿＿＿＿ John.

❺ Jim bought a nice chair ＿＿＿＿＿ his mother.

直接目的語が「疑問詞＋to *do*」の場合

A kind person **told** me how to get to the station.（親切な人が私に駅への行き方を教えてくれました。）

S V O O

I **asked** Tom which bus to take.（私はトムにどのバスに乗ればよいかを尋ねました。）

S V O O

③ SVOC ★★★

SVOC

O（目的語）＝**C**　（④　　　語）の関係が成り立つ。

C が名詞

We **call** the cat **Kuro**.　the cat（O）＝Kuro（C）

S V O C

（私たちはそのネコをクロと呼びます。）

C が形容詞

Keep the room **clean**.　the room（O）＝clean（C）

V O C

（部屋をきれいにしておきなさい。）

ズバリ暗記	SVOC を作る動詞	**name**（～を…と名付ける），**make**（～を…にする），**elect**（～を…に選ぶ），**find**（～が…だと分かる），**leave**（～を…のままにする），**keep**（～を…にしておく）

Check! 下線部に注意して，日本語に直しなさい。

❻ Tom made his son a doctor. ＿＿＿＿＿＿＿＿＿＿

❼ Don't leave the window open. ＿＿＿＿＿＿＿＿＿＿

④ 原形不定詞 ★★★

原形不定詞

原形不定詞＝「不定詞（to＋動詞の原形）の to がなくなった形の動詞」SVOC の C の位置に「不定詞の to がなくなった形の動詞」が入る。

S see〔hear/ feel〕＋O＋動詞の原形「S は O が～するのを見る〔聞く，感じる〕」

S make〔let / have / help〕＋O＋動詞の原形「S は O に～させる，～してもらう」「S は O が～するのを手伝う」

Check! 次の各文を原形不定詞を使う文に書き換えなさい。

❽ The train crossed the bridge. → I saw the train ＿＿＿＿＿ the bridge.

❾ The earth shook. → I felt the earth ＿＿＿＿＿.

❿ I waited for a long time. → My girlfriend made me ＿＿＿＿＿ for a long time.

⓫ The dentist will check my teeth. → I'm going to have the dentist ＿＿＿＿＿ my teeth.

⓬ I cooked. → Amy helped me ＿＿＿＿＿.

月　日

STEP 2 実力問題

ねらわれるココが
- ○さまざまな目的語
- ○SVOO ⇔ SVO の書きかえ
- ○SVOC の形をとる動詞

解答⇨別冊 p.39

1 次の日本文に合うように，空所に適する語を書きなさい。

(1) お金をいくらか貸してくれませんか。
Will you ＿＿＿＿ ＿＿＿＿ some money?

(2) この歌はいつも私を幸せにしてくれます。
This song always ＿＿＿＿ ＿＿＿＿ happy.

(3) 夕食に何を作ればいいか教えてください。
Please tell me ＿＿＿＿ ＿＿＿＿ make for dinner.

(4) 私たちはカバンの中に何が入っているのかを知りませんでした。
We didn't know ＿＿＿＿ ＿＿＿＿ in the bag.

重要 **2** 次の英文の（　）内から最も適するものを選び，○で囲みなさい。

(1) Tom bought these flowers (to, for) Kumi.
(2) I sent the picture (to, for) my uncle.
(3) Mr. Sato teaches math (to, for) us.

重要 **3** 与えられた書き出しに続けて，次の疑問文を間接疑問文に書きかえなさい。

(1) Who is that girl?
I know ＿＿＿＿＿＿＿＿＿＿＿＿.

(2) Where is Yumi from?
I want to know ＿＿＿＿＿＿＿＿＿＿＿＿.

(3) What did Ken buy last week?
Do you know ＿＿＿＿＿＿＿＿＿＿＿＿?

(4) Who broke the window?
We don't know ＿＿＿＿＿＿＿＿＿＿＿＿.

4 次の英文を下線部に注意して，日本語に直しなさい。

(1) Do you know how to play the guitar?
＿＿＿＿＿＿＿＿＿＿＿＿

(2) I hope that it will be sunny next Sunday.
＿＿＿＿＿＿＿＿＿＿＿＿

(3) My grandfather told me the story.
＿＿＿＿＿＿＿＿＿＿＿＿

(4) They named their daughter Nancy.
＿＿＿＿＿＿＿＿＿＿＿＿

得点UP!

1 (4) 時制の一致を考える。

Check! 自由自在① 間接疑問文の作り方を調べてみよう。

3 (4) Who は「疑問詞」であると同時に「主語」でもある。

4 (1) how to *do* =「～のしかた」
(3)「～に…を－する」→ SVOO の文。
(4) name =「名付ける」

5 次の日本文に合うように，( )内の語(句)を並べかえなさい。

(1) ジムのおばさんは，私にパンをいくらかくれました。
(bread, aunt, me, some, Jim's, gave).

(2) 私たちは彼が試合に勝つことを信じています。
(win, that, he, the game, we, will, believe).

(3) どんな本を読めばいいのか私に教えてくれませんか。
(you, read, book, me, could, what, tell, to)?

(4) あなたたちはこの花を英語で何と呼んでいますか。
(English, you, this flower, do, what, in, call)?

(5) 母は私に映画に行かせてくれなかった。
(to, let, go, the movies, my mother, me, didn't).

6 次の日本文を( )内の語数の英語に直しなさい。

(1) トモコは私にこの手紙を見せてくれました。(5 語)

(2) 彼は娘を歌手にしました。(6 語)

(3) 私たちの学校をきれいにしておきましょう。(5 語)

音声

7 英文を放送します。(1)はその内容についての正しい組み合わせを，(2)はその内容についての質問に対する答えとして最も適するものを，ア～エから1つずつ選び，記号を書きなさい。

(1)

	ア	イ	ウ	エ
ニックネーム	タカ	ノリ	ノリ	タカ
好きな科目	数学	理科	理科	数学
クラブ	サッカー	テニス	サッカー	テニス

[ ]

(2) ア He will go there by bike.
イ His mother will give him a ride.
ウ He will walk there.
エ He will go there by bus.

[ ]

得点UP!

5 (2)「勝つ」= win

(3)「どんな本」= what book

(4)「英語で」= in English

6 (1) SVOO の文。

(2)(3) SVOC の文。

月　日

STEP 3 発展問題

解答⇨別冊 p.40

1 次の各文が，SVO の文，SVOO の文，SVOC の文のいずれかを判断し，それぞれ SVO，SVOO，SVOC と答えなさい。

(1) Will you tell me how to open this door? ＿＿＿＿

(2) I think Ken is a good swimmer. ＿＿＿＿

(3) I found the room empty. ＿＿＿＿

(4) I knew where you were. ＿＿＿＿

(5) He can't decide when to tell her the truth. ＿＿＿＿

難問 (6) I asked him which book to buy. ＿＿＿＿

2 次の日本文に合うように，空所に適する語を書きなさい。

(1) あなたの家族について何か話してくれませんか。

Could you ＿＿＿＿ me ＿＿＿＿ about your family?

(2) どこで切符を買ったらいいのか知っていますか。

Do you know ＿＿＿＿ ＿＿＿＿ buy the ticket?

(3) その本をあなたにあげましょうか。

＿＿＿＿ I ＿＿＿＿ the book ＿＿＿＿ you?

(4) あなたはイトウ先生の年齢を知っていますか。

Do you know ＿＿＿＿ ＿＿＿＿ Ms. Ito ＿＿＿＿?

(5) 彼女は大阪に来てどれくらいになるのでしょうか。

I ＿＿＿＿ ＿＿＿＿ ＿＿＿＿ she has been in Osaka.

3 次の各組の英文がほぼ同じ内容を表すように，空所に適する語を書きなさい。

(1) My father showed me the way to the gym.

My father showed me ＿＿＿＿ ＿＿＿＿ ＿＿＿＿ to the gym.

(2) Do you know her address?

Do you know ＿＿＿＿ she ＿＿＿＿?

難問 (3) When Kumi heard the news, she became sad.

The news ＿＿＿＿ ＿＿＿＿ sad.

(4) I can play the violin.

I know ＿＿＿＿ ＿＿＿＿ play the violin.

4 次の英文を日本語に直しなさい。

(1) The trip will give you a chance to learn about foreign countries.

＿＿＿＿＿＿＿＿＿＿＿＿＿＿＿＿

(2) Eating too much makes you sick.

＿＿＿＿＿＿＿＿＿＿＿＿＿＿＿＿

独創的

5 **あなた自身の立場で，次の質問に英語で答えなさい。**

What do your friends call you?

____

6 **次の日本文に合うように，(　)内の語(句)を並べかえなさい。ただし，不足する１語を補うこと。**

(1) 私のおばは私に素敵なドレスを作ってくれました。
(dress, me, my aunt, nice, a, made).

____

(2) サトウ先生は私たちに高校でどんな科目を勉強すればいいかを教えてくれました。
(subject, high school, us, what, study, taught, at, Mr. Sato).

____

(3) 彼は息子が部屋にいると思っていました。
(in, thought, his son, that, he, his room).

____

(4) 外出するときには，ドアを開けたままにしておいてはいけません。
(mustn't, out, you, when, the door, you, open, go).

____

読解

7 **次の英文を読んで，後の各問いに答えなさい。** 〔和歌山一改〕

Have you ever taken a *low-floor bus? My grandmother usually takes a low-floor bus because she has problems with her *knees. To *get on a bus with steps is [①] for her. When I was on the low-floor bus, some old people *came onto the bus. There were no steps on the bus, so ②<u>they could get on the bus *easily</u>. I thought that the low-floor bus ③(be) *designed very well for old people.

As a person in this city, ④<u>I want (happy, make, to, everyone)</u>. We must think about things from other people's * points of view.

(注) low-floor bus：低床バス　knee：ひざ　get on ～：～に乗る　come onto ～：～に乗り込む
easily：容易に　design：デザインする，設計する　point of view：視点

(1) [①]に入る最も適当なものを，**ア**～**エ**から１つ選び，記号を書きなさい。

ア easy　**イ** happy　**ウ** hard　**エ** important　[　　　]

(2) 下線部②の理由を，具体的に日本語で説明しなさい。

____

(3) ③の(　)内の語を，適切な形にかえなさい。 ________

(4) 下線部④が意味の通る英文になるように，(　)内の語を並べかえなさい。

I want ______________________________.

月　　日

3 分詞

第3章　上級

STEP 1 まとめノート

解答⇨別冊 p.41

① 形容詞と現在分詞・過去分詞

形容詞の 2 つの用法 ★★

修飾語

名詞の前に置いて名詞を修飾し限定する。

She is a kind girl.

（彼女は親切な少女です。）

補　語

名詞より後に置いて名詞に説明を加える。

The girl is kind.

（その少女は親切です。）

I found the girl kind.

（私はその少女が親切だと気づきました。）

現在分詞・過去分詞による名詞の修飾（補語になるもの）★★★

分詞（現在分詞・過去分詞）← 動詞に ① ＿＿＿ 詞の働きをさせるときの形。

現在分詞　The movie was boring.（その映画は退屈でした。）

過去分詞　All the audiences were bored.（すべての観客が退屈していました。）

ズバリ暗記

現在分詞と過去分詞の意味の違い

exciting	surprising	tiring	interesting
「わくわくさせる」	「驚くべき」	「疲れさせる」	「興味深い」
excited	surprised	tired	interested
「わくわくした，興奮した」	「驚いた」	「疲れた」	「興味のある」

Check! **意味の違いに注意して，日本語に直しなさい。**

❶ I want to play exciting sports. ＿＿＿＿＿＿＿＿

❷ The soccer game made me excited. ＿＿＿＿＿＿＿＿

現在分詞・過去分詞による名詞の修飾 ★★★

Tom is a tall boy.
形容詞　名詞

（トムは背の高い少年です。）

This is a big egg.
形容詞　名詞

（これは大きな卵です。）

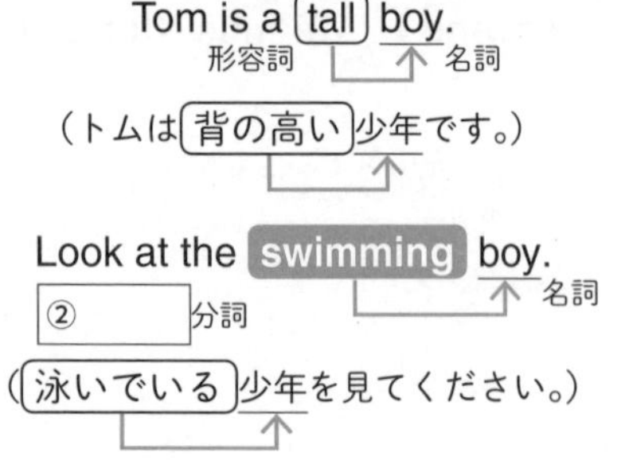

現在分詞も過去分詞も，
形容詞と同じ働きをする！

注 **「現在分詞＋名詞」**では，名詞と現在分詞との間に**能動的な関係**が見られ，**「過去分詞＋名詞」**では，名詞と過去分詞との間に**受動的な関係**が見られる。

Check! 日本語に合うように，（　）内の動詞を現在分詞または過去分詞にかえなさい。

❸ a (sing) girl（歌っている少女）＿＿＿＿
❹ the (rise) sun（日の出）＿＿＿＿
❺ a (break) window（割れた窓）＿＿＿＿
❻ (grill) fish（焼き魚）＿＿＿＿

❷ 分詞による名詞の修飾

分詞の位置 ―― 前か後か ★★★

名詞の前

分詞が**性質や状態**を表す形容詞に近い働きで**1語だけ**のとき。

That **sleeping** dog is Pochi.

（あの眠っているイヌはポチです。）

My father drives a **used** car.

（父は使われた車を運転します。）（→中古車）

名詞の後

分詞の後に語句が続いて**2語以上**で名詞を修飾するとき。

Who is the man **talking** with Nancy?

（ナンシーと話している男性はだれですか。）

John uses a camera **made** in Japan.

（ジョンは日本で作られたカメラを使います。）（→日本製のカメラ）

Check! 日本文に合うように，（　）内の語を並べかえなさい。

❼ あなたは向こうでサッカーをしている少年たちを知っていますか。

Do you know (the, soccer, playing, over, boys, there)?

Do you know ＿＿＿＿＿＿＿＿＿＿＿＿＿＿＿＿?

❽ 英語は多くの国々で話されている言語です。

English is (a, in, many, language, spoken, countries).

English is ＿＿＿＿＿＿＿＿＿＿＿＿＿＿＿＿.

❾ あの走っている女性は私たちの先生です。

(that, our, woman, running, is, teacher).

＿＿＿＿＿＿＿＿＿＿＿＿＿＿＿＿

現在分詞を用いた熟語表現 ★★

go *doing*「～しに行く」，go out *doing*「～しに出かける」

Does Jane often go shopping?（ジェーンはよく買い物に行きますか。）

be busy *doing*「～するのに忙しい」

I am busy cleaning my room.（私は部屋の掃除をするのに忙しい。）

Check! 下線部に注意して，日本語に直しなさい。

❿ Let's go skiing tomorrow. ＿＿＿＿

⓫ Ken is busy helping his mother. ＿＿＿＿

月　日

STEP 2 実力問題

ココがねらわれる
- 分詞の形容詞的用法の意味
- 現在分詞と過去分詞の使い分け
- 分詞の位置

解答⇨別冊 p.42

重要 **1** 次の英文の（　）内から最も適するものを選び，○で囲みなさい。

(1) Look at the dog (running, run, runs) after the cat.

(2) I eat (boiling, boiled, boil) vegetables every morning.

(3) Do you know that (danced, dance, dancing) girl?

(4) He wants a car (make, made, making) in America.

重要 **2** 次の英文を，下線部に注意して，日本語に直しなさい。

(1) These are cakes baked by Kumi.

____

(2) I don't know the girl waiting for the bus.

____

(3) That swimming boy is Kosuke.

____

(4) This used car looks very cool.

____

3 次の日本文に合うように，空所に適する語を書きなさい。

(1) 私の姉は英語で書かれた本をたくさん持っています。
My sister has many books ________ in English.

(2) 私には北海道に住んでいるおじがいます。
I have an uncle ________ in Hokkaido.

(3) 向こうに立っている男性を知っていますか。
Do you know the man ________ over there?

(4) これはおばからもらった人形です。
This is a doll ________ by my aunt.

4 次の２文を１つの文に書きかえるとき，空所に適する語を書きなさい。

(1) I know the girl. She is reading a book under the tree.
I know the ________ ________ a book under the tree.

(2) The man is Mr. Ito. He is washing the car.
The ________ ________ the car is Mr. Ito.

(3) Do you know the cat? It is called Tama.
Do you know the ________ ________ Tama?

(4) The picture is beautiful. It was painted by Nancy.
The ________ ________ by Nancy is beautiful.

得点UP!

Check! 自由自在①
名詞を修飾する現在分詞と過去分詞の違いを調べてみよう。

2 (2) wait for ～ =「～を待つ」

(4) cool =「かっこいい」

3 (4)「おばからもらった人形」は「おばによって与えられた人形」と考える。

4 名詞の後に分詞を置く。

5 **次の日本文に合うように，(　)内の語(句)を並べかえなさい。**

(1) インドで話される言葉は何ですか。
(the language, India, is, in, what, spoken)?

(2) 京都は多くの人々が訪れる都市です。
(people, Kyoto, a city, visited, is, many, by).

(3) 公園でサッカーをしている少年たちはタクとケンです。
(are, soccer, the park, Taku and Ken, the boys, in, playing).

(4) 次の日曜に買い物に行きませんか。
(Sunday, don't, shopping, we, next, go, why)?

6 **次の日本文を(　)内の語数の英語に直しなさい。**

(1) あの眠っている赤ちゃんは私の妹です。(6 語)

(2) これは 50 年前に建てられたホテルです。(8 語)

(3) 彼によって撮られたこれらの写真は美しいです。(7 語)

音声

7 **英文を放送します。その内容についての質問に対する答えとして最も適するものをア～エから１つずつ選び，記号を書きなさい。**

(1)

[　　　　]

(2) ア　イ　ウ　エ

[　　　　]

得点UP!

5 (2)「多くの人々が訪れる都市」→「多くの人々によって訪れられる都市」

6 (2)「建てる」＝build
「ホテル」＝hotel

上級

1 現在完了形／現在完了進行形

2 SVO/SVOO/SVOC/原形不定詞

3 分詞

4 名詞を修飾する文／関係代名詞

5 不定詞を含む重要構文

6 話法と人称・時制の一致／仮定法

理解度診断テスト

月　日

STEP 3 発展問題

解答⇨別冊 p.43

1 次の英文の(　)内の語を，必要に応じて適切な形にかえなさい。

(1) This library has many books (write) in Chinese. ＿＿＿＿

(2) Mr. White is one of the guests (invite) to the party. ＿＿＿＿

(3) That dog (bark) over there is Kenta's. ＿＿＿＿

(4) We ate some fish (catch) in this river. ＿＿＿＿

(5) These are books (read) all over the world. ＿＿＿＿

2 次の英文を，下線部に注意して，日本語に直しなさい。

(1) <u>The building standing near the park</u> is our school.

＿＿＿＿＿＿＿＿＿＿＿＿＿＿＿＿＿＿＿＿

(2) Mr. Sato is <u>the man known to many people in this city.</u>

＿＿＿＿＿＿＿＿＿＿＿＿＿＿＿＿＿＿＿＿

(3) Jane <u>is busy preparing</u> for the trip.

＿＿＿＿＿＿＿＿＿＿＿＿＿＿＿＿＿＿＿＿

3 次の日本文に合うように，空所に適する語を書きなさい。

(1) 中古車を運転しているあの男性は，私の父です。
That man ＿＿＿＿ a ＿＿＿＿ car is my father.

(2) これらはおばが私に送ってくれた花です。
These are flowers ＿＿＿＿ to me ＿＿＿＿ my aunt.

難問 (3) ここから見える日の出はとても美しいです。
The ＿＿＿＿ sun ＿＿＿＿ from here is very beautiful.

(4) 私の母は買い物に出かけてしまいました。
My mother has ＿＿＿＿ out ＿＿＿＿.

4 次の各組の英文がほぼ同じ内容を表すように，空所に適する語を書きなさい。

(1) This place is called Meguro.
This is the ＿＿＿＿ ＿＿＿＿ Meguro.

難問 (2) Many foreigners visit this temple.
This is the temple ＿＿＿＿ by many people ＿＿＿＿ from foreign countries.

(3) The story was interesting. It was told by our teacher.
The story ＿＿＿＿ by our teacher ＿＿＿＿ interesting.

(4) We live in the wooden house.
We live in the house ＿＿＿＿ ＿＿＿＿ wood.

5 次の日本文に合うように，(　)内の語(句)を並べかえなさい。ただし，不足する１語を補うこと。

(1) 私は彼女がカナダで撮った写真を見たい。
(by, the pictures, I, see, Canada, to, in, want, her).

(2) 木の下で眠っているあのネコは幸せそうです。
(the tree, happy, cat, sleeping, that, under).

(3) 世界で話されている最も重要な言語は何ですか。
(most, the world, in, what, important, is, language, the)?

(4) 雪に覆われたあの高い山を見て。
(that, snow, look, with, mountain, at, high).

読解

6 次の英文を読んで，後の各問いに答えなさい。〔秋田一改〕

Have you ever heard about the country ①(call) *Bhutan? Last week, I saw a TV program about this small country.

It is in *the Himalayas. People in this country say, "We feel happy when we have a good *relationship with family, friends and people around us. We try to keep the beautiful *environment and our *traditions. We think it is good to work for other people." Now Bhutan is [②] as "the happiest country in the world".

In Japan, some people want to have a lot of money, live in a big house, have a nice car, and so on. They think they can be happy if they are rich and have many things. But I learned a lot from the people ③(live) in Bhutan and now I know there are many kinds of *happiness.

(注) Bhutan：ブータン(国名)　the Himalayas：ヒマラヤ山脈　relationship：関係　environment：環境　tradition：伝統　happiness：幸福

(1) ①，③の(　)内の語を，必要に応じて適切な形にかえなさい。

①________　③________

(2) [②]に入る最も適当なものを，**ア**～**エ**から１つ選び，記号を書きなさい。

ア poor　**イ** famous　**ウ** busy　**エ** useful

(3) 本文の内容から考えて，ブータンの人々にとって，ふだんの生活で**大切だとは思われない**ものを，**ア**～**エ**から１つ選び，記号を書きなさい。

ア to enjoy singing old songs in Bhutan
イ to clean the mountains and the rivers
ウ to go shopping and use a lot of money
エ to learn things from other people

月　　日

名詞を修飾する文 / 関係代名詞

STEP 1 まとめノート

解答⇨別冊 p.44

① 名詞を修飾する文

名詞を修飾する語句 ★★

①名詞の**前**から修飾

the big dog　　形容詞　　大きなイヌ

②名詞の**後ろ**から修飾

the dog { with long ears / to take to the hospital / running over there / loved by everyone }

① ［　　　］詞＋名詞
不定詞
② ［　　　］分詞
③ ［　　　］分詞

{ 長い耳を持った / 病院に連れて行くべき / 向こうで走っている / みんなに愛されている } イヌ

文による名詞の修飾 ★★★

名詞＋主語＋動詞 ～ … 後ろから文が名詞を修飾。

the chair I made (　　　)　　私が(　　　を)作ったイス
名詞　主語　動詞

the bag we are looking for (　　　)　　私たちが(　　　を)探しているカバン
名詞　主語　動詞

Check! 下線部に注意して，日本語に直しなさい。

❶ This is the watch I bought in Canada. ＿＿＿＿＿＿＿＿

❷ That is the house Tom's family lived in. ＿＿＿＿＿＿＿＿

② 主語の働きをする関係代名詞 ★★★

関係代名詞の働き

the box the boy made (　　　)　　その少年が作った箱
名詞　主語　動詞

文が名詞を修飾する語順は「名詞＋主語＋動詞 ～」。

the boy (　　　) made the box　　④ ［　　　］語の位置に入れるものがない。
名詞　主語　動詞　目的語
→関係代名詞の⑤ ［　　　］を入れる。

the boy who made the box　　その箱を作った少年
名詞　主語　動詞　目的語
先行詞　関係代名詞

who は boy を受ける代名詞の働きをし，who 以下が boy を修飾する語句であることを示す。
→主格の関係代名詞

修飾される名詞 boy のことを⑥ ［　　　］詞と言う。

who, which, that

先行詞が人

関係代名詞は ⑦ ＿＿ か that

I have a friend who〔that〕 lives in China.

（私には中国に住んでいる友達がいます。）

先行詞が人以外

関係代名詞は ⑧ ＿＿ か that

This is a car which〔that〕 runs very fast.

（これはとても速く走る車です。）

注 関係代名詞の後の動詞は，先行詞の人称と一致する。

Check! 日本語に直しなさい。

❸ Kaori likes books which have a lot of pictures.

＿＿＿＿＿＿＿＿＿＿＿＿＿＿＿＿＿＿＿＿

❹ Do you know the girl who was running in the park this morning?

＿＿＿＿＿＿＿＿＿＿＿＿＿＿＿＿＿＿＿＿

③ 目的語の働きをする関係代名詞

目的格の関係代名詞の形と用法 ★★★

the book that〔which〕 my mother read (＿＿) last night 私の母が昨夜(＿ を)読んだ 本

先行詞　関係代名詞　主語　動詞

that は book を受ける代名詞と，read の ⑨ ＿＿ 語の働きをし，that 以下が the book を修飾する語句であることを示す。→目的格の関係代名詞

先行詞が人

関係代名詞は that

Tom is the boy that I met at the party.

（トムは私がパーティーで会った男の子です。）

先行詞が人以外

関係代名詞は that か ⑩ ＿＿

This is the book that〔which〕 I have wanted.

（これは私がずっと欲しかった本です。）

注 目的格の関係代名詞を使わなくても，文による名詞の修飾は可能なので，この関係代名詞は**省略される**ことが多い。ただし，主格の関係代名詞は**省略できない**。

関係代名詞 that ★★

先行詞に最上級の形容詞，**all**，**any**，**every**，**the same**，**the only**，**the first** などがあるとき。

	先行詞が人	先行詞が人以外
主格の関係代名詞	who, that	that
目的格の関係代名詞	that(省略可)	that(省略可)

注 先行詞が人で主格の場合は that よりも who を使うことが多い。

Check! 正しいものを○で囲みなさい。

❺ Nancy is a girl (who, which) can play the violin well.

❻ Baseball is the sport (who, that) I like the best.

❼ This is the best watch (who, which, that) I've ever bought.

❽ Is there anything (who, which, that) I can do for you?

STEP 2 実力問題

ねらわれる ココが
- 名詞を修飾する語句
- 関係代名詞の用法
- 関係代名詞の使い分け

解答 ⇨ 別冊 p.44

1 次の日本語に合うように，(　)内の語(句)を並べかえなさい。

(1) 遊び友達 (with, to, play, a friend)

(2) 私の北海道のおば (Hokkaido, my aunt, in)

(3) アメリカ製の車 (America, made, a car, in)

(4) 木の下で本を読んでいる少女
(reading, the tree, under, a girl, a book)

2 次の 2 文を(　)内の関係代名詞を用いて 1 つの文にしなさい。

(1) I know the man. He wrote the story. (who)

(2) Nancy has a dog. It can swim very well. (that)

(3) Please show me the pictures. You took them in China. (that)

(4) That is the girl. I saw her on the train. (that)

(5) The boy is very tall. He is standing by the door. (who)

重要 **3** 次の日本文に合うように，(　)には関係代名詞を，＿＿＿には適する語を書きなさい。

(1) あちらは私の家の近くに住んでいる女性です。
That is a woman (　　　　) ＿＿＿＿＿ near my house.

(2) 向こうでピアノを弾いている少女はリサです。
The girl (　　　　) ＿＿＿＿＿ playing the piano over there is Lisa.

(3) 机の上にあるカバンはケンのものです。
The bag (　　　　) ＿＿＿＿＿ on the desk is Ken's.

(4) これはジェーンによって書かれた手紙です。
This is the letter (　　　　) ＿＿＿＿＿ written by Jane.

(5) メアリーが飼っているネコは白くて大きいです。
The cat (　　　　) Mary ＿＿＿＿＿ is white and big.

得点UP!

1 いずれも名詞の後ろに修飾語句を置く。

2 関係代名詞を用いて2文を1文にするには，
①2 文で共通の名詞と代名詞を見つける。
②2 文目の代名詞を関係代名詞にかえる。

Check! 自由自在①
先行詞が「人」のときと，「人」以外のときの関係代名詞の使い分けを調べてみよう。

4 次の日本文に合うように，(　)内の語(句)を並べかえなさい。

(1) サトウさんは料理が得意な男性です。
(cooking, is, Mr. Sato, good, who, is, a man, at).

(2) これは昨日父が釣った魚です。
(that, yesterday, is, my father, the fish, caught, this).

(3) ヒカルは私がいちばん好きな歌手です。
(I, the singer, is, Hikaru, like, the best).

(4) これらはスイス製の腕時計です。
(are, Switzerland, watches, which, in, were, these, made).

重要

5 次の英文を，下線部に注意して，日本語に直しなさい。

(1) The boy who broke this window is Tom.

(2) The house which has a red roof is mine.

(3) This is all the money that we have now.

(4) Do you know the man who is running with a dog over there?

音声

6 対話文を放送します。その内容をまとめたメモを，空所に日本語や数字を書き入れて，完成させなさい。 〔京都一改〕

リサの父は，①(　　　　　)年に建てられた動物園で働いている。
動物園にはライオンが４頭いて，彼はそれらの世話をしたり，動物園を訪れる人に，動物たちの話をしたりしている。
リョウタがいちばん好きな動物は，②(　　　　　)である。動物園では去年，２頭目の③(　　　　　)の赤ちゃんが生まれた。
リョウタとリサは，リサの父の話を聞き，動物たちを見るために，今度の④(　　　　　)曜日の⑤(　　　　　)時⑥(　　　　　)分に動物園の前で待ち合わせることにした。

得点UP!

4 「名詞＋関係代名詞＋修飾文」の順に並べる。
(1)「〜が得意である」＝be good at 〜

5 関係代名詞以下の修飾文が先行詞にかかるように訳す。
(2) roof＝「屋根」

6 take care of 〜＝「〜の世話をする」
holiday＝「祝日」
be born＝「生まれる」

STEP 3 発展問題

解答⇨別冊 p.45

1 次の日本文に合うように，空所に適する語を書きなさい。

(1) 彼女は私が昨年数学を教えた生徒です。
She is a ＿＿＿＿ ＿＿＿＿ ＿＿＿＿ math last year.

(2) ケンは理科が大好きな少年です。
Ken is a ＿＿＿＿ ＿＿＿＿ ＿＿＿＿ science very much.

(3) 体育館でバレーボールをしている少女たちは私の友達です。
The girls ＿＿＿＿ ＿＿＿＿ playing volleyball in the gym ＿＿＿＿ my friends.

(4) これは父が私に買ってくれたのと同じ腕時計です。
This is the ＿＿＿＿ watch ＿＿＿＿ my father bought ＿＿＿＿ me.

(5) イトウ先生はフランス語を話すことができる唯一の先生です。
Mr. Ito is ＿＿＿＿ ＿＿＿＿ teacher ＿＿＿＿ can speak French.

2 次の 2 文を関係代名詞を用いて 1 つの文にしなさい。

(1) That is the police officer. I asked him the way to the bank.

＿＿＿＿＿＿＿＿＿＿＿＿＿＿＿＿＿＿＿＿＿＿＿＿

(2) All the children looked surprised. They saw the tall building.

＿＿＿＿＿＿＿＿＿＿＿＿＿＿＿＿＿＿＿＿＿＿＿＿

(3) The flowers were beautiful. Kumi gave them to her mother.

＿＿＿＿＿＿＿＿＿＿＿＿＿＿＿＿＿＿＿＿＿＿＿＿

(4) I want to live in a large house. It has many rooms.

＿＿＿＿＿＿＿＿＿＿＿＿＿＿＿＿＿＿＿＿＿＿＿＿

3 次の各組の英文がほぼ同じ内容を表すように，空所に適する語を書きなさい。

(1) This is the picture taken by Jane last summer.
This is the picture ＿＿＿＿ ＿＿＿＿ taken by Jane last summer.

(2) I want to read books written by the popular writer.
I want to read books ＿＿＿＿ the popular writer ＿＿＿＿.

(3) I saw a famous movie star.
I saw a movie star ＿＿＿＿ is ＿＿＿＿ to everybody.

(4) Who is your favorite singer?
Who is the singer ＿＿＿＿ ＿＿＿＿ the ＿＿＿＿?

(5) I have a dog with a short tail.
I have a dog ＿＿＿＿ ＿＿＿＿ a short tail.

難問 (6) I have never seen such a pretty flower.
This is the ＿＿＿＿ flower I have ＿＿＿＿ seen.

4 **次の日本文に合うように，(　)内の語(句)を並べかえなさい。ただし，不足する１語を補うこと。**

(1) これが私が彼のためにできるすべてです。

(all, is, I, for, can, this, him, do).

(2) 母は私に青い目をした人形を作ってくれました。

(a doll, made, me, blue eyes, which, my mother).

(3) 昨日テレビで見たニュースに僕は悲しくなりました。

(the news, yesterday, I, sad, me, on TV, saw).

(4) 私たちの先生が話しかけている男性はだれですか。

(is, talking, our teacher, who, the man, is)

5 **次の英文は，ある中学校の卒業生ウィリアム(William)について書いたものです。これを読んで，後の各問いに答えなさい。** 〔青森－改〕

When William was a student at our school, he had questions about many things. *Especially, he was interested in *spiders. He went to the park every Sunday to study about spiders. He wrote the things he found about them in his notebook and took many pictures of them. ①He found many things which were not in books.

William continues studying about spiders in his *university. He has many friends [②] study with him. He says, "Many people don't like spiders, but they are important members of the earth. They eat *harmful *insects in towns and forests. They do ③a good thing for humans and animals."

(注) especially：特に　spider：クモ　university：大学　harmful：有害な　insect：昆虫

(1) 下線部①を日本語に直しなさい。

(2) [②] に入る最も適当な語を書きなさい。

(3) 下線部③が指す内容を，具体的に日本語で説明しなさい。

(4) 本文の内容に合うように，次の語句に続けるものとして最も適当なものを**ア**～**エ**から１つ選び，記号を書きなさい。

William went to the park every Sunday and

ア saw many pictures of the spiders in some books.

イ wrote many kinds of books about spiders.

ウ met some friends to play with in the park.

エ found many things about spiders in the park. [　　　]

第3章 上級

月　　日

不定詞を含む重要構文

STEP 1 まとめノート

解答 ⇨ 別冊 p.47

① 不定詞を含む重要構文

原因・理由を表す不定詞 ★★★

喜怒哀楽(感情)の原因

感情を表す形容詞＋to *do*

「～して…だ(うれしい，残念など)」

I'm very glad to see you.
感情表現　感情の原因
(お会いできてとてもうれしいです。)

判断の理由

… to *do*

「～するとは…だ」

He must be a fool to say so.
判断　判断の理由
(そんなふうに言うとは，彼は愚か者に違いない。)

ズバリ暗記	感情を表す形容詞	**glad**, **happy**, **sad** (悲しい), **sorry** (残念だ), **surprised** (驚いて), **excited** (わくわくして)

Check! 下線部に注意して，日本語に直しなさい。

❶ Mary became sad to read the letter.

____

❷ You are very kind to come to see me.

____

ズバリ暗記	不定詞を用いた熟語表現	**to begin with** (まず初めに)　**to be frank** (率直に言って) **to tell the truth** (本当のことを言うと)　**to be sure** (確かに) **so to speak** (いわば)　**strange to say** (不思議な話だが)

仮の主語の it と真主語の不定 ★★★

To help old people is good. (お年寄りを助けることはよいことです。)
S　　V　C

It　is good to help old people.

② ____ 主語　　③ ____ 主語

注 仮の主語の it は「それは」と日本語に訳さない。

S が長い語句の場合，
① ____ を仮に S の位置に置き，
本当の S を後回しにできる。
(⇒ p.83 参照)

不定詞の意味上の主語 ★★

不定詞の動作や行為を行う人(意味上の主語)を表すのに「for＋(代)名詞」「of＋(代)名詞」を使う。

④ ____ **＋(代)名詞＋to *do***…補語(C)の形容詞が動作について述べる場合。

It is hard for me to read this English book. (私にはこの英語の本を読むのは難しいです。)

⑤ ____ **＋(代)名詞＋to *do***…補語(C)の形容詞が人の性質を表す場合。

It was very kind of him to wash the dishes. (お皿を洗ってくれるとは彼はとても親切でした。)

ズバリ暗記		
	動作について述べる表現	easy, hard, natural（自然な）, necessary（必要な）, important（重要な）, impossible（不可能な）
	人の性質を表す表現	kind, nice, wise（利口な）, foolish / silly（愚かな・ばかな）, stupid（間抜けな・ばかな）

Check! 空所に，it，of，to，for のうちから適切な単語を入れなさい。

❸ It is easy __________ Kumi __________ play the violin.

❹ It was stupid __________ you __________ believe his story.

❺ __________ is very important __________ us __________ respect other people.

too＋形容詞〔副詞〕＋to *do* ★★★

「～するにはあまりにも…すぎる」「あまりにも〔非常に〕…なので～できない」

He is ⑥______ busy ⑦______ watch TV.（彼はあまりにも忙しいのでテレビが見られません。）

＝He is so busy that he can't watch TV.（⇒ p.65 参照）

形容詞〔副詞〕＋enough＋to *do* ★★

「～するには十分…」「十分に〔とても〕…なので～することができる」

Kumi got up early ⑧______ ⑨______ catch the first train.

（クミは十分早く起きたので，始発電車に乗ることができました。）

＝Kumi got up so early that she could catch the first train.（⇒ p.65 参照）

ask, tell, want など＋目的語＋to *do* ★★★

命令文を間接的に言う表現。

⑩______ ＋目的語＋to *do*「～に…するよう言う」

My father told me to study harder.

（父は私にもっと熱心に勉強するよう言いました。）

＝My father said to me, "Study harder."

⑪______ ＋目的語＋to *do*「～に…するよう頼む」

We asked her to sing English songs.

（私たちは彼女に英語の歌を歌ってくれるよう頼みました。）

＝We said to her, "Please sing English songs."

⑫______ ＋目的語＋to *do*「～が…することを望む・～に…してもらいたい」

I want you to go shopping.（私はあなたに買い物に行ってもらいたい。）

Check! 日本文に合うように，空所を埋めなさい。

❻ 私はとても疲れているので宿題ができません。

I'm __________ tired __________ do my homework.

❼ ジェーンは親切にも私に帽子を貸してくれました。

Jane was __________ __________ __________ lend me her hat.

❽ ブラウン先生にこの手紙を読んでくれるように頼みましょう。

Let's __________ Mr. Brown __________ read this letter.

❾ 私にここにいて欲しいですか。 Do you __________ me __________ stay here?

STEP 2 実力問題

ねらわれるココが
- 仮の主語 it
- 不定詞の応用表現
- 不定詞を用いた書きかえ

解答⇨別冊 p.47

重要 **1** **次の英文を it を使ってほぼ同じ内容を表す文に書きかえ，できた文を日本語に直しなさい。**

(1) To speak French is not easy.

____

日本文：______________________________

(2) To swim in this river is dangerous.

____

日本文：______________________________

2 **次の日本文に合うように，空所に適する語を書きなさい。**

(1) 私はあなたに立派な芸術家になってもらいたい。
I ______ you ______ be a great artist.

(2) この本は子どもが読むには難しすぎます。
This book is ______ difficult for children ______ read.

(3) 私たちは駅で彼に出会って驚きました。
We were ______ ______ meet him at the station.

(4) 彼はとてもお金持ちなので，その大きな家を買うことができます。
He is ______ ______ to buy the big house.

(5) ケンはあなたにそのイヌの世話をするように頼みましたか。
Did Ken ______ you ______ look after the dog?

重要 **3** **次の各組の英文がほぼ同じ内容を表すように，空所に適する語を書きなさい。**

(1) I was too excited to sleep well.
I was ______ excited ______ I couldn't sleep well.

(2) Tom is so tall that he can touch the ceiling.
Tom is ______ ______ to touch the ceiling.

(3) My mother said to me, "Clean your room."
My mother ______ me to ______ my room.

(4) Nancy said to him, "Please open the window."
Nancy ______ ______ to open the window.

(5) Our teacher always says to us, "Don't stay up late."
Our teacher always ______ us ______ to stay up late.

(6) You are very kind to help us.
It's very kind ______ ______ to help us.

得点UP!

2 (4)「お金持ちの」＝rich

Check! 自由自在①
too ～ to *do* と enough to *do* の違いを調べてみよう。

3 (2) ceiling ＝「天井」
(3) 命令文からの書きかえ。
(4) 丁寧な命令文からの書きかえ。
(5) 否定の命令文からの書きかえ。
(6) kind ＝「親切な」は人の性質を表す形容詞。

Check! 自由自在②
仮の主語の it を使った構文での for ～ と of ～ の違いを調べてみよう。

4 次の日本文に合うように，(　)内の語(句)を並べかえなさい。

(1) 日本人が外国語を身につけるのは難しいですか。
(to,　foreign languages,　for,　is,　master,　Japanese,　it,　hard)?

______

(2) この箱は女性が運べるくらい軽いです。
(light,　carry,　a woman,　this box,　is,　enough,　for,　to).

______

(3) このコーヒーは私が飲むには熱すぎます。
(me,　this,　to,　is,　hot,　too,　coffee,　for,　drink).

______

(4) あなたは私に何をして欲しいですか。
(do,　me,　to,　what,　want,　you,　do)?

______

(5) あなたがその女性を助けたのはとても親切でした。
(kind,　was,　it,　very,　of,　the woman,　to,　you,　help).

______

5 次の日本文を不定詞を用いて(　)内の語数の英語に直しなさい。

(1) 私は疲れすぎて歩けません。(6 語)

______

(2) 父は私にこの車を洗うように言いました。(8 語)

______

(3) 私はその知らせを聞いて悲しいです。(6 語)

______

音声

6 英文を放送します。その内容についての質問に対する答えとして最も適するものをア～エから 1 つずつ選び，記号を書きなさい。 〔大分一改〕

(1) ア Because he didn't want to talk with her in English.
イ Because he wanted to learn how to speak English from her.
ウ Because he wanted her to understand his English better.
エ Because he didn't want to teach English to her.

[　　　　]

(2) ア She asked Mrs. Garcia to stay longer at their house.
イ She asked Mrs. Garcia to speak English more slowly.
ウ She asked Mrs. Garcia to come to Japan to teach Spanish.
エ She asked Mrs. Garcia to teach English to her.

[　　　　]

得点UP!

4 (1)「身につける」＝master

(2) (3) 不定詞の意味上の主語(for＋人)は不定詞の直前に置く。

5 (3)「悲しい」＝sad は感情を表す形容詞。

月　　日

STEP 3 発展問題

解答 ⇨ 別冊 p.48

1 次の英文の空所に最も適するものを下から選んで書きなさい。ただし，同じ語を何度用いてもよい。

(1) I came home ______ late ______ watch the soccer game on TV.

(2) She felt ______ to ______ the bad news.

(3) Do you ______ me ______ ______ care of your baby?

難問 (4) Mr. White spoke slowly ______ for us ______ ______ his English.

sorry,　take,　understand,　want,　hear,　too,　enough,　to

2 次の日本文に合うように，空所に適する語を書きなさい。

(1) 医者は彼にタバコを吸うのをやめるように言いました。
The doctor ______ him ______ give up ______.

(2) 彼は親切にも私にこのコンピュータの使い方を教えてくれました。
He was ______ ______ to show me ______ to use this computer.

(3) 本当のことを言うと，私がそこに行くのは簡単ではありませんでした。
To tell the ______, ______ wasn't easy ______ me to go there.

(4) この仕事は難しくて，彼女は1日で終わらせることができませんでした。
This work was ______ difficult ______ her ______ finish in a day.

(5) そんな話を信じるなんて，サムは愚か者に違いない。
Sam ______ ______ a fool ______ believe such a story.

3 次の各組の英文がほぼ同じ内容を表すように，空所に適する語を書きなさい。

(1) He said to me, "Will you tell me the way to the library?"
He ______ me to ______ ______ the way to the library.

(2) The stone was too heavy for us to carry.
The stone was ______ heavy ______ we ______ carry it.

(3) You don't have to finish the work by tomorrow.
It's not ______ ______ ______ to finish the work by tomorrow.

(4) Mr. Ito told us not to be late for school.
Mr. Ito ______ to us, "______ ______ late for school."

(5) What shall I do?
What do you ______ ______ ______ do?

(6) I cannot solve the problem.
It is ______ for me ______ ______ the problem.

(7) Thank you for giving me a nice present.
______ is ______ ______ you to give me a nice present.

4 次の日本文に合うように，(　)内の語(句)を並べかえなさい。ただし，不足する 1 語を補うこと。

(1) 子どもたちがここで野球をするのは危険です。

(children, is, play, to, it, here, for, baseball).

(2) 父はよく私に夢を持つように言います。

(a dream, to, my father, me, have, often).

(3) このミルクは私が飲むには熱すぎます。

(can't, hot, that, this milk, drink, is, so, I).

難問 (4) 彼は親切にも私の仕事を手伝ってくれました。

(me, kind, to, with, it, my work, him, was, help).

(5) 私はユキに暗くなる前に帰宅するように言いました。

(home, Yuki, I, to, dark, before, come).

読解 **5** 次の英文は，エミ(Emi)が，高校留学フェアでお世話になったボブ(Bob)に送ったEメールです。これを読んで，後の各問いに答えなさい。〔東京一改〕

Hi, Bob. How are you? I want to tell you about my experience at a city library last week.

My host mother Brenda works there. The library gives some culture classes for people in the city. One day Brenda asked me to show something Japanese to children in the class for elementary school students at her library. I was very glad to hear <u>that</u>. After I talked with her, I decided to show the children how to make paper cranes. There were about twenty children in the class. At first, it was very difficult for me to explain how to do it in English. I showed an example and explained it to the children step by step. It was not easy for them to follow me, but in the end they were able to make cranes. The children liked them. I was very happy because they enjoyed the class. Next time, I want to teach children Japanese songs. I will sing some Japanese songs for you someday.

(1) 下線部が指す内容を，具体的に日本語で説明しなさい。

(2) 本文の内容に合うものを，**ア**～**エ**から1つ選び，記号を書きなさい。

ア Emi asked Brenda to give her a chance to show something to children at a city library.

イ It was very difficult for Emi to explain how to make paper cranes in Japanese.

ウ The children enjoyed the class, and Emi wants to teach Japanese songs next time.

エ The children liked making paper cranes because it was easy for them.　［　　　］

月　日

第3章　上級

話法と人称・時制の一致 / 仮定法

STEP 1 まとめノート

解答⇨別冊 p.50

① 話法の種類 話し相手が示されていない場合 ★★

直接話法

「その場にいない人の発言内容」を実況中継のように，“　　”を用いてそのまま伝える言い方。

Tom said, “I am busy.”（「僕は忙しいんだ」とトムは言った）

その場にいない人の発言を引用する言い方には2通りある。

間接話法

「その場にいない人の発言内容」を自分の言葉に直して，時間と場所を変えて，自分の目の前にいる人に伝える言い方。話し手の立場から伝えているので，I am busy → he is busy であり，過去の発言内容なので，さらに he was busy となる。

❶ 人称代名詞が変わる。I → he

❷ 時制の一致が起こる。am → was

Tom said, “I am busy.”

↓　↓

Tom said that he was busy.（トムは自分は忙しいんだ，と言っていたよ）

Check! **次の文を直接話法と間接話法の文になるように，空所に適語を書きなさい。**

❶ ジェーンはごめんなさいと言った。

Jane ＿＿＿＿＿, “＿＿＿＿＿ ＿＿＿＿＿ sorry.”

Jane ＿＿＿＿＿ that ＿＿＿＿＿ ＿＿＿＿＿ sorry.

② 話法の種類 話し相手が示されている場合 ★★

直接話法

Tom said to me, “I am busy.”（「僕は忙しいんだ」とトムは私に言いました。）

→ me が「話し手」

間接話法

話し相手が示されているので，said to me → told me にする。

❶ 人称代名詞が変わる。I → he

❷ 時制の一致が起こる。am → was

Tom said to me, “I am busy.”

↓　↓　↓

Tom told me that he was busy.（トムは自分は忙しいんだ，と私に言っていたよ）

×Tom said to me that he was busy.

Check! **次の文を直接話法と間接話法の文になるように，空所に適語を書きなさい。**

❷ ジミーは私に「君に僕の帽子をあげよう」と言った。

Jimmy ＿＿＿＿＿ to me, “I will give you my cap.”

Jimmy ＿＿＿＿＿ ＿＿＿＿＿ that ＿＿＿＿＿ ＿＿＿＿＿ give ＿＿＿＿＿ ＿＿＿＿＿ cap.

❸ 仮定法過去 ★★★

仮定法過去

特徴①「不可能または可能性が低いと分かっているけど，こんなことが可能なら，ある不可能なことができるのだが」という気持ちをどうしても相手に伝えたいとき使う形。

特徴② 述べている内容が現実（現在時制）から離れていることを表すのに，動詞は過去形を用いる。be 動詞の場合は，多くの場合，主語に関係なく were にされる。

注 主語の人称・数に合わせて was を使う場合もある。

仮定法過去の動詞の特徴

従属節＝不可能な（可能性が低い）内容を仮定	主節＝それが可能なら実現すること
If S were / 動詞の過去形 If I were a bird（もし私が鳥なら）,	S would［could / might］＋動詞の原形 I could fly to you.

仮定法過去

距離感が仮定をあらわす。

未確定な未来のことに関して，実現可能な条件を述べる時は仮定法現在（If 主語＋動詞の現在形 ～，主語＋will，may など＋動詞の原形）を用いる。

願望を表す仮定法過去

「～であればいいのだが」現実に反する内容を願望するもの。

I wish S 動詞の過去形

I am sorry I am not good at cooking.（残念ながら私は料理が得意ではない）

→料理が得意ではないという，残念な現在の事実

I wish I were good at cooking.（料理が得意であればいいのだが）

→料理が得意であるという，現実から離れた内容を願望する

書きかえ方

I am sorry（残念に思う） → I wish（～であればいいのだが）

I am not good at cooking.（現実） → I were good at cooking.（現実離れ）

Check! **次の日本文に合うように，空所に適する語を書きなさい。**

❸ もし彼女のメールアドレスを知っていれば，メールを送るのだが。

If I __________ her mail address, I __________ send an e-mail to her.

❹ 私は歌うのが上手ならいいのだが。

I __________ I __________ a good singer.

❺ もし彼女が病気でなければ，ハイキングに行けるのに。

If she __________ not sick, she __________ go hiking.

❻ 私に今，自転車があればなあ。

I __________ I __________ a bike now.

月　　日

STEP 2 実力問題

ねらわれるココが
○話法の書き換え
○時制の一致
○現実から仮定法過去の書き換え

解答 ⇨ 別冊 p.50

1 次の各組の文がほぼ同じ意味になるように，空所に適語を入れなさい。

(1) Sue said to me, "I will buy a delicious cake for you."
Sue (　　) me that (　　) (　　) buy a delicious cake for (　　).

(2) I'm sorry I cannot help you with your homework.
I (　　) I (　　) help you with your homework.

(3) This jacket is so expensive that I cannot buy it.
If this jacket (　　) (　　) so expensive, I (　　) buy it.

(4) Taro doesn't know how to play chess, so he cannot join us.
If Taro (　　) how to play chess, he (　　) join us.

(5) Jenny said, "I am cooking an apple pie."
Jenny (　　) that (　　) (　　) cooking an apple pie

2 日本文の意味に合うように，空所に適語を入れなさい。

(1) 十分なお金があれば，その素敵なカバンを買えるのだが。
I ______ ______ enough money, so I ______ buy the nice bag.
If I ______ enough money, I ______ buy the nice bag.

(2) 彼は奥さんに帰宅は遅くなるよと言った。
He said to his wife, "______ will be home late."
He ______ his wife ______ ______ ______ be home late.

(3) 数学が得意であればいいんだけどなあ。
I am ______ that I am ______ ______ at math.
I ______ I ______ ______ at math.

3 次の日本文の意味に合うように，(　　)内の語を並べかえなさい。ただし，イタリック体の動詞を適当な形にしなさい。

(1) あなたとお話をする時間がもっとあればいいのですが。
I (you, I, wish, time, to, talk, with, *have*, more).
I ______________________________.

(2) もし今彼がここにいれば，彼に助けを求めるのですが。
I (for, him, *is*, now, here, he, if, would, ask, help).
I ______________________________.

(3) 駅まで車で迎えに行きますよ，と彼は私に言いました。
He (me, told, me, pick, up, he, that, *will*) at the station.
He ______________________________ at the station.

得点UP!

1 (1) 直接話法からの書きかえ。

Check! 自由自在①
直接話法から間接話法への書きかえについて調べてみよう。

(2)「事実と反対の内容」の願望を表す。
(4) 仮定法過去にすると「チェスのやり方を知っていれば」となる。
(5) 時制に注意する。

2 (2) 上段は直接話法。
下段は間接話法。

3 (1)「願望」を表す仮定法

Check! 自由自在②
仮定法過去を使った表現について調べてみよう。

(2) 仮定法過去
(3) 間接話法

4 **次の英文の(　)内から最も適当なものを選び，○で囲みなさい。**

(1) The book is expensive. If it (costs / cost) less than 1,000 yen, I (may / might) buy it.

(2) I can't get in contact with him. If I (know / knew) his phone number, I (will / would) call him.

(3) Mother told me that she (is / was) making dinner for me.

(4) It's been raining for a week. I wish this rain (will / would) go away.

5 **次の日本文の意味を表すように，英文の空所に入る語(句)を下から選びなさい。ただし，適当な形に変えて入れなさい。**

(1) 宝くじに当たれば，シドニーで家を買えるだろう。

If I (　　　　) a lottery, I (　　　　) a house in Sydney.

(2)「来週私たちの学校で学園祭があります」とミユキは私に言った。

Miyuki said to me, "We will have a school festival at our school next week."

Miyuki (　　　　) me that they (　　　　) a school festival at their school the next week.

(3) 時間がもっと欲しい。1日がもっと長ければいいのに。

I want more time. I wish a day (　　　　) longer.

(4) もし私があなたなら，そんな高価な時計を買わないでしょう。

If I (　　　　) you, I (　　　　) such an expensive watch.

is, am, can buy, will not buy, tells, will have, win

6 **次の英文の空所に入る語をそれぞれ下から選び，記号で答えなさい。**

(1) What would you do if today (　　　) the last day of your life?

ア is　　イ will be　　ウ would be　　エ were

(2) I wish I (　　　) how to explain the difficult problem in English.

ア knew　　イ will know　　ウ have known　　エ know

(3) If I (　　　) you, I would accept her offer.

ア am　　イ were　　ウ have been　　エ are

(4) If I had more time, I (　　　) play with you in the park.

ア will　　イ could　　ウ can　　エ may

(5) If I (　　　) near your house, I would go to school with you.

ア lived　　イ live　　ウ have lived　　エ am living

得点UP!

4 (1) この cost は過去形。
(2) get in contact with ～ =「～と連絡を取る」

5 (1) win a lottery =「宝くじに当たる」
(4)「もし私があなたなら」は現実ではない内容。

6 (1)「今日が人生の最後の日だとすれば」と仮定する。
(3) accept ～ =「～を受け入れる」

月　日

STEP 3 発展問題

解答⇨別冊 p.52

1 次の日本文を直接話法と間接話法で表すように空所に適語を入れなさい。

(1) 彼は私に「たいてい朝食は食べません」と言いました。

He ＿＿＿＿ to me, "＿＿＿＿ usually ＿＿＿＿ ＿＿＿＿ breakfast."

He ＿＿＿＿ me that ＿＿＿＿ usually ＿＿＿＿ ＿＿＿＿ breakfast.

(2) いつでも協力する用意はできていますよ，とメアリーはボブに言った。

Mary ＿＿＿＿ to Bob, "＿＿＿＿ ＿＿＿＿ always ready to work together with ＿＿＿＿."

Mary ＿＿＿＿ Bob that ＿＿＿＿ ＿＿＿＿ always ready to work together with ＿＿＿＿.

2 次の日本文の意味を表すように，空所に適語を入れなさい。

(1) 私は彼が英語を話せないことを知っていました。

I ＿＿＿＿ that he ＿＿＿＿ speak English.

(2) 私は彼が会社にいると思いました。

I ＿＿＿＿ that he ＿＿＿＿ in his office.

3 次の日本文の意味を表すように，(　)内の語を並べかえなさい。ただし，下線のついた語を適当な形(1語)に変えること。

(1) 私があなたなら，すぐに医者にかかるでしょう。

(<u>am</u>, I, you, if), (once, see, I, a doctor, <u>will</u>, at).

＿＿＿＿＿＿＿＿＿＿＿＿＿＿＿＿＿＿＿＿＿＿＿＿

(2) その女の子は私に「母は台所にいます」と言いました。

(<u>tell</u>, mother, the kitchen, in, me, the girl, that, her, <u>is</u>).

＿＿＿＿＿＿＿＿＿＿＿＿＿＿＿＿＿＿＿＿＿＿＿＿

4 下記の図やグラフを参考にして，下の問いに答えなさい。

Have you ever thought about the problem of ①<u>plastic waste</u>? My science teacher showed us a picture and a graph. He explained to us about the following fact. Japan is No.3 producer of plastics in the world. Japan is [②] country in the world to produce plastic waste for each person. About 30 percent of Japanese people get one plastic bag a day. About 12 minutes later, people throw away plastic bags in the sea. Plastic bags sink to the bottom of the sea and go into the body of sea animals. They lose oxygen. Plants in the bottoms of the sea don't grow. In time, plastic bags in the sea change into very little pieces of plastic and they are called microplastics. Fish eat microplastics and die because of *lack of oxygen. Ecosystems are destroyed.

He [③] us that we [④] to do something to solve the problem. He said that we [④] to imagine we were fish in the sea. He said, "If you ⑤are fish, how ⑥will you feel?"

On July 1st, 2020, stores in Japan started to *charge for *single-use plastic bags *in line with a global trend of reducing plastic waste. They started this social movement to ask people to bring their own bags.

（注） lack of oxygen：酸素欠乏　　charge：有料化する
　　single-use plastic bags：使い捨てレジ袋　　in line with ～：～に従って

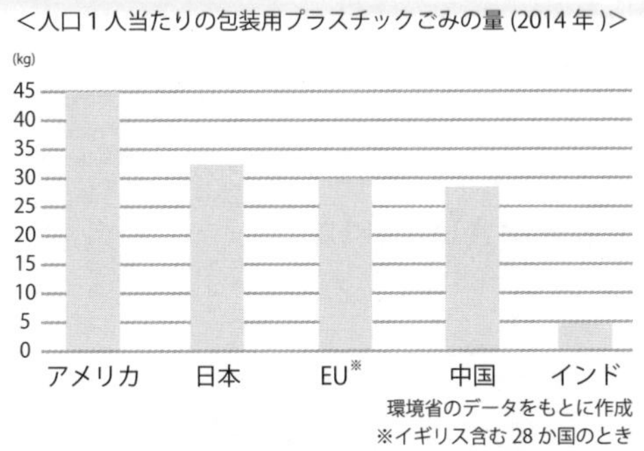

<プラスチック生産量　上位3か国>

単位：1,000 t

	2010年	2011年	2012年
アメリカ	46,333	46,814	48,057
中国	43,607	47,982	52,133
日本	12,242	11,212	10,520

アメリカ：ACC, 中国：CPPIA, 日本：経済産業省のデータをもとに作成

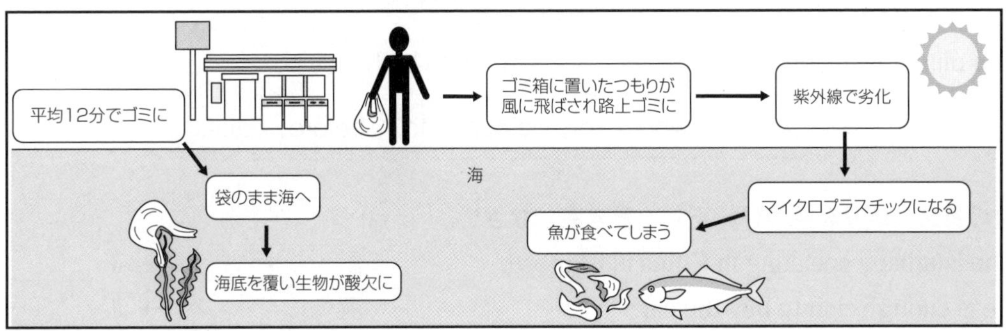

(1) 下線部①は日本語で何と言いますか？ ＿＿＿＿

(2) [②]に入る語を下から選び，記号で答えなさい。

ア No.1　　**イ** No.2　　**ウ** No.3　　**エ** No.4　　[　　　]

(3) [③]に入る語を下から選び，記号で答えなさい。

ア said　　**イ** told　　**ウ** says　　**エ** tells　　[　　　]

(4) [④]に入る語を下から選び，記号で答えなさい。

ア had　　**イ** have　　**ウ** will have　　**エ** have had　　[　　　]

(5) 下線部⑤と下線部⑥の動詞を適当な形に直しなさい。

⑤＿＿＿＿　⑥＿＿＿＿

(6) レジ袋有料化の理由に相当するものを1つ選びなさい。

ア to make money

イ to support a global trend of reducing plastic waste

ウ to ask people to use more plastic bags

エ to clean the air in the sky　　[　　　]

〔　　月　　日〕

理解度診断テスト

本書の出題範囲 pp.116～151　時間 40分　得点 /100点　理解度診断 A B C

解答⇨別冊 p.53

重要 **1** 次の(　)内の動詞を，最も適する形や表現にかえなさい。ただし，2 語になる場合もあります。(10 点)

(1) Have you ever (see) Mt. Fuji? ＿＿＿＿
(2) My sister likes to eat (boil) eggs. ＿＿＿＿
(3) We enjoyed (ski) in Nagano last year. ＿＿＿＿
(4) I don't know what (buy) for her present. ＿＿＿＿
(5) She was happy (hear) from Ken. ＿＿＿＿

重要 **2** 次の英文の空所に最も適するものを下から選んで書きなさい。(10 点)

(1) Will you lend some money (　　　) me? ＿＿＿＿
(2) That house (　　　) stands on the hill is Tom's. ＿＿＿＿
(3) We've been in Kanagawa (　　　) 2007. ＿＿＿＿
(4) I have a sister (　　　) can speak French well. ＿＿＿＿
(5) You must finish your homework (　　　) going to bed. ＿＿＿＿

which,　who,　for,　since,　to,　before,　after

3 次の英文の誤りを見つけ，正しく書き直しなさい。(15 点)

(1) The language speaking in China is Chinese. 誤 ＿＿＿＿ → 正 ＿＿＿＿
(2) He is enough rich to buy the car. 誤 ＿＿＿＿ → 正 ＿＿＿＿
(3) Did you see him to get into the train? 誤 ＿＿＿＿ → 正 ＿＿＿＿
(4) My mother told me to not eat the cake. 誤 ＿＿＿＿ → 正 ＿＿＿＿
(5) I wish I am good at skiing. 誤 ＿＿＿＿ → 正 ＿＿＿＿

4 次の日本文に合うように，空所に適する語を書きなさい。(24 点)

(1) 私はナンシーがどんな食べ物が好きなのかを知っていました。
I ＿＿＿＿ ＿＿＿＿ food Nancy ＿＿＿＿.
(2) 私の祖母は一度も外国に行ったことがありません。
My grandmother ＿＿＿＿ ＿＿＿＿ ＿＿＿＿ abroad.
(3) 私たちはジュンに再び会うのを楽しみにしています。
We're ＿＿＿＿ ＿＿＿＿ to ＿＿＿＿ Jun again.
(4) この図書館には英語で書かれた本がたくさんあります。
This library ＿＿＿＿ many books ＿＿＿＿ ＿＿＿＿ English.
(5) 弟は母に新しい自転車を買ってくれるように頼みました。
My brother ＿＿＿＿ my mother ＿＿＿＿ buy a new bike ＿＿＿＿ him.
(6) 何かあなたのためにできることはありますか。
Is ＿＿＿＿ ＿＿＿＿ I ＿＿＿＿ do for you?

5 次の英文を指示に従って書きかえなさい。

(1) Tom has watched the movie twice.（下線部を尋ねる疑問文に）(4点)

難問 (2) Lisa thinks that she must help her mother.（下線部を過去形にかえて）(4点)

(3) The girl is Kumi. She is reading a book under the tree.（関係代名詞を用いて1つの文に）(5点)

6 次の各組の英文がほぼ同じ内容を表すように，空所に適する語を書きなさい。(12点)

(1) Taro didn't eat breakfast, and he went to school.
Taro went to school ＿＿＿＿ ＿＿＿＿ breakfast.

(2) Nancy is a girl with long hair.
Nancy is a girl ＿＿＿＿ ＿＿＿＿ long hair.

(3) Can you use this computer?
Do you know ＿＿＿＿ ＿＿＿＿ use this computer?

(4) This picture was taken by Kenta in Okinawa.
This is the picture ＿＿＿＿ ＿＿＿＿ in Okinawa.

(5) Ken was too tired to help his father.
Ken was ＿＿＿＿ tired ＿＿＿＿ he ＿＿＿＿ help his father.

(6) As I don't have much time, I can't help my sister with her homework.
If I ＿＿＿＿ more time, I ＿＿＿＿ help my sister with her homework.

7 次の日本文に合うように，(　)内の語を並べかえなさい。ただし，1語だけ適切な形にかえること。(16点)

(1) この3時間，雨が激しく降り続けています。
(has, rain, for, it, been, hard, the, three, last, hours).

難問 (2) 彼女はそのニュースを聞いてうれしかった。
(news, she, happy, made, the).

(3) あなたはサムが何になりたがっているのかを知っていますか。
(be, Sam, know, what, to, do, want, you)?

(4) 放課後に公園でサッカーをしませんか。
(soccer, about, school, in, how, park, play, the, after)?

〔　　月　　日〕

リスニング問題対策

解答⇨別冊 p.53

音声 **1** 〈会話・応答文選択〉ポールとエミが話をしています。対話の最後で，エミが話す言葉として最も適するものをア〜エから１つずつ選び，記号を書きなさい。〔神奈川〕

(1) ア Five times.　イ By car.
ウ With my family.　エ For two hours.　[　　]

(2) ア I know where the bag is.　イ I like your bag.
ウ It is not my bag.　エ It's new and very big.　[　　]

(3) ア All right. You don't want to walk.
イ OK. I'll tell you the way.
ウ I see. What's your problem?
エ Thank you. Show me the way, please.　[　　]

(4) ア Yes, so I finished it and went to the party.
イ Yes, but I didn't want to go to the party.
ウ No, but I didn't feel well and stayed at home.
エ No, so I went to the party.　[　　]

音声 **2** 〈会話・応答文選択・内容理解〉対話文を放送します。その後，"**Question**" と言ってから，対話についての質問をします。質問に対する答えとして最も適するものをア〜エから１つずつ選び，記号を書きなさい。〔長野一改〕

(1) ア You have the wrong number.　イ Thank you for calling me.
ウ What's your phone number?　エ Could you give her a message?　[　　]

(2) ア Many times.　イ With my family.
ウ To see my friend.　エ In December.　[　　]

(3) ア Kazuo looks very tired and will go home.
イ Meg will go home because she doesn't feel good.
ウ Kazuo is sick in bed now.
エ Meg wants Kazuo to have a good sleep.　[　　]

音声 **3** 〈会話・内容理解〉対話文を放送します。その内容についての質問に対する答えとして最も適するものをア〜エから１つずつ選び，記号を書きなさい。〔東京一改〕

(1) ア By bike.　イ By car.
ウ By bus.　エ By train.　[　　]

(2) ア Japanese.　イ English.
ウ Science.　エ Math.　[　　]

(3) ア At one.　イ At two.
ウ At three.　エ At twelve.　[　　]

音声 **4** 〈会話・内容理解〉対話文を放送します。その内容についての質問に対する答えとして最も適するものをア～エから１つずつ選び，記号を書きなさい。〔茨城－改〕

(1) ア Soccer.　イ Tennis.
ウ Baseball.　エ Soccer and tennis.　[　　　]

(2) ア At 5:30.　イ At 6:00.
ウ At 6:30.　エ At 7:00.　[　　　]

(3) ア To come back soon.　イ To leave a message for him.
ウ To meet him at 8:00.　エ To call him back later.　[　　　]

(4) ア Because it's very new to him.
イ Because it isn't Hiroshi's camera.
ウ Because he isn't interested in it.
エ Because he has many cameras.　[　　　]

音声 **5** 〈スピーチ・内容理解〉アメリカのある郵便局で働いている人の話を放送します。その内容についての質問に対する答えとして最も適するものをア～エから１つずつ選び，記号を書きなさい。〔青森〕

(1) ア Yes, she did.　イ No, she didn't.
ウ Yes, he did.　エ No, he didn't.　[　　　]

(2) ア Yesterday.　イ Last week.
ウ Two weeks ago.　エ Last year.　[　　　]

(3) ア To see his mother.　イ To be a good farmer.
ウ To send a birthday present.　エ To study in Japan.　[　　　]

音声 **6** 〈スピーチ・メモ完成〉中学生のユキが英語の時間に行ったスピーチを放送します。次の文は，その内容をまとめたものです。内容を聞き取って，(1)～(5)のそれぞれにあてはまる日本語または数字を書きなさい。〔和歌山〕

○ナンシーは，ユキの家に(1)(　　　)週間滞在した。
○ナンシーとユキは，ユキの家の近くの(2)(　　　)を歩いて楽しんだ。
○ナンシーは，日本の(3)(　　　)に興味がある。
○ナンシーとユキは，ユキの父と(4)(　　　)に行った。
○ナンシーは，プレゼントとして，ユキから(5)(　　　)をもらった。

(1) ＿＿＿＿　(2) ＿＿＿＿　(3) ＿＿＿＿
(4) ＿＿＿＿　(5) ＿＿＿＿

音声 **7** **〈会話・メモ完成〉オーストラリアに留学している中学生のマサオは，明日の校外活動についてリサ先生と話をしました。そのときにとったマサオのメモを完成させなさい。** 〔栃木〕

> ○シドニー公園について
> ・日本から贈られた桜の木が(1)(　　　)本ある。
> ・それぞれの桜の木には日本の(2)(　　　)の名前がついている。
> ○公園での活動
> ・みんなで公園の中にある(3)(　　　)をする。
> ・桜の木の下で昼食をとる。
> ・塔に登る。→晴れていれば，(4)(　　　)が見える。
> ○その他
> ・雨が降ったら科学博物館に行き，(5)(　　　)。
> ・8時に学校集合。

(1) ______　(2) ______
(3) ______　(4) ______
(5) ______

音声 **8** **〈会話・日記完成〉エミリーとケンの対話を放送します。下の文はその日のエミリーの日記です。対話の内容に合うように，(1)〜(3)に入る最も適切な英語を考えて1語ずつ書きなさい。また，最後の文の(4)に適する内容を自分で考えて，4語以上の英語で書きなさい。** 〔秋田〕

> Tuesday, January 1
> I visited Higashi-jinja today. This was the ((1)) time for me to visit the shrine. There I met Ken, and he ((2)) me his *omikuji*. My *omikuji* was ((3)) than his. I hope I will ___(4)___ this year.

(1) ______　(2) ______　(3) ______
(4) ______

音声 **9** **〈会話・地図〉対話文を放送します。その内容についての質問に対する答えとして最も適するものを，ア〜エの中から1つ選び，記号を書きなさい** 〔埼玉〕

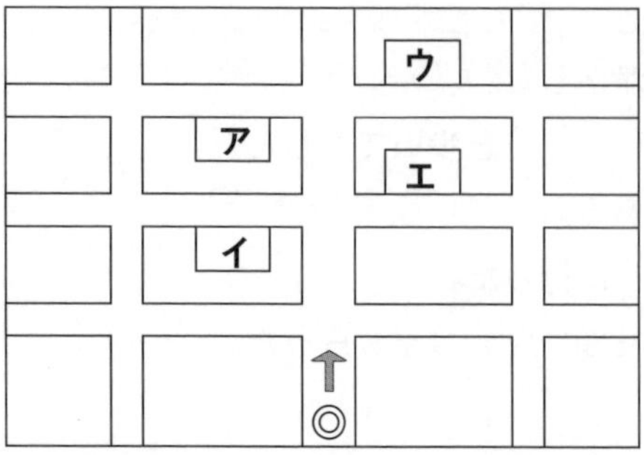

ア　イ　ウ　エ　↑　◎

◎は2人が会話をしている場所を示す。

〔　　　〕

10〈説明・イラスト・表〉英語を聞いて，質問に対する答えとして最も適するものをア〜エから1つずつ選び，記号を書きなさい。〔長野〕

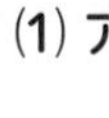

(1) ア

イ

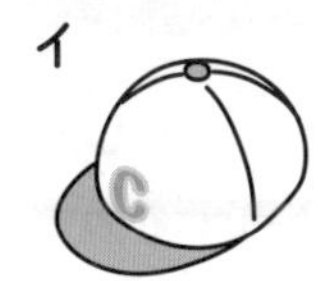

ウ

エ

〔　　　〕

(2)

ア

行ってみたい国		
1位	America	12人
2位	Korea	10人
3位	Australia	8人
4位	その他	4人

イ

行ってみたい国		
1位	America	12人
2位	Australia	10人
3位	Korea	8人
4位	その他	4人

ウ

行ってみたい国		
1位	Korea	12人
2位	America	10人
3位	Australia	8人
4位	その他	5人

エ

行ってみたい国		
1位	Australia	12人
2位	America	10人
3位	Korea	8人
4位	その他	5人

〔　　　〕

音声

11〈会話・表・内容理解〉中学生のヨウコが，短期留学先の学校で，スケジュール表(Schedule)を見ながらオリエンテーション(Orientation)を受けているときの会話の一部を放送します。その内容について，後の各問いに答えなさい。〔岡山〕

Schedule

	September 27	September 28	September 29	September 30
	①	Wednesday	Thursday	Friday
8:30 〜 9:15	Orientation	Math	Social Studies	English
9:30 〜 10:15		Fine Arts	Math	②
10:30 〜 11:15		English	Music	Culture
11:30 〜 12:15		P.E.	English	Social Studies
1:15 〜 2:00	English	Writing	Science	Math
2:15 〜 3:00	Social Studies	Science	P.E.	Writing
	Welcome Party			

(1) スケジュール表の①に入る曜日を英語で書きなさい。＿＿＿＿

(2) スケジュール表の②の時間について，先生がヨウコに話した内容として最も適するものを，**ア**〜**エ**から1つ選び，記号を書きなさい。

ア 英語の授業がある。　**イ** 数学の授業がある。

ウ 図書館でスピーチの練習ができる。　**エ** 図書館で実際に生徒を前にしてスピーチをする。

〔　　　〕

(3) 2人の会話から分かることは**ア**〜**エ**のうちではどれですか。当てはまるものをすべて選び，記号を書きなさい。

ア ヨウコは受けたい授業を自分で選んで受ける。

イ ヨウコの歓迎会は9月27日の3時30分ごろから始まる。

ウ ヨウコは9月28日の放課後，先生にその日のことを報告する。

エ ヨウコは木曜日以外，ホストシスターと同じ授業を受ける。〔　　　〕

〔　　月　　日〕

思考力・長文問題対策

解答⇨別冊 p.59

読解

1 拓海，明日香，ジェーンは，「科学技術と人々の生活」をテーマとした，高校生による国際会議の発表者として選ばれました。次の会話は，拓海たちが発表する内容について事前に話し合ったときのものです。グラフは，その時に拓海たちが用いたものです。後の問いに答えなさい。

〔広島一改〕

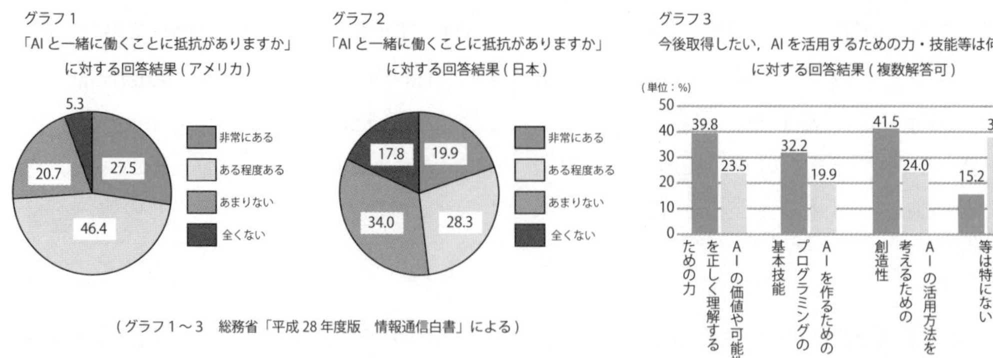

（グラフ1～3　総務省「平成28年度版　情報通信白書」による）

Takumi : We've already decided to talk about AI in our lives at the international conference. AI is like a brain in a machine, right?

Asuka : Yes. We can now see many kinds of machines with AI, like smartphones and robot cleaners.

Jane : Last weekend, I found a robot with AI at a new shopping mall. It said, "I will give you the information about this shopping mall." I asked where I could buy a CD there, then the robot answered ①the question quickly. I was very surprised.

Takumi : First, we will show examples of machines with AI at the conference.

Asuka : All right. I've brought Graph 1 and Graph 2. With these graphs, we can show how people feel when they have to work with machines with AI.

Takumi : Graph 1 shows that about [　A　] % of the American people are not happy to work with machines with AI. Why is that Jane?

Jane : In America, people are often evaluated by their work performance. So, they are afraid of losing their jobs when machines with AI do a better job than them.

Asuka : I see. Graph 2 shows that more than [　B　] % of the Japanese people think it is OK to work with machines with AI.

Takumi : Many Japanese people like stories with robots in comic books and movies. I hear this is part of Japanese culture. So, I think it is OK for many Japanese people to work with machines with AI.

Jane : That's interesting. Why don't we talk about the difference between Japanese and American people after showing examples of machines with AI.

Asuka : That sounds good. Takumi, you have brought Graph 3. Will you tell us about it?

Takumi : Well, people over 20 years old answered the question on Graph 3. It shows that about [　C　] % of the Japanese people say there aren't any skills they want to learn to use AI. I believe the Japanese people will need to learn the skills.

Jane : We should find something we can do to [　D　] the situation. I think Japanese people should be ready to live with machines with AI.

Asuka：You're right. But from Graph 3, we can also see that some of the Japanese people want to understand AI and think about how to use it. I'm sure a lot of Japanese high school students are interested in AI.

Takumi：I think so, too. Machines with AI are part of our lives. We should think about how to improve our lives by using AI.

Jane：Then, shall we ask questions about living with AI to the students at the conference?

Takumi：OK. Let's talk about ②<u>what questions we will ask at the conference</u> now?

（注） AI：人工知能　conference：会議　brain：頭脳　machine：機械　smartphone：スマートフォン
robot cleaner：ロボット掃除機　shopping mall: ショッピングモール
evaluate：評価する　performance：成果　skill：技能

(1) 下線部①について，その内容を表している最も適切な英文を，**ア**～**エ**から選びなさい。

ア "How can I go to the shopping mall?"　**イ** "When will you give me the information?"
ウ "Where can I buy a CD in this shopping mall?"　**エ** "Why are you surprised?"

(2) 本文中の[A]，[B]，[C]に当てはまる最も適切な数字を，**ア**～**エ**から選びなさい。

ア 20　**イ** 40　**ウ** 50　**エ** 75

[A]［　　　］　[B]［　　　］　[C]［　　　］

(3) [D]に入る最も適当な1語を本文中から抜き出し，英語で答えなさい。　＿＿＿＿

(4) 次のメモは，本文で示されている話し合いに基づいて，国際会議での発表の流れやそこで話す内容を，ジェーンがまとめたものです。このメモ中の[①]・[②]に適切な語をそれぞれ1語を補って，メモを完成しなさい。また，（ a ）～（ d ）に当てはまる最も適切な英語を，後の**ア**～**カ**の中からそれぞれ選び，その記号を書きなさい。ただし，文頭に来るも小文字で示されています。

<u>Things to do at the international conference</u>

1. Show some [①] of machines with AI
2. Talk about the difference between American and Japanese people

*difference：(a) of the American people think it is OK to work with machines with AI,
but (b) of the Japanese people think so.

*reasons：American people (c). Japanese people (d).

3. Talk about our [②] with AI and ask some questions.

[①]＿＿＿＿　[②]＿＿＿＿

ア about 25%　**イ** about 75%　**ウ** more than half
エ like stories with robots in comic books and movies
オ think they don't want to learn the skills to use AI
カ worry about losing their jobs

a［　　　］　b［　　　］　c［　　　］　d［　　　］

(5) 本文中の下線部②について，あなたならどのような質問をしますか。本文の内容に基づいて具体的な質問を英文で書きなさい。

＿＿＿＿＿＿＿＿＿＿＿＿＿＿＿＿

2 次の英文は，中学生のケン君が英語の授業で発表したスピーチの原稿です。これを読んで，グラフ(graph)と表(table)をもとにして，後の各問いに答えなさい。 〔大分一改〕

グラフ　留学に興味がありますか
対象：全校生徒200人

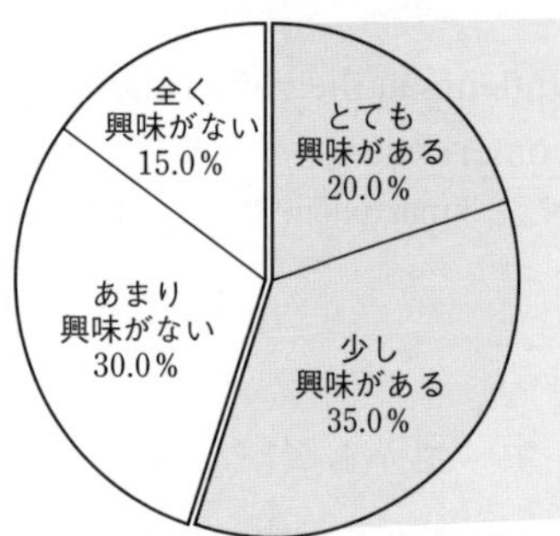

表　留学したらやってみたいことは何ですか
対象：生徒110人(複数回答あり)

語学力を向上させたい	60.9%
外国の人と友だちになりたい	59.1%
〔　A　〕	50.0%
新しいことに挑戦したい	31.8%
外国での生活や勉強を体験したい	27.3%
その他	47.3%

Do you want to study abroad? I hear the *number of Japanese young people who want to study or work in foreign countries is becoming smaller. But some of my classmates often say they want to study abroad. So, I asked all of the students in our school, "Are you interested in studying abroad?"

Look at the graph. 20 % of them said, "Yes, very much," and 35 % of them said, "Yes, a little." So, 55 % of them were interested in studying abroad. I asked those students who were interested in studying abroad another question, "What do you want to do if you study abroad?" Look at the table. About 60 % of them wanted to make their *language skills better or wanted to make friends with people in foreign countries. Half of them wanted to know the culture or history of foreign countries.

In our school, the number of students who are interested in studying abroad is not so small, and I'm one of them. My dream is to be a Japanese language teacher for foreign people. [　①　] I'd like to go there and teach them Japanese language and culture. So, I'm going to study both English and Japanese harder. Also, I'm going to read a lot of books written about Japan. I'll do my best to *realize my dream.

(注)　number：数　　language skill(s)：語学力　　realize：実現する

(1) 表の〔　A　〕にはどのような内容が入りますか。日本語で書きなさい。

____

(2) [　①　]が「他の国々には日本について知りたがっている多くの人々がいます。」という意味になるように，(　)内の語を並べかえなさい。

There are (Japan, who, people, to, many, want, about, know) in other countries.

There are ________________ in other countries.

(3) ケン君が，夢をかなえるためにこれからしようと思っていることを，2つ日本語で書きなさい。

・________________

・________________

(4) グラフ，表および本文の内容に合うものを，ア～エから1つ選び，記号を書きなさい。

ア All of the students in Ken's school answered two questions about studying abroad.

イ More than half of the students in Ken's school are interested in studying abroad.

ウ 31.8 % of the students in Ken's school want to try something new in other countries.

エ Ken wants to teach Japanese to foreign people living in Japan in the future. [　　　　]

3 **次の英文は，中学生のリョウタ(Ryota)さんと，以前ＡＬＴ(外国語指導助手)としてリョウタさんの学校で教えていたブラウン先生(Ms. Brown)がやりとりをしたＥメールです。これを読んで，後の各問いに答えなさい。** 〔滋賀一改〕

［A］リョウタさんのＥメール

> Ms. Brown, how are you? It's very cold in Shiga, but I (①) a cold now!
> We studied about our *eating habits and breakfast last week. My mother often says that breakfast (②) us *energy to work and study. My brother is a member of the baseball club and practices baseball early in the morning. He sometimes asks my mother to make *rice balls (③) his breakfast. I eat breakfast every day. How about you?

［B］ブラウン先生のＥメール

> Hello, Ryota. Thank you for the e-mail. I'm glad to know that you are fine.
> Of course, I eat breakfast every day! ④I agree (doesn't start, your mother, my body, think, without, with, and I, working) breakfast.
> By the way, my grandmother often says to me, "Food that we eat makes our body." It means that we must think about food that we eat. Do you like cooking? I love to cook. When I was a high school student, I often helped my grandmother and learned how to make some *traditional *dishes of my country from her. I really enjoyed it. So, I'm interested in traditional Japanese dishes now. Will you tell me about some of ⑤them?

［C］リョウタさんのＥメール

> Hi, Ms. Brown. I read the e-mail from you this morning. Thank you.
> I like cooking, but I don't know much about traditional Japanese dishes. So I'm going to [⑥] and tell you in the next e-mail soon.

(注) eating habit(s)：食習慣　energy：エネルギー　rice ball(s)：おにぎり
traditional：伝統的な　dish(es)：料理

(1) (①)に適当な英語を２語入れて，英文を完成しなさい。 ＿＿＿＿＿＿

(2) (②)，(③)に入る最も適当なものを，ア～エから１つずつ選び，記号を書きなさい。

② ア cooks　イ helps　ウ uses　エ gives　［　　］

③ ア to　イ for　ウ on　エ over　［　　］

(3) 下線部④が次の意味になるように，( )内の語(句)を並べかえなさい。

『私はあなたのお母さんに賛成ですし，朝食をとらないと身体が働き始めないと思います。』

I agree ＿＿＿＿＿＿＿＿＿＿＿＿ breakfast.

(4) ブラウン先生は，おばあさんの言葉から，食事の大切さについてどのように考えていますか。日本語で説明しなさい。

＿＿＿＿＿＿＿＿＿＿＿＿

(5) 下線部⑤が指すものを日本語で答えなさい。

＿＿＿＿＿＿＿＿＿＿＿＿

(6) 本文の流れに合うように，[⑥]に４語以上の英語を入れて，英文を完成させなさい。

＿＿＿＿＿＿＿＿＿＿＿＿

4 **科学部に所属しているタロウとジュンコは，ALT のリー先生（Ms. Lee）と顧問のイトウ先生と話しています。これを読んで，後の各問いに答えなさい。** 〔埼玉一改〕

Taro：Hello, Ms. Lee. Hello, Mr. Ito.

Ms. Lee：Hi, Taro. Hi, Junko.

Junko：Excuse me, Ms. Lee. Do you have time to talk with us?

Ms. Lee：Yes, of course. I'm free now.

Junko：In the last class you said, "I'm interested in *plants and animals found in Japan." So today we have brought some pictures we took last week.

Mr. Ito：The pictures are very interesting, Ms. Lee.

Ms. Lee：OK. Can I see yours first, Junko?

Junko：Sure. I like *butterflies and *dragonflies, so I took some pictures of them.

Ms. Lee：Very interesting. In my country we don't have these butterflies, so I've never seen them. Also, it's the first time for me to see these kinds of dragonflies. How about your pictures, Taro? Can I see them?

Taro：Sure. [A]

Ms. Lee：Thank you.（Ms. Lee looks at them.）These are also very interesting.

Taro：Have you ever seen these birds or these fish?

Ms. Lee：I have seen the fish, but not the birds. Do you two often go out to take pictures like these?

Taro：Well, we are in the science club, and last Friday we went to the *fields along the river near our school with other members of the club. We found a lot of different kinds of plants and animals there.

Mr. Ito：Ms. Lee teaches English in Japan, but in her country she was a science teacher. So she knows a lot about plants and animals.

Ms. Lee：Taro, have you ever heard about *endangered species?

Taro：No, I haven't. How about you, Junko?

Junko：No, it's the first time for me to [B] these words.

Mr. Ito：Endangered species are plants and animals which *are threatened with extinction.

Ms. Lee：I think a *list of them was first made in 1996. Now many countries, cities and groups make *similar lists. These lists are called *Red Data Books. Does Saitama-*ken* also make one, Mr. Ito?

Mr. Ito：Yes, I have two lists made by Saitama-*ken*, one for plants and one for animals. Would you like to see them, Taro and Junko?

Taro：Yes.（Taro looks at them.）Wow, this book has a lot of plant names.

Junko：Mr. Ito, please look at this picture in this Red Data Book for animals. This dragonfly is similar to the one I found last week.

Mr. Ito：Oh, Junko, they are similar.

Taro：Junko, I have an idea. We'll have the school festival next month. Let's make a display about endangered species around us, and let's show the pictures we took.

Ms. Lee：①I will（if, you, you, make, help）it.

Junko：Thank you very much. I'll show the pictures of butterflies and dragonflies. And I want to show these Red Data Books. I want many students to see our *display. I hope they will be interested in plants and animals around us.

Mr. Ito：That's a good idea.

（注） plant：植物　butterfly：チョウ　dragonfly：トンボ　fields along the river：川沿いの野原
endangered species：絶滅危惧種　be threatened with extinction：絶滅の恐れがある
list：リスト，一覧表　similar：似ている　Red Data Book：レッドデータブック　display：展示

(1) [A] に入る最も適当なものを，**ア**～**エ**から１つ選び，記号を書きなさい。

ア Let's see yours.　**イ** I can see them.

ウ Your pictures are interesting.　**エ** Here are my pictures.　[　　　　]

(2) タロウとジュンコが見せた写真に写っている生物の中で，リー先生(Ms. Lee)がすでに見たことがあるものを，**ア**～**エ**から１つ選び，記号を書きなさい。

ア チョウ　**イ** トンボ　**ウ** 魚　**エ** 鳥　[　　　　]

(3) [B] に入る最も適当な１語を，英語で答えなさい。　＿＿＿＿＿

(4) 下線部①が意味の通る英文になるように，(　)内の語を並べかえなさい。

I will ＿＿＿＿＿＿＿＿＿＿＿＿＿＿＿＿＿＿ it.

(5) ジュンコは，多くの生徒が展示を見て，どのようになることを期待していますか。具体的に日本語で説明しなさい。

＿＿＿＿＿＿＿＿＿＿＿＿＿＿＿＿＿＿＿＿＿＿＿＿

(6) 本文の内容に合うものを，**ア**～**エ**から１つ選び，記号を書きなさい。

ア Junko and Taro took a lot of pictures at school.

イ Ms. Lee taught science in her country.

ウ Mr. Ito knows nothing about endangered species.

エ Taro showed Ms. Lee the Red Data Books.　[　　　　]

(7) 次は，ジュンコとリー先生(Ms. Lee)が展示の準備をしているときの会話の一部です。自然な流れになるように，空所に適する英語を，５語以上の英文１文で書きなさい。

Junko：Excuse me, Ms. Lee. Please look at these pictures of dragonflies. I took them yesterday.

Ms. Lee：Oh, they are beautiful pictures. (　　　　　)?

Junko：I took them in the park near my house.

＿＿＿＿＿＿＿＿＿＿＿＿＿＿＿＿＿＿＿＿＿＿＿＿

読解

5 次の英文は，高校生のマサキさんが，英語の授業で書いたものです。これを読んで，後の各問いに答えなさい。 〔兵庫〕

I became a student of this high school because I wanted to learn about cars. I like cars very much. One day my class visited Mr. Tanaka's car shop near our school to learn about cars. Our teacher, Mr. Hayashi, took us there. Mr. Tanaka showed us a very interesting car. It was an *electric car. He said, "This is the car I made. Electric cars don't *pollute the *air."

He also said to us, "You can make an electric car by *changing the *engine of an old *gasoline car for an electric *motor." I was very surprised to hear that. I thought, "This is a good way to make an electric car." I asked my friends to make an electric car together in class. They agreed.

My friends and I had two problems before making our electric car. First, our school didn't have an old car. Second, we needed [A] because no teacher at our school knew how to make it. We asked Mr. Hayashi what to do. "I will ask Mr. Tanaka to help us," he said. When Mr. Tanaka heard about our problems, he said, "It is wonderful for high school students to try to make an electric car. I will help you." He gave us one of his old cars. Then he visited our school and taught us a way to make an electric car.

We started to make our electric car with Mr. Hayashi and Mr. Tanaka. During our work, we often found that we didn't have *parts for the electric car. So we had to make them. It was difficult for us to do that. But [B]. We worked very hard. When we didn't know what to do, we asked Mr. Hayashi and Mr. Tanaka again and again. When people near our school heard about our electric car, they visited our school to help us in many ways. Their help gave us hope.

About a year later, we finished making our electric car. All of us were so glad. We *painted the word "EARTH" on its door. Under that word, we also painted a picture of the earth between a boy and a girl. This picture shows our hope for the future *environment. Junior high school students near our school sometimes visit our school. We show them our electric car and tell them about it. They are interested in it. Many people in the city want to see our electric car. So we are going to show it at the city festivals. I want more people in this city to know about our electric car. I also want them to think about the environment. In the future, I want to make cars that are good for the environment. This has become my dream.

（注） electric：電気の　pollute：汚染する　air：空気　change ～ for ...：～を…に取りかえる
engine：エンジン　gasoline：ガソリン　motor：モーター　part (s)：部品　paint：描く
environment：環境

(1) 下線部の内容として最も適当なものを，**ア**～**エ**から１つ選び，記号を書きなさい。

ア making a new gasoline car that doesn't pollute the air
イ thinking about the environment with his friends
ウ changing the engine of an old gasoline car for an electric motor
エ showing an electric car at Mr. Tanaka's car shop 〔　　　〕

(2) 文中の[A]，[B]に入る最も適当なものを，**ア**～**エ**から１つずつ選び，記号を書きなさい。

[A]

ア an electric car to clean our city
イ a way to buy a new electric car
ウ a car shop to sell our electric car
エ a person to teach us about an electric car 〔　　　〕

B

ア we never stopped making our car
イ we changed our car for a gasoline car
ウ we gave our car to the car shop
エ we didn't make our electric car [　　　]

(3) 本文の内容に合うように，次の英文を完成させるとき，＿＿に入る最も適当なものを，ア～エから１つ選び，記号を書きなさい。

When Masaki and his friends could not find parts for their electric car, ＿＿.

ア they bought those parts at Mr. Tanaka's car shop
イ they asked Mr. Hayashi to make those parts
ウ they worked hard to make those parts
エ they visited people near their school to find those parts [　　　]

(4) 本文の内容に合うように，空所に適する英語１語を書き入れて，(a)，(b)の質問に対する答えを完成させなさい。ただし，書き入れる英語は，本文中の語とします。

(a) Question : What did Mr. Tanaka teach to Masaki and his friends?
Answer : He ＿＿＿＿ ＿＿＿＿ to make an electric car to them.

(b) Question : What does Masaki want people in the city to do?
Answer : He wants them ＿＿＿＿ become ＿＿＿＿ in the environment.

(5) マサキさんたちが作った電気自動車のドアに描かれているものとして最も適当なものをア～エから１つ選び，記号を書きなさい。 [　　　]

ア EARTH　イ EARTH　ウ EARTH　エ EARTH

(6) 本文の内容に合うものを，ア～オから２つ選び，記号を書きなさい。

ア Masaki's class visited Mr. Tanaka's car shop because they wanted to get an old car.
イ Masaki and his friends could finish making their car because they got a lot of help.
ウ Junior high school students sometimes visit Masaki's school to make electric cars.
エ Masaki has found his dream by making an electric car with his friends in high school.
オ Masaki wants to make good cars, but he does not think about the environment.

[　　　] [　　　]

6 次の英文を読んで，後の各問いに答えなさい。 〔新潟〕

Jane and Nancy were two young women who studied business at college in America. They soon became friends because they had Ⓐa dream. They wanted to start a *business that could change the world and make it better. [ⓐ] They often talked about the problems around the world, and they *thought of doing something for people who needed help.

Jane and Nancy visited a village in an *Asian country, and they *tried their first *project. They showed movies and *sold things to people living in the mountains. They thought people there needed their project, but they didn't need it. [ⓑ] People in the village said to them, "You don't know anything about life here. ⒷWe don't want to listen to you." After this, Nancy said to Jane, "I don't think we can help people here. Let's go back to America." But Jane said to Nancy, "Did you see the children here? They want to go to school, but they can't because they have to work for their families. We must do something for them. ⒸLet's stay!" Nancy said, "You are right, Jane." They decided to stay and learn about the village.

One day Jane and Nancy walked in the village and saw *wool gloves. They were warm and beautiful. They liked them and asked an old woman there, "What kind of wool is this?" The old woman answered, "It is yak wool." Jane and Nancy didn't know about yaks.

A yak is a big animal like a cow with long hair. The animal in the picture is a yak. People in the village live with yaks. They make *cheese from their milk and *clothes from their soft hair.

Jane and Nancy had Ⓓa new idea. If the people in the village sell yak hair, they can get *money and their children can go to school.

Jane and Nancy went to the people again and said, "If you sell yak hair, your children can go to school." The people didn't believe them. They said, "We have never thought of selling it before." But Jane and Nancy never gave up. They talked to the village people again and again. [ⓒ] Then, Jane and Nancy looked for a *spinning factory to make yak wool. They met an *owner who understood their project. He said, "You have a good idea. I'll help you."

The next thing they needed was people who could *knit yak wool well. With the help of a girl who was interested in their project, they found some women who could knit wool very well. [ⓓ] Jane and Nancy talked to them about their project. They liked the project and said, "Can we really make money if we knit yak wool? Can our children go to school? This is like a dream!"

*Finally, Jane and Nancy's dream was *realized. Their *products are popular around the world because they are warm and beautiful. People in many countries can buy their products now.

Jane and Nancy's experience tells us one thing. If you have a dream, never give up.

（注） business：ビジネス　think of ～：～について考える　Asian：アジアの　try：試す　project：計画
sold：～を売った（「sell ～：～を売る」の過去形）　wool：毛糸　cheese：チーズ　clothes：衣服
money：お金　spinning factory：紡績工場　owner：所有者　knit：～を編む　finally：ついに
realize：～を実現する　product：製品

(1) 下線部Ⓐの内容として最も適当なものを，**ア**～**エ**から１つ選び，記号を書きなさい。

ア 二人が大学でビジネスを勉強したいということ。

イ 二人が世界をよりよくしたいということ。

ウ 二人が世界を旅して友だちをたくさん作ること。

エ 二人が助け合ってアジアの村で生活すること。　［　　　　］

⑵ 次の英文は，文中のⓐ～ⓓの[　　　]のどこに入れるのが最も適当か。記号を書きなさい。

[　　　　]

They finally decided to try Jane and Nancy's idea.

⑶ 下線部Ⓑについて，村人たちがそのように思った理由を，日本語で書きなさい。

⑷ 下線部Ⓒについて，ジェーン(Jane)がナンシー(Nancy)にそう言った理由を，日本語で書きなさい。

⑸ 下線部Ⓓが指す内容を，具体的に日本語で説明しなさい。

⑹ 次の質問に，それぞれ3語以上の英語で答えなさい。

① Did Jane and Nancy become friends after they visited a village in an Asian country?

② What kind of animal is a yak?

③ Why are their products popular around the world?

⑺ 本文の内容に合うものを，**ア**～**オ**から1つ選び，記号を書きなさい。

ア When Jane and Nancy showed movies and sold things in the village, the people there became happy.

イ Jane and Nancy decided to go home because they thought they couldn't do anything for the village people.

ウ When Jane and Nancy saw gloves of yak hair in the village, they asked the old woman, "How much are they?"

エ Jane and Nancy wanted the people in the village to sell yak hair and make money for their children.

オ The owner of a spinning factory and the women who could knit wool very well wanted their children to work at the factory.

[　　　　]

〔　　月　　日〕

高校入試予想問題 第1回

時間 40分　得点　合格70点　/100点

解答⇨別冊 p.65

音声

1 音声を聞いて，後の各問いに答えなさい。

(1) これから放送する No.1 と No.2 の英文を聞いて，それぞれの内容に合う絵を，ア～エの中から１つずつ選び，記号を書きなさい。

No.1

ア 

イ 

ウ 

エ 

〔　　　〕

No.2

ア 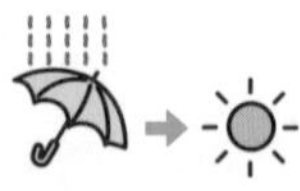

イ 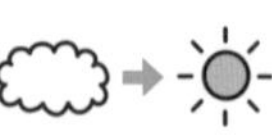

ウ 

エ 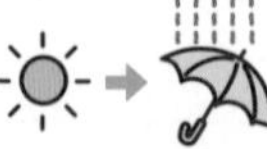

〔　　　〕

(2) これから ALT のスミス(Smith)先生が，次回の授業で行うスピーチについて，生徒に説明します。その説明と質問を聞き，No.1 ～ No.4 の質問に対する答えとして最も適するものを，ア～ウの中から１つずつ選び，記号を書きなさい。

No.1　ア About their dreams.　イ About their parents.
ウ About their friends.　〔　　　〕

No.2　ア For two minutes.　イ For three minutes.
ウ For five minutes.　〔　　　〕

No.3　ア Because she wants everyone to help her.
イ Because she wants everyone to study English hard.
ウ Because she wants everyone to understand the speeches.　〔　　　〕

No.4　ア They can practice their speeches again at home.
イ They can look at their notebooks.
ウ They can ask other students to tell them what to say.　〔　　　〕

2 **次の対話文は，高校生のリサ(Risa)が「北町祭り(the Kitamachi Festival)」について，同級生のケンゴ(Kengo)と話しているときのものです。これを読んで，後の各問いに答えなさい。**

Risa：Hi, Kengo. Have you ever ①(see) the Kitamachi Festival?

Kengo：Yes. I went to see it last summer. I saw many exciting dances. They were wonderful.

Risa：Oh, I *joined the festival with other members of my dance team.

Kengo：Really? I didn't know ②that. [③]

Risa：Because we wanted to show many people our dances. We like dances very much. And we *practiced dancing very hard for the festival. But we had another *reason for joining the festival.

Kengo：Another reason? What was it?

Risa：The Kitamachi Festival started three years ago. The festival is *supported by many people, and they love Kitamachi very much. [④]

Kengo：That's nice. Did you have any good *experiences during the festival?

Risa：Yes. We practiced dancing with other teams and *prepared for the festival together. Through these *activities, we enjoyed talking with many people. ⑤I think that (made, communication, festival, such, the, wonderful).

Kengo：I see. During the festival, both young and old people looked very happy. Well, Risa. Can I join your team?

Risa：Of course, Kengo. I'm happy to hear that.

（注） join：参加する　practice：練習する　reason：理由　support：支える　experience：経験
prepare for ～：～を準備する　activity：活動

(1) ①の動詞を適する形にかえなさい。 ＿＿＿＿＿＿

(2) 下線部②が指す内容を，具体的に日本語で説明しなさい。

＿＿＿＿＿＿＿＿＿＿＿＿＿＿＿＿＿＿＿＿＿＿＿＿＿＿＿＿＿＿

(3) [③]に会話の流れに合うような疑問文を入れるとき，空所に適する語を書きなさい。

＿＿＿＿＿ did you ＿＿＿＿＿ the festival?

(4) [④]に入る最も適当なものを，**ア～ウ**から１つ選び，記号を書きなさい。

ア And we wanted to support the festival with them.

イ And they wanted to join the festival.

ウ And we wanted them to support the festival. [　　　　]

(5) 下線部⑤が「私はそのようなコミュニケーションが，祭りをすばらしくしたと思います。」という意味になるように，(　)内の語を並べかえなさい。

＿＿＿＿＿＿＿＿＿＿＿＿＿＿＿＿＿＿＿＿＿＿＿＿＿＿＿＿＿＿

(6) 本文の内容に合うように，次の質問に３語以上の英語で答えなさい。

When did the Kitamachi Festival start?

＿＿＿＿＿＿＿＿＿＿＿＿＿＿＿＿＿＿＿＿＿＿＿＿＿＿＿＿＿＿

3 次の英文は日本の食品ロス問題に関するものです。グラフの内容を読み取りながら後の各問いに答えなさい。

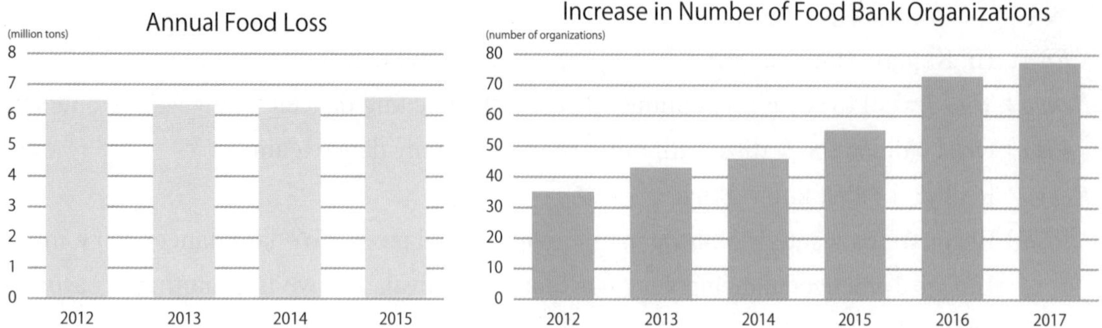

①<u>*Mottainai*</u> is the Japanese old *concept which means you must not waste anything in your daily life. But people in Japan forget the old concept and throw out a large amount of food every day. Food that is thrown out is called "food loss." The amount of ②<u>"food loss"</u>—food that is unsold, food that is past its *expiration date, food that is left over—totaled about (③) in 2015. In other words, every day a person throws out one rice bowl of food. In 2015 Japan's *food self-sufficiency rate is only 40 %. Japan doesn't produce much food. ④<u>Japanese people must depend on imports of food from other countries and still throw out a large amount of food.</u>

One cause is a *strict rule. The strict rule is called "⑤<u>one-third rule.</u>" Under the rule, food makers or food *wholesalers must send food within the first third of the period that is from production date to final selling date. This rule is set up to let consumers enjoy the best *quality of fresh food. If the rule is not kept, shops or supermarket stores will refuse to accept food and food makers or food wholesalers will throw out fresh food.

About half of all food loss comes from families all over Japan. About 60 % of food *garbage all the families throw out is *leftover food and one-fourth of the food garbage is uneaten food. One-fourth of the uneaten food is the food thrown out before their expiration date. The *Ministry of Environment is asking all the families in Japan to reduce food loss and to stop buying too much food. All the families in Japan are asked to eat food they have bought.

Do you know there are many people who are poor and cannot eat much food? Do you know 15.6 % of all Japanese people and their children are too poor to eat enough food? Many volunteer groups in Japan have set up *children cafeterias to give much uneaten food to those poor people and their children. These cafeterias cook uneaten food and give the nice dishes to children in poor families. There has been an increase in *"food bank" organizations to give much uneaten food to these children cafeterias. The food bank organizations ask Japanese people and food makers to send uneaten food to these cafeterias. There were (⑥) food banks in 2017.

（注） concept：観念　expiration date：消費期限　food self-sufficiency rate　食料自給率　strict：厳しい
wholesaler：卸売業者　quality：品質　garbage：ごみ　leftover food：食べ残しの食べ物
Ministry of Environment：環境省　children cafeterias：子供食堂　food bank organizations：フードバンク

(1) 下線部①の内容を表すように，下の日本文の空所に適当な日本語を入れなさい。

Mottainai とは，日本で昔からある考えで，「ⓐ ＿＿＿＿＿ 生活でⓑ ＿＿＿＿＿ でもⓒ ＿＿＿＿＿ にしてはいけない」という考えを表す。

(2) 下線部②の「フードロス」はどういう意味なのか，説明しなさい。

＿＿＿＿＿＿＿＿＿＿＿＿＿＿＿＿＿＿＿＿

(3) 空所③，空所⑥に入る語を下から選び，記号で答えなさい。

空所③　ア 5 million tons　イ 6 million tons　ウ 6.5 million tons　エ 6.2 million tons　[　　]

空所⑥　ア 46　イ 56　ウ 73　エ 77　[　　]

(4) 下線部④の主旨を表すように，次の日本文の空所に適当な日本語を入れなさい。

日本人は食料自給率が低く国内の食品の約ⓐ ＿＿＿＿＿ %を依存しているのにⓑ ＿＿＿＿＿ の食料をⓒ ＿＿＿＿＿。

(5) 下線部⑤の内容を正しく説明する日本文になるように空所に適語を入れなさい。

賞味期限が6ヶ月の食品の場合，ⓐ＿＿＿＿＿やⓑ ＿＿＿＿＿ がⓒ ＿＿＿＿＿ 日から数えて賞味期限の3分の1にあたるⓓ ＿＿＿＿＿ 以内に食品を納品しなければならない。期限に間に合わない場合，最高の品質を保証できないものとして，店やスーパーから拒否され返品されたりⓔ＿＿＿＿＿されたりする。

(6) 日本の各家庭から出るフードロスについて流れを表すように空所に適当な日本語を入れなさい。

①日本では，フードロスの約ⓐ ＿＿＿＿＿ は一般家庭から発生している。

↓

②各家庭から出る食品ごみの約ⓑ ＿＿＿＿＿ %はⓒ ＿＿＿＿＿ で，ⓓ ＿＿＿＿＿ は手付かずの食品です。

↓

③手付かずの食品のⓔ ＿＿＿＿＿ はⓕ ＿＿＿＿＿ 期限以内に捨てられている。

(7) 本文の内容に合うように，次の質問に英語で答えなさい。

What does the Ministry of Environment ask all the families in Japan to do?

＿＿＿＿＿＿＿＿＿＿＿＿＿＿＿＿＿＿＿＿

(8) 本文の内容に合うものを，**ア～オ**から2つ選び，記号を書きなさい。

ア Food loss means food that is thrown out.

イ Japan doesn't produce much food and doesn't waste much food.

ウ Japan's self-sufficiency rate is about 60%.

エ Food makers must deliver food to shops or supermarkets within one week.

オ Many volunteer groups have set up children cafeterias to give uneaten food to poor children.

[　　][　　]

〔　　　月　　　日〕

高校入試予想問題 第2回

時間 40分　得点　合格70点　/100点

解答⇨別冊 p.68

音声

1 音声を聞いて，後の各問いに答えなさい。

(1) ケンとメグの会話を聞いて，その内容についての質問に対する答えとして，最も適するものを**ア**～**エ**から1つずつ選び，記号を書きなさい。

No.1　**ア** At nine forty.　**イ** At ten.
　　　ウ At the station.　**エ** At Kumi's house.　[　　　]

No.2　**ア** She liked it very much.　**イ** Ken bought it for her.
　　　ウ Meg's mother bought it for her.　**エ** Ken liked it very much.　[　　　]

No.3　**ア** In Okinawa.　**イ** Next month.
　　　ウ For a week.　**エ** In Osaka.　[　　　]

(2) これから留学生のケイト(Kate)が，クラスで自己紹介を行います。それを聞いて，次の質問に日本語で答えなさい。

No.1　ケイトは，いつ日本に来ましたか。

____

No.2　ケイトは，なぜ京都に行きたいのですか。

____

No.3　ケイトは，学校を卒業したら，どのようなことをしたいと考えていますか。

____

読解

2 次の対話文は，高校生のマコト(Makoto)と，マコトの家に滞在しているアメリカ人留学生のジョン(John)が，スポーツについて話をしているときのものです。この文章とグラフA(Graph A)を読み，後の各問いに答えなさい。

One Saturday evening, John and Makoto were watching a soccer game on TV.

John：Makoto, is soccer as (　①　) as baseball in Japan?

Makoto：No. Most of us still like baseball better than soccer.

John：Really? A lot of people around us talk about soccer as often as baseball.

Makoto：OK, I know a good sports *website. Let's go and check.

*They went to Makoto's room. Makoto showed John the website about *professional sports in Japan. The website asked people, "What professional sports do you like?" The answers in 2002 and 2012 are shown on Graph A.*

Graph A

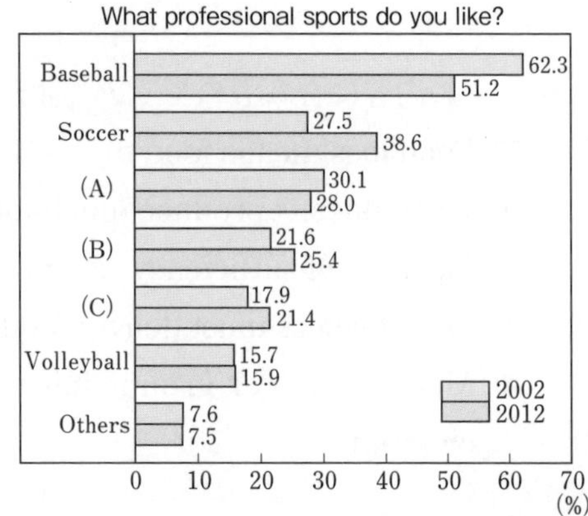

John：Makoto, you're right. [　A　]. In 2012, over (　②　) *percent of people answered baseball. Soccer comes next, but there is still large difference between the *popularity of baseball and that of soccer.

Makoto：Yes. But the difference is getting（　③　）. I think more and more people are becoming interested in soccer.

John：By the way, I'm a little sad to find that basketball is not so popular in Japan as soccer. When I was in America, I was a member of the basketball team at my school. [　　B　　].

Makoto：Basketball comes after golf, but it's more popular than volleyball.

John：Makoto, I thought *sumo* was the most popular sport in Japan（　④　）coming to Japan.

Makoto：Well, it's popular, but the *percentage is getting lower. And golf's popularity is getting nearer to *sumo*'s popularity.

John：I understand, but I don't know anyone who likes *sumo* or golf in my friends.

Makoto：Yes. I think *sumo* and golf are very popular among older people. My grandparents like watching *sumo* on TV. They like *Hakuhou* very much. I sometimes watch *sumo* with them, and I am really *excited.

John：In every professional sport, each player tries his or her best, so we become excited to watch professional sports.

Makoto：⑤I agree. Let's go back to the living room and watch the soccer game.

（注） website：ウェブサイト　professional：プロの　percent：パーセント
popularity：人気　percentage：割合　excited：わくわくして

(1) 本文の内容に合うように，①〜④の（　）内に入る最も適当なものを，**ア〜エ**から１つずつ選び，記号を書きなさい。

① **ア** easy　**イ** difficult　**ウ** popular　**エ** old　［　　］

② **ア** 60　**イ** 50　**ウ** 40　**エ** 30　［　　］

③ **ア** longer　**イ** shorter　**ウ** larger　**エ** smaller　［　　］

④ **ア** before　**イ** when　**ウ** after　**エ** because　［　　］

(2) [　　A　　]に入る最も適当なものを，**ア〜エ**から１つ選び，記号を書きなさい。

ア Baseball is more popular than soccer in Japan

イ Soccer is more popular than baseball in Japan

ウ Baseball is getting more popular in Japan

エ Soccer is the most popular sport in Japan　［　　］

(3) グラフＡの(A)〜(C)にあてはまるスポーツ名を英語で書きなさい。

(A)＿＿＿＿＿＿　(B)＿＿＿＿＿＿　(C)＿＿＿＿＿＿

(4) [　　B　　]が「バスケットボールは，私がいちばん好きなスポーツです。」という意味になるように，（　）内の語を並べかえなさい。

Basketball is the (best,　like,　the,　I,　sport,　which).

Basketball is the ＿＿＿＿＿＿＿＿＿＿＿＿＿＿＿＿＿＿＿＿.

(5) 下線部⑤について，マコトが同意している内容を，具体的に日本語で説明しなさい。

＿＿＿＿＿＿＿＿＿＿＿＿＿＿＿＿＿＿＿＿＿＿＿＿＿＿＿＿＿＿

(6) 本文とグラフの内容に合うものを，ア～オから２つ選び，記号を書きなさい。

ア John is sad because soccer is not as popular as baseball in Japan.

イ Golf 's popularity in 2012 is higher than soccer's popularity in 2002.

ウ Volleyball's popularity didn't change a lot between 2002 and 2012.

エ Each sport on Graph A was more popular in 2012 than in 2002.

オ All the professional players do their best, so they make us excited.

[　　　][　　　]

読解

3 **次の英文は高校生のヒカル(Hikaru)が，英語の授業で行ったスピーチの原稿です。これを読んで，後の各問いに答えなさい。**

Hello, everyone. Today I'd like to talk about the problem of water *pollution. Mr. Hamada, our social studies teacher, taught us the problem. The earth is called "the water *planet". We cannot live without water. But the water around us is becoming more *polluted than before. After the class, I became interested in the problem of water pollution. I visited my grandparents ①(live) near my house, and asked how the water in their *childhood was. My grandfather said, "The water of the river was very clean about 50 years ago. There were a lot of fish, and children could swim in the river. But people stopped swimming there about 20 years ago because it was polluted." My grandmother also said, "We are sad that beautiful nature is *disappearing today."

The river is still polluted and I want to make the river clean again. ②But I don't know how. And what made the river polluted? I wanted to know the *reason, so I went to the city library and found two graphs. Look at Graph A. We use "*COD" to *measure the *degree of water pollution. A large COD means that there is much pollution in the water. A small COD means that the water is not so polluted. We can see that there are three *sources of water pollution in the river in my city. They are home, natural, and *industrial *waste. From this graph, I found home waste had the biggest *influence of the three on *total water pollution in the river. I was very surprised to know ③that. You are surprised, aren't you? Before I saw this graph, I thought that the *main reason of water pollution in the river was industrial waste. I was wrong, but I had a *key to solve the problem.

Let's think about the things we use every day. For example, *mayonnaise, milk, *shampoo, *soy sauce, and cooking oil. After we use them, they are *drained into the river. Then they become home waste. [A] Please look at Graph B. We can see that [B]. 20 mL of milk needs 1 *bathtub of water to make it clean enough for fish to live in. That's 300 L of water. 20 mL of soy sauce needs 3 bathtubs of water. Mayonnaise needs more water than shampoo, and used cooking oil needs the most water of all. Did you know that? In this way, the river is polluted every day.

Now what can we do to *reduce water pollution? I'm sure that it's not so difficult. Stop draining much home waste into the river. For example, we should eat all our food. We should not use too much shampoo. All of us can do that. I will write a report about how to reduce water pollution and tell my *neighbors about it. I hope we can enjoy swimming in the river some day.

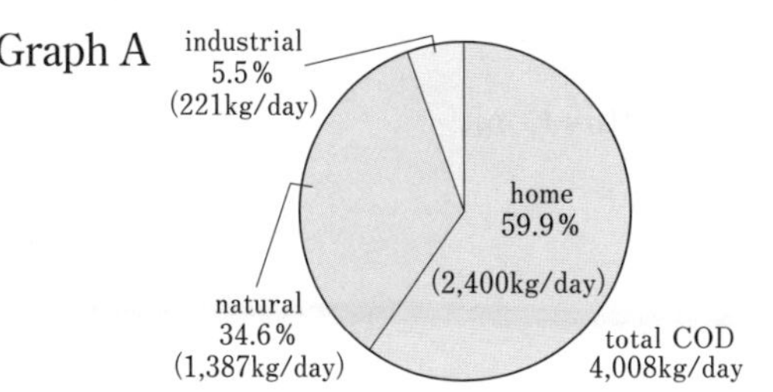

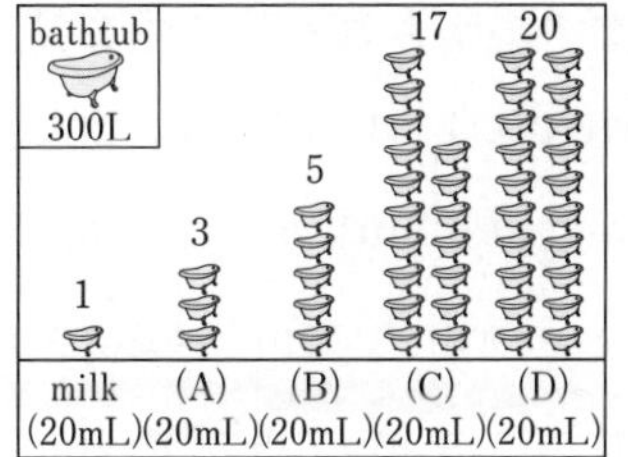

(注) pollution：汚染　planet：惑星　polluted：汚染された　childhood：子ども時代
disappear：消える　reason：理由　COD：科学的酸素要求量(水の中の汚れを数値化したもの)
measure：測定する　degree：程度　source：原因　industrial：産業の
waste：廃棄物　influence：影響　total：全体の　main：主な　key：手がかり，かぎ
mayonnaise：マヨネーズ　shampoo：シャンプー　soy sauce：しょうゆ
drain：～を流す　bathtub：浴槽　reduce：～を減らす　neighbor：近所の人

(1) ①の(　)内の動詞を適する形にしなさい。　＿＿＿＿

(2) 下線部②の後に省略されている6語を本文中から書き抜きなさい。

＿＿＿＿＿＿＿＿＿＿＿＿＿＿＿＿

(3) 下線部③が指す内容を，具体的に日本語で説明しなさい。

＿＿＿＿＿＿＿＿＿＿＿＿＿＿＿＿

(4) [A]が「あなた方は，水をきれいにするためにどのくらいの水が必要か想像できますか。」という意味になるように，(　)内の語(句)を並べかえなさい。
Can you (much, the water, needed, to, is, water, imagine, make, how) clean?
Can you ＿＿＿＿＿＿＿＿＿＿＿＿ clean?

(5) [B]に入る最も適当なものを，**ア～エ**から1つ選び，記号を書きなさい。
ア we drain many bathtubs every day
イ we use a lot of water every year
ウ cleaning waste needs a lot of water
エ cleaning waste needs many bathtubs　[　　]

(6) グラフBの(A)～(D)の組み合わせとして最も適当なものを，**ア～エ**から1つ選び，記号を書きなさい。
ア (A) soy sauce　(B) mayonnaise　(C) shampoo　(D) cooking oil
イ (A) shampoo　(B) soy sauce　(C) cooking oil　(D) mayonnaise
ウ (A) shampoo　(B) mayonnaise　(C) soy sauce　(D) cooking oil
エ (A) soy sauce　(B) shampoo　(C) mayonnaise　(D) cooking oil　[　　]

(7) 本文とグラフの内容に合うものを，**ア～エ**から1つ選び，記号を書きなさい。
ア To reduce water pollution, we should stop industrial waste.
イ Hikaru thinks that we can solve the problem of water pollution.
ウ We need 3000 L of water to clean 100 mL of milk.
エ The river in Hikaru's city has become clean again.　[　　]

4 次の英文で説明される英単語を答えなさい。

(1) When we don't know the meaning of the word, we use this book. ＿＿＿＿＿

(2) The shortest month of the year. ＿＿＿＿＿

(3) The season which comes after winter. ＿＿＿＿＿

(4) Your father's or mother's brother. ＿＿＿＿＿

(5) The book which is used to keep photos. ＿＿＿＿＿

5 次の各組の英文がほぼ同じ内容を表すように，空所に適する語を書きなさい。

(1) Our city has two libraries.
＿＿＿＿＿ ＿＿＿＿＿ two libraries ＿＿＿＿＿ our city.

(2) Ken can play soccer very well.
Ken is very ＿＿＿＿＿ ＿＿＿＿＿ ＿＿＿＿＿ soccer.

(3) All of us know the news.
The news ＿＿＿＿＿ ＿＿＿＿＿ ＿＿＿＿＿ all of us.

(4) My grandfather died six years ago.
My grandfather has ＿＿＿＿＿ ＿＿＿＿＿ ＿＿＿＿＿ six years.

(5) The question is so difficult that we can't answer it.
The question is ＿＿＿＿＿ difficult ＿＿＿＿＿ us ＿＿＿＿＿ answer.

6 1年間一緒に過ごした留学生のケイト(**Kate**)がオーストラリアへ帰国することになりました。あなたはケイトに次のいずれか1つを贈りたいと思い，メッセージカードを添えて渡すことにしました。あなたがケイトに贈りたいものを以下の空欄に書き，その理由やケイトへのメッセージなどを5文程度の英文で続けなさい。

book	bag	picture	CD

This ＿＿＿＿＿ is for you.

中学

自由自在 英語

問題集 From Basic to Advanced

解答解説

受験研究社

解答編　中学　自由自在問題集　英語

第1章　初級

1 This〔That〕is ~. / He〔She〕is ~. / What / Who

STEP 1 まとめノート　本冊⇨pp.6～7

1 ① これ　② あれ　③ a　④ an　⑤ 大
Check! ❶ an　❷ a　❸ a　❹ ×　❺ ×
2 ⑥ Is　⑦ or　⑧ not
Check! ❻ it is → it is not〔it isn't / it's not〕
❼ That → It
❽ This is not〔isn't〕Brazil.
❾ That is not〔isn't〕a book.
3 ⑨ he　⑩ she　⑪ Is〔be 動詞〕　⑫ not
4 ⑬ What　⑭ is　⑮ 職業　⑯ What
⑰ animal

解説
1 Check! ❶ o が母音なので an。
❹ ❺ 人名，国名は a / an を付けないかわりに，大文字で始める。
2 Check! ❻ No で答えるときは is not を使う。
3 ⑨ ⑩ 2回目からは男性は he，女性は she と代名詞にする。

STEP 2 実力問題　本冊⇨pp.8～9

1 (1) is　(2) Is, she　(3) Who, She
2 (1) my　(2) Yui's　(3) her
3 (1) Is this your watch?
(2) That is not〔isn't〕an orange.
(3) Is this a ball or an egg?
4 (1) That is an elephant.
(2) Is this France?
(3) That's not my sister.
(4) Is Mary a nurse?
5 (1) ア　(2) イ　(3) オ　(4) エ　(5) ウ
6 (1) Who　(2) or　(3) it　(4) He
(5) What
7 (1) Is this your chair?
(2) Who is this woman?
8 (1) Is that a notebook or an album?
(2) She is not〔She isn't / She's not〕Ken's teacher.
(3) What is〔What's〕that bird?
— It is〔It's〕a swallow.

解説
2 (1) I は常に大文字で書くが，my は文頭にこないときは小文字で始める。
4 (1) elephant の e が母音なので an。
(2) France「フランス」は国名なので a は付けない。
(3) That's = That is なので，余分な is を取る。
5 (2) or で尋ねられたときは Yes / No では答えられない。

! ココに注意
Is ~? で尋ねられたら，Yes / No で答える。What や Who で尋ねられたら Yes / No では答えられないので，主語と，何を尋ねられているかを考えて，答えを見つける。

6 (1) 家族関係は Who で尋ねる。

! ココに注意
英作文は，まず日本語の主語と述語(動詞)を見つける。否定文や疑問文は，先にふつうの文(「～です」の文)を作ると分かりやすい。

STEP 3 発展問題　本冊⇨pp.10～11

1 (1) or, It, is　(2) Who's, She
(3) What, animal, It
(4) Who, is
2 (1) What book is this?
(2) Is that Ms. Yamada or Ms. Tanaka?
(3) My brother is not his friend.
(4) Who is this man?
3 (1) Who is〔Who's〕that girl?
(2) Is that flower a rose?
— No, it is not〔it isn't / it's not〕.
(3) Is she a student?
4 (1) What is〔What's〕this?
— It is〔It's〕a table.

(2) This is not〔isn't〕 a glass. It is〔It's〕 a cup.
(3) Who is〔Who's〕 this girl?
— She is〔She's〕 my daughter.

5 (1) Who → What　(2) it → he
(3) is → isn't
(4) doctor → a doctor

6 (1) (This is) Shingo. He is my friend. He is a student.
(2) (This is) Jane. She is Bob's aunt. She is a singer.

7 (1) ア　(2) ア　(3) イ

解説

1 (2) Who is の短縮形は Who's。
(3)「これは何ですか」の意味で What だけでは空所が余るので「これは何の動物ですか」の意味で What animal を入れる。

3 (1) 人の名前に下線があるので，「だれ」と尋ねる。Who を文頭に置いて疑問文を続ける。
(3) 主語が she にかわると be 動詞も is にかわる。

5 (1) 答えの文で「それは誕生日プレゼントです。」と言っているので，Who「だれ」ではなく What「何」が適切。
(2) Ken は男性なので，答えの文の主語には he「彼は」を使う。
(4) a と名詞はセット。

! ココに注意

誤りを見つける問題では，
① 正しい疑問詞が使われているか。
② 疑問文と答えの文の代名詞が合っているか。
③ a / an の有無。
などがよく聞かれる。

7 (1) this「これは」と尋ねられているので，it「それは」を使って具体的に答えているものが正しい。
(2) that woman「あの女性」と尋ねられているので，she「彼女は」を使って，「だれ」と答えているものが正しい。
(3) or を使った疑問文には Yes / No では答えられない。

スクリプト

(1) What is this?
(2) Who is that woman?
(3) Is that a watch or a clock?

スクリプト全訳

(1) これは何ですか。
(2) あの女性はだれですか。
(3) あれは腕時計ですか，それとも置き時計ですか。

! ココに注意

リスニング問題で，疑問文に対する答えを選ぶとき，流れる英文の最初(Is ～ か疑問詞か)を聞き取ること。

2 I am～. You are～. / have, 一般動詞 /

STEP 1 まとめノート

本冊 ⇨ pp.12 ～ 13

1 ① be　② 私　③ あなた　④ 彼　⑤ not
Check! ❶ am　❷ are　❸ is
❹ ⓐ Are you an English teacher?
ⓑ You are not〔You aren't / You're not〕 an English teacher.
❺ ⓐ Am I a good boy?
ⓑ I am〔I'm〕 not a good boy.

2 ⑥ Do　⑦ not
Check! ❻ I play tennis.
❼ You study English.
❽ Do you want what? → What do you want?
❾ do → don't
❿ I do not〔don't〕 play baseball.
⓫ You do not〔don't〕 need a computer.

解説

1 Check! ❹ ⓐ Are you ～？で尋ねる文に答えるときは，Yes, I am. / No, I am〔I'm〕 not. となる。
❺ ⓑ「私は良い子ですか。」自分のことを相手に尋ねる表現。これに対する答えは Yes, you are. / No, you are not〔aren't〕. のように，you を使って答えることに注意。

2 Check! ❽ what は文頭に置く。
❾ No で答えるときは最後に not を付ける。

! ココに注意

be 動詞は主語によって使い分ける。

STEP 2 実力問題

本冊 ⇨ pp.14 ~ 15

1 (1) play (2) like (3) have (4) study

2 (1) have (2) I'm, not
(3) I'm, a (4) aren't, a
(5) don't, know
(6) What, need, need
(7) Are, you, I, am

3 (1) Do you like *sushi*?
(2) I do not〔don't〕 play tennis.

4 (1) I'm (2) you (3) Do (4) I, don't

5 (1) ア (2) イ

6 (1) You are my friend.
(2) I am not Yumi's sister.
(3) What do you eat?
(4) I do not like milk.

解説

3 (1) (2) 一般動詞の文の疑問文，否定文には do を使う。

5 (1) Do で尋ねられたら，do で答える。
(2) What で尋ねられたら Yes / No では答えられない。「あなたは何が欲しいですか。」「私は車が欲しいです。」

ココに注意

並べかえ問題は，主語と動詞を確認し，分かるところから作っていく。

STEP 3 発展問題

本冊 ⇨ pp.16 ~ 17

1 (1) is (2) Are (3) am (4) is

2 (1) What sports do you play?
(2) I do not know your sister.
(3) I am not an English teacher.
(4) What food do you like?
(5) Are you her classmate?

3 (1) What do you play?
(2) Do you have breakfast?
— No, I do not〔don't〕.
(3) Who am I?

4 (1) I like English, too.
(2) What are you?
(3) I do not〔don't〕 like math.

5 (1) Yes, I do. / No, I do not〔don't〕.
(2) (例)I like English〔math, science, music, P.E など〕.

6 (1) あなたも忙しいですか。
(2) あなたはどの動物が好きですか。
(3) あなたの父の職業は何ですか。

7 (1) ア (2) イ

解説

1 (3)「私は彼のおじではありません。」

4 (1)「私も英語が好きです。」
(2)「あなたの職業は何ですか。」
(3)「私は数学が好きではありません。」

5 (1)「あなたは毎日英語を勉強しますか。」に対する答え。
(2)「あなたは何の教科が好きですか。」に対する答え。I like の後に自分の好きな教科名を入れる。

7 (1) Do you ～? で尋ねられているので，Yes, I do. か No, I don't. で答える。
(2) What で尋ねられているときは，Yes / No では答えられない。

スクリプト

(1) Do you need this bike?
(2) What do you study?

スクリプト全訳

(1) あなたはこの自転車が必要ですか。
(2) あなたは何を勉強しますか。

ココに注意

リスニング問題で，疑問文に対する答えを選ぶとき，流れる英文の最初(Is ～ か Do ～ か疑問詞か)を聞き取ること。

3 形容詞，副詞 / 複数形

STEP 1 まとめノート

本冊 ⇨ pp.18 ~ 19

1 ① 特定 ② その ③ well ④ hard
⑤ always ⑥ sometimes ⑦ very
Check! ❶ a, The ❷ the

2 ⑧ 単 ⑨ 複 ⑩ 数
Check! ❸ brothers ❹ children

解説

1 Check! 1回目に出てきた名詞には a か an を付ける。2回目以降は「その」という意味の the を付ける。
❷「～(楽器)を演奏する」という意味を表すとき

は「play the＋楽器名」。

2 Check! ❸ ここでの any の後は複数形。

❹ How many の後にくる名詞は複数形。child は不規則変化をするので，しっかりと覚えよう。

STEP 2 実力問題

本冊 ⇨ pp.20 ～ 21

1 (1) five pencils　(2) three tomatoes

(3) eight glasses

2 (1) Do, want, do　(2) sometimes read

(3) very, big　(4) no, brother(s)

(5) am, always

3 (1) You are not〔You aren't / You're not〕 astronauts.

(2) These are my bags.

(3) They are doctors.

(4) I do not〔don't〕 have any apples in the box.

(5) We are good friends.

4 (1) are　(2) some　(3) Do　(4) any

5 (1) ×　(2) ○　(3) ×

6 (1) That is a ball. The ball is red.

(2) I have a pretty doll.

(3) You sometimes play the guitar.

7 (1) is → are　(2) ball → balls

(3) woman → women

8 (1) Do you have any friends

(2) How many CDs do you have?

(3) I have about ten.

解説

2 (4)「ひとりも兄弟がいない」→「ゼロ人兄弟がいる」と考える。

3 (4) 否定文では some は any にする。

(5)「ケンと私」→「私たち」

4 (1) 主語が複数なので be 動詞は are。

(2) eggs が複数形であることに注目。

(3) 一般動詞 like があるので，疑問文には Do が必要。

(4) 否定文で，dictionaries が複数形なので any を使う。

6 (1) 2 回目に登場する名詞には the を付ける。

(2)「a＋形容詞＋名詞」の順になる。

7 (1) 主語が You and John で複数なので，be 動詞は are。

(2) How many の後は複数名詞が続く。

(3) These に続く名詞は複数形。

STEP 3 発展問題

本冊 ⇨ pp.22 ～ 23

1 (1) children　(2) fish　(3) men

(4) Those

2 (1) an, old, car

(2) isn't, big

(3) house, new

3 (1) They are not〔They aren't / They're not〕 very busy, either.

(2) Do you have any balls in your bag?

(3) Yuka is always free.

(4) How many eggs do they want?

(5) What are these animals? — They are rabbits.

4 (1) イ　(2) ア　(3) オ　(4) ウ

5 (1) How many dogs do you have?

(2) Do you have any birds?

(3) Who is〔Who's〕 that pretty girl?

6 (1) Yes, I do. / No, I do not〔don't〕.

(2) (例)I have two (dictionaries).

7 (1) 私たちは一匹もネコを飼っていません。

(2) これらの男性はとても忙しいです。

(3) あなたたちはサッカー選手ですか。

8 (1) ウ　(2) イ　(3) ウ

解説

1 (2) fish の複数形は fish。

2 (1)「あの車は古いです。」「あれは古い車です。」old の前は an にすることに注意。

(2)「これは大きいイヌではありません。」「このイヌは大きくありません。」

(3)「これは新しい家ですか。」「この家は新しいですか。」

3 (1)「～も(ない)」という否定文では，too ではなく either を使う。

(4) 数を尋ねるときは〈How many ＋複数名詞〉。

(5) these, those で聞かれて答えるときは代名詞は they を使う。

4 (1)「あなたは何本の花を持っていますか。」数を尋ねる文。

(2)「これらの花はユリですか。」Yes か No で答える。

(3)「少女たちは花を何本か持っていますか。」Yes か No で答える。

(4)「あれらは何の花ですか。」花の種類を尋ねる文。

ココに注意

疑問文に対する答えを選ぶときは，英文の最初(Do，Are，What など)と，主語と動詞が何なのかに注目する。
疑問詞で始まる文に，Yes / No では答えられないことに注意する。

5 (1)「あなたは何匹のイヌを飼っていますか。」
(2)「あなたは鳥を飼っていますか。」
(3)「あのかわいい女の子はだれですか。」遠くにいるので that を使う。

6 (1) Do you ～? で尋ねられているので Yes, I do. か No, I do not〔don't〕. で答える。
(2) How many ～? と数を尋ねられている。最後の dictionaries は省略可。

7 (3) players なので，この you は複数。

スクリプト

8 (1) Do Ken and Mika have any notebooks?
(2) How many brothers do you have?
(3) Is that a new camera?

スクリプト全訳

8 (1) ケンとミカは何冊かノートを持っていますか。
(2) あなたは何人兄弟がいますか。
(3) あれは新しいカメラですか。

ココに注意

主語が複数になると，be 動詞は are，その後の名詞も複数形になる。

4 3単現 / my，mine，Whose ～?

STEP 1 まとめノート　本冊 ⇨ pp.24 ～ 25

1 ① has ② 3 単現 ③ Does ④ What
⑤ not ⑥ 目的
Check! ❶ play ❷ has ❸ know
❹ teaches
❺ ⓐ Does John speak Japanese well?
ⓑ John does not〔doesn't〕 speak Japanese well.
❻ ⓐ Does your dog run fast?
ⓑ Your dog does not〔doesn't〕 run fast.
❼ her ❽ them ❾ me

2 ⑦ 's
Check! ❿ her ⓫ Tomoko's ⓬ theirs
⓭ Whose

解説

1 Check! ❼❽❾ (　)内の語はすべて代名詞なので，「～を」の意味を表す目的格の形にかえる。

2 Check! ❿ 後に名詞が続くので「彼女の」の形にする。
⓫ 's を付けて「トモコの」の形にする。
⓬「彼らのもの」の形にする。
⓭ 後ろに名詞がないので「～のもの」の形にする。「この時計はだれのものですか。」

STEP 2 実力問題　本冊 ⇨ pp.26 ～ 27

1 (1) plays (2) goes (3) teaches
(4) has (5) studies (6) cries
(7) uses (8) washes (9) speaks
(10) eats

2 (1) like (2) has (3) Does
(4) doesn't (5) study (6) them
(7) his (8) hers

3 (1) Is, yours (2) doesn't, play
(3) Does, watch (4) don't, speak
(5) knows, me (6) Whose, desk

4 (1) × (2) × (3) ○

5 (1) My sister has a new car.
(2) She does not〔doesn't〕 walk to school.
(3) Does Emi live in Osaka?
(4) I sometimes sing them.

6 (1) イ (2) ウ

7 (1) Our teacher always sings this song.
(2) Whose dictionary is this?
(3) My brother does not have any English books.
(4) Does your friend know me?

解説

2 (6)「私は彼らをよく知っています。」目的格を選ぶ。
(7) 後ろに名詞(song)があるので「あなたは彼の歌が好きですか。」という意味になる。

ココに注意

(8)「～のもの」は，「もの」という名詞を含んでいるので，後ろには名詞がこない，と考える。

ココに注意

3 主語が3人称かどうか，単数かどうかを必ず確認すること。

5 (2) (3) does を使うと動詞は原形になる。

6 (1) Does Mike ～? で聞かれているので，答えは Yes, he does. か No, he doesn't. のどちらかになる。

(2) 疑問文の主語が these なので，答えの代名詞は they を使う。

STEP 3 発展問題

本冊 ⇨ pp.28 ～ 29

1 (1) our (2) it (3) Does (4) his

(5) them (6) reads (7) my children's

(8) Whose

2 (1) He has no dogs.

(2) Is that Ken's book or Yuki's book? 〔Is that Yuki's book or Ken's book?〕

(3) My father often washes his car.

(4) What subject does Kate like?

(5) Our sister lives in America.

(6) Does your brother study English every day?

3 (1) He watches soccer games on TV.

(2) What does Yukako play very well?

(3) She knows him. He knows her, too.

(4) Whose dictionaries are those?

4 (1) My mother does not〔doesn't〕 need this bike.

(2) Whose is this desk? — It is〔It's〕 my brother's.

(3) What sport(s) does Bob like? — He likes baseball.

5 (1) イ (2) ウ (3) ア (4) ウ

解説

1 (4)「あなたの自転車か」と聞かれているので「彼のもの」という意味の his を使う。

(5) like の後ろにくるので目的格にする。Mary and Ken は them になる。

(7)「これらのおもちゃは私の子どもたちのものです。」になるようにする。children は名詞なので，「～のもの」を作るには，'s を付けるだけでよい。

(8) 後ろに名詞があるので，「～の」の形にする。

ココに注意

(6) 主語と動詞の間に回数を表す副詞が入っているときは，主語が分かりにくくなるので，動詞の形を考えるときは，特に注意する。

2 (1) no があるので「0匹のイヌを飼っている」という言い方にする。

3 (4) Mary's は「メアリーの」と持ち主を表しているので，whose で尋ねる。

4 (2) 答えの文は It is〔It's〕 my brother's desk. でもよい。

スクリプト

5 Hello. My name is Mary.

I have two sisters, Jane and Kate.

I have three cats. They are very pretty.

I like English and math very much.

I have many books in my room.

I play tennis every day. Now, I want a new racket.

Thank you.

Questions：

(1) Does Mary like math?

(2) How many sisters does Mary have?

(3) What sport does Mary play?

(4) What does Mary want now?

スクリプト全訳

5 こんにちは。私の名前はメアリーです。

私にはジェーンとケイトという2人の姉妹がいます。

私はネコを3匹飼っています。彼らはとてもかわいいです。

私は英語と数学が大好きです。

私は自分の部屋にたくさんの本を持っています。

私は毎日テニスをします。今，私は新しいラケットが欲しいです。

ありがとうございました。

(1) メアリーは数学が好きですか。

(2) メアリーは何人の姉妹がいますか。

(3) メアリーは何のスポーツをしますか。

(4) メアリーは今，何が欲しいですか。

ココに注意

スピーチなどの長い文を聞き取るときは，動詞と数に注意して聞き，メモを取るようにする。

5 命令文と Let's ～. / can を使う文

STEP 1 まとめノート

本冊 ⇨ pp.30 ～ 31

1 ① Don't　② please　③ Don't　④ Let's

Check! ❶ 一生懸命勉強しなさい。
❷ ドアを閉めてはいけません。
❸ 怠けてはいけません。
❹ どうぞこのイスを使ってください。
❺ Let's watch this movie.
— No, let's not.

2 ⑤ できる　⑥ 助動詞　⑦ can　⑧ not

Check! ❻ sing　❼ drive
❽ ⓐ Can Mary eat *sushi*?
ⓑ Mary cannot〔can't〕 eat *sushi*.

解説

1 Check! ❹ Please use this chair. とも言える。

2 Check! ❻「ケンは英語の歌を上手に歌うことができます。」
❼「彼女は車を運転することができます。」
❽「メアリーは寿司を食べることができます。」

STEP 2 実力問題

本冊 ⇨ pp.32 ～ 33

1 (1) Study　(2) Use

2 (1) Don't, sit　(2) Don't, run

3 (1) Please, look　(2) Close, please

4 (1) Let's, cook　(2) Let's, sing

5 (1) can, speak　(2) cannot〔can't〕, drive
(3) Can, eat　(4) Don't, open
(5) Be　(6) a, little

6 (1) I cannot〔can't〕 speak French.
(2) Please be quiet.〔Be quiet, please.〕
(3) Let's go to the library.
(4) Ken, listen to me.〔Listen to me, Ken.〕

7 (1) let's　(2) let's, not
(3) I〔we〕, can't〔cannot〕
(4) she, can

8 (1) Don't play soccer in the park.
(2) I can't run very fast.
(3) What sport can Shinji play?
(4) Don't be noisy in this room.

解説

! ココに注意

6 (2) please を文末に置くときには，前にコンマが必要。
(4) 呼びかけて命令するときは，必ずコンマを入れる。

7 (4) your mother は答えの文では she で受ける。

STEP 3 発展問題

本冊 ⇨ pp.34 ～ 35

1 (1) ここで昼食を食べなさい。
ここで昼食を食べましょう。
(2) あなたはこの自転車を使いません。
この自転車を使ってはいけません。
(3) どうぞ私の部屋に来てください。
私の部屋に来なさい。

2 (1) plays　(2) study　(3) watch
(4) Be　(5) read　(6) Don't

3 (1) Don't use this dictionary.
(2) Let's help that old man.
(3) Who can sing this song well?
(4) I don't like music very much.

4 (1) My sister can speak English a little.
(2) Let's clean our car. — Yes, let's.
(3) Mary can play tennis well.
(4) How many languages can he speak?
(5) What can students do in this room?

5 (1) Please use my desk.〔Use my desk, please.〕
(2) Be quiet in the classroom.
(3) Can you drive this car? — Yes, I can.
(4) I do not〔don't〕 like soccer very much.

6 (1) ギター(を弾くこと)
(2) 泳ぐこと〔水泳〕
(3) スキー(をすること)

解説

2 (2) Asami の後にコンマがあるので，呼びかけの命令文。動詞の原形 study が続く。

3 (3) Who が主語の文。直後に「can ＋動詞の原形」を続ける。

4 (3)「メアリーは上手なテニス選手です。」→「メアリーは上手にテニスをすることができます。」
(4) 数を尋ねる文に。
(5)「生徒たちはこの部屋で何ができますか。」

ココに注意

(3) 同じ内容を違う表現で表すパターンを知っておこう。

5 (2) quiet「静かな」は形容詞なので，命令文にするときには be が必要。

(3) Can の疑問文には can を使って答える。

スクリプト

6 Ken can play the guitar very well. But he can't play the piano.
Kumi can't swim. But she can run very fast.
Mika can ski well. But she cannot swim very well.

スクリプト全訳

6 ケンはギターをとても上手に弾くことができます。しかし，彼はピアノを弾くことができません。
クミは泳ぐことができません。しかし，彼女はとても速く走ることができます。
ミカはスキーを上手にできます。しかし，彼女はあまり上手に泳ぐことができません。

ココに注意

「できる」(→ can) ことと，「できない」(→ cannot, can't) ことの聞き取りに注意しよう。

6 時を表す表現 / How, Which / There is〔are〕～.

STEP 1 まとめノート

本冊 ⇨ pp.36 ～ 37

1 ① past ② to ③ 時刻

2 ④ 手段・方法 ⑤ 様子 ⑥ 程度 ⑦ 数
⑧ 範囲

3 ⑨ not
Check! ❶ are ❷ Is ❸ are there

解説

1 ① past は「～を過ぎて」という意味。It's twenty (minutes) past two. は「2 時を過ぎて 20 分です。」のように考えることができる。past はイギリスで使われ，アメリカでは after を使って It's twenty (minutes) after two. のように表す。

② to には「～に向かって，～まで」の意味がある。It's ten (minutes) to six. は「6 時になるまで (あと)10 分です。」のように考えることができる。to はイギリスで使われ，アメリカでは of や before，till を使って It's ten (minutes) of 〔before，till〕 six. のように表す。

① ②「…分」を表す部分が 15 分のときには，(a) quarter(4 分の 1)，30 分のときには half(2 分の 1)を使うこともある。それぞれ，「4 分の 1 時間は 15 分」，「2 分の 1 時間は 30 分」ということを表す。

3 Check! ❶「公園には何匹かのネコがいます。」some cats で複数なので are。

❷「あなたの部屋にイスはありますか。」a chair で単数なので is。

❸「あなたの学校には何人の生徒がいますか。」

STEP 2 実力問題

本冊 ⇨ pp.38 ～ 39

1 (1) What, time, in, afternoon
(2) What, day, Tuesday
(3) What's, date, July
(4) Which, is (5) How, It's
(6) There, are, cups
(7) How, many, books, are, there, There, are

2 (1) Friday (2) October
(3) Saturday

3 (1) What day (2) When (3) How
(4) many (5) What's the date
(6) aren't (7) old (8) What time
(9) much (10) is

4 (1) There are not〔aren't〕 any tables in this room.
(2) What time does Ken get home?
(3) When does she walk?
(4) How many pens are there on the desk?

5 (1) Which picture do you like?
(2) How many friends does Ken have in America?
(3) There are two libraries in our town.
(4) It's ten minutes past four now.

解説

1 (3) date は「日付」の意味。

ココに注意

2 曜日を尋ねる文と日付を尋ねる文は，似ているので注意。

3 (9) How much ～? は金額を尋ねる。

4 (1) 否定文では any を使う。

(2) (3) 時刻を尋ねるときは What time を，「いつ」か尋ねるときは When を使う。

5 (4)「～過ぎ」= past

STEP 3 発展問題

本冊 ⇨ pp.40 ～ 41

1 (1) When (2) Which
(3) What (4) What's (5) How
(6) How

2 (1) There, are (2) no
(3) are, there (4) does, have

3 (1) What day (of the week) is it today?
(2) How many sisters does Ken have?
(3) What time is it (now)?

4 (1) キ (2) エ (3) ア (4) イ
(5) ウ (6) カ (7) オ

5 (1) When does the school begin〔start〕 in Japan?
(2) Which car is his, this new one or that old one?
(3) Which month comes after September?
(4) What time do you leave your house〔leave home〕 every day?

6 (1) ⓐ (2) ⓑ (3) ⓐ

解説

1 (1)「あなたの誕生日はいつですか。」
(2)「どちらの自転車がケンのものですか。」
(4) What is の短縮形を使うことに注意。
(5)「ここから駅までどれくらいありますか。」
(6)「ジュースはいかがですか。」How about ～? は相手のつごう・意見を聞く表現。

! ココに注意

疑問文の空所を埋める問題は，答えの文の内容から考える。

2 (2) not any ～ = no ～

! ココに注意

(1) (3) (4)「There is〔are〕 ～ in + 場所〔時間〕.」
=「場所〔時間〕have〔has〕 ～.」

3 (3) 下線が three o'clock にあるので，時刻を尋ねる。

4 (1)「あなたはどのようにして駅に行きますか。」「バスで(行きます)。」
(2)「あなたはどの教科が好きですか。」「私は英語が好きです。」
(3)「あなたはいつ本を読みますか。」「昼食後です。」
(4)「あなたのお父さんの身長はどのくらいですか。」「180 センチメートルです。」
(5)「あなたのお父さんは何歳ですか。」「45 歳です。」
(6)「今日の天気はどうですか。」「今日は晴れです。」
(7)「あなたのクラスに女の子は何人いますか。」「18 人です。」

5 (2) Which is his car ～? としてもよい。
(3) What month ～? としてもよい。

スクリプト

6 (1) ⓐ It's fine today.
ⓑ It's cloudy today.
ⓒ It's rainy today.
(2) ⓐ There are three dogs under the tree.
ⓑ There are two dogs under the tree.
ⓒ There are two cats under the tree.
(3) ⓐ There are many flowers in the garden.
ⓑ There are no flowers in the garden.
ⓒ There are many trees in the garden.

スクリプト全訳

6 (1) ⓐ 今日は晴れです。
ⓑ 今日は曇りです。
ⓒ 今日は雨です。
(2) ⓐ 木の下に 3 匹のイヌがいます。
ⓑ 木の下に 2 匹のイヌがいます。
ⓒ 木の下に 2 匹のネコがいます。
(3) ⓐ 庭にたくさんの花があります。
ⓑ 庭に 1 本も花がありません。
ⓒ 庭にたくさんの木があります。

7 現在進行形

STEP 1 まとめノート

本冊 ⇨ pp.42 ～ 43

1 ① 進行 ② 動作 ③ 状態 ④ be ⑤ not
⑥ now ⑦ every ⑧ sometimes

Check! ❶ watching ❷ planning
❸ writing
❹ I am cooking dinner.
❺ They are singing a song.
❻ Ken is eating an egg.
❼ Are you going to the library?

— (No,) I am〔I'm〕 not(.) または (No,) we are not / we're not / we aren't(.)

❽ Are they working very hard?

— (Yes,) they are(.)

❾ I am〔I'm〕 not helping my mother.

❿ We are not〔aren't〕 cleaning our room.

⓫ トムは今，音楽を聞いています。

⓬ トムはよく音楽を聞きます。

解説

1 ⑦ every ～ は「毎～」という意味を表し，複数回以上のことを表す。every の後ろに続く名詞は常に単数形になる。

Check! ❷ 語尾が〈短母音＋子音〉なので，n を重ねて planning となる。

❼「be 動詞＋going」は現在進行形で「行っている」という日本語になるが，これだと進行中の動作であることが伝わりにくい。行く最中であることを表すので，「行く途中だ」「向かっている」という日本語にすると進行中の動作だということがよく分かる。

!ココに注意

「～(し)ている」という日本語だけで現在進行形だと判断してしまわず，動作が進行中であるかどうかをしっかりと見極めよう。

STEP 2 実力問題

本冊 ⇨ pp.44 ～ 45

1 (1) are　(2) is　(3) am
(4) are

2 (1) listening　(2) is　(3) Is
(4) are　(5) Does　(6) Is
(7) are　(8) do

3 (1) are, running
(2) is, cooking〔making〕
(3) Is, going　(4) What, are, writing
(5) I'm, not　(6) I, know
(7) Who, is　(8) What, is, doing

4 (1) Mike is taking pictures of flowers.
(2) I'm〔I am〕 not studying science.
(3) Are you playing the piano?
(4) What is she watching on TV?

5 (1) ウ　(2) ア　(3) イ

6 (1) What is she making?
(2) What are they doing now?
(3) Who is singing that famous song?
(4) Whose car is he washing?

解説

!ココに注意

2 be 動詞があれば一般動詞には ing が付いているものを選び，一般動詞に ing が付いていれば be 動詞を選ぶ。

3 (6)「知っている」は状態を表すので，進行形にはしない。

5 現在進行形の疑問文は be 動詞を使うので，答えの文にも be 動詞を使う。

6 (1)「彼女は何を作っていますか。」
(2)「彼らは今，何をしていますか。」
(3)「だれがその〔あの〕有名な歌を歌っていますか。」
(4)「彼はだれの車を洗っていますか。」

STEP 3 発展問題

本冊 ⇨ pp.46 ～ 47

1 (1) dancing　(2) helping
(3) has　(4) knows　(5) teaches
(6) studying　(7) likes
(8) changing　(9) having

2 (1) What is Ken doing now?
(2) She lives in Hokkaido.
(3) Who is running in the park now?
(4) Mika and I are watching TV in my room.

3 (1) イ　(2) オ　(3) ア　(4) エ
(5) ウ

4 (1) ⓐ ジムは自分の部屋でテレビを見ています。
ⓑ ジムは自分の部屋でテレビを見ます。
(2) ⓐ 私の兄〔弟〕は学校まで歩いているところではありません。
ⓑ 私の兄〔弟〕は学校まで歩きません。
(3) ⓐ 私の子どもたちは今図書館に向かっています。
ⓑ 私の子どもたちは毎週土曜日に図書館に行きます。

5 (1) What are you writing?
(2) They are not〔aren't〕 swimming in the sea now.

(3) Where is Hiro talking with Takashi?

6 (1) He is playing tennis.
(2) Mary is.
(3) She is reading a book.

(解説)

1 (3) (9) have は「持っている」の意味(→(3))では進行形にしないが,「食べる」の意味(→(9))では進行形にする。
(4) (7)「知っている(→ know)」「好きである(→ like)」などの状態を表す動詞は,ふつう進行形にしない。

2 (2)「住んでいます」は状態を表す動詞なので進行形にはしない。
(3) Who が主語のときは 3 人称単数扱いで be 動詞は is を使うのがふつう。

3 (5) ウの No の後には, , I'm not が省略されていると考える。

! ココに注意

4 現在進行形は「〜しています」「〜しているところです」という意味。

スクリプト

6 (1) What is Ken doing?
(2) Who is listening to music?
(3) What is Kumi doing?

スクリプト全訳

6 (1) ケンは何をしていますか。
(2) だれが音楽を聞いていますか。
(3) クミは何をしていますか。

! ココに注意

答えの文では主語は代名詞にすること。

理解度診断テスト

本冊 ⇨ pp.48 〜 49

理解度診断 A…90 点以上, B…61〜89 点, C…60 点以下

1 (1) ウ (2) ウ (3) ウ

2 (1) ours (2) men (3) August
(4) has

3 (1) These (2) doesn't (3) swimming
(4) His

4 (1) There, are (2) aunt
(3) children〔kids〕 (4) teaches
(5) What, her (6) plays, well
(7) ours (8) after

5 (1) mine (2) How, do (3) far
(4) Please, open
(5) What, day, Thursday (6) can, well
(7) What, these, They're

6 (1) オ (2) ク (3) ウ
(4) イ (5) キ (6) ア
(7) カ (8) エ

7 (1) Let's play baseball after school.
(2) What time do you get up every day?

(解説)

1 (1) [ai] の音。ア [i] イ [i] ウ [ai] エ [i]
(2) [k] の音。ア [ʃ] イ [s] ウ [k] エ [tʃ]
(3) [uː] の音。ア [u] イ [u] ウ [uː] エ [u]

2 (1) A「私は」B「私のもの」⇒ C「私たちは」D「私たちのもの」
(2) 複数形にする。
(3) A「1 番目の」B「1 月」⇒ C「8 番目の」D「8 月」
(4) 3 単現の s を付ける。have は has と変化する。

3 (1) bags, are から, 複数形にする。
(2) My father が主語なので, don't は doesn't となる。
(3) are があるので ing を付けて現在進行形にする。
(4)「これはあなたのお兄さん〔弟〕の鉛筆ですか。」「いいえ。彼のものは赤いです。」

4 (2)「メアリーは私の母の姉〔妹〕です。」母の姉〔妹〕＝おば
(3)「彼は一人の息子と二人の娘がいます。彼らは良い生徒です。」「彼の子どもたちは良い生徒です。」
(4)「カトウさんは英語の先生です。」「カトウさんは英語を教えます。」
(5)「彼女はだれですか。」「彼女の名前は何ですか。」
(6)「ケンは上手なテニス選手です。」「ケンは上手にテニスをします。」
(7)「これは私たちの家です。」「この家は私たちのものです。」
(8)「9 時より前にここに来てはいけません。」「9 時より後にここへ来なさい。」

6 be 動詞で聞かれているか, 一般動詞(Do, Does)で聞かれているかをまず区別する。その後, 疑問文の主語が何かを確認して答えを選ぶ。

7 (1)「放課後野球をしましょう。」
(2)「あなたは毎日何時に起きますか。」

第2章 中級

1 疑問詞で始まる疑問文

STEP 1 まとめノート

本冊 ⇨ pp.52 ~ 53

1 ① 主 ② 目的 ③ 主 ④ 目的 ⑤ whose
⑥ 副 ⑦ 副 ⑧ To ⑨ Because ⑩ 複
⑪ 程度

Check! ❶ Who(m) did Saki meet there?
❷ What did Emily buy yesterday?
❸ What is very important for her?
❹ Who uses the car every day?
❺ When did Takeshi visit Osaka?
❻ Where was Bob studying then?
❼ To ❽ Because

解説

1 ⑥⑦ 副詞の働きをする疑問詞のことを疑問副詞と言う。また，主語や目的語になる疑問詞は，疑問代名詞と言う。

Check! ❶ 目的語として用いられている「人」について尋ねるので，who か whom にする。

❸「何がとても大切ですか」と主語になるものについて尋ねる。

❺「時」を尋ねる。

❻「場所」を尋ねる。

❼「なぜ一生懸命勉強するのですか。」「医者になるためです。」空所のすぐ後に動詞の原形があるので，To を入れて不定詞の形で答える。

❽「マキはなぜ家族のために夕食を作ったのですか。」「母親が病気だったからです。」空所の後に「主語＋動詞～」が続いているので，Because を入れる。

STEP 2 実力問題

本冊 ⇨ pp.54 ~ 55

1 (1) Who (2) Where (3) Which
(4) Why (5) How

2 (1) Whose, is (2) What, time
(3) Why, Because (4) How, long

3 (1) When, did, come
(2) Who, played, tennis
(3) How, do, they
(4) How, many, dogs
(5) How, tall, is, she

4 (1) イ (2) エ (3) ウ (4) ア

5 (1) What happened to them then?
(2) How much water do you need?
(3) Why don't you join our club?

6 (1) It's three (o'clock).
(2) She is reading a book.
(3) There are four students.

7 (1) ウ (2) ウ

解説

1 (2) B は「ロンドンで」と場所の情報を加えている。
(3) which は「どちら(のもの)」，〈which＋名詞〉は「どちらの～」の意味。「マイとユキでは，どちらの女の子がテニスをするのが上手ですか。」
(4)「あなたのお父さんはなぜ今，フランスにいるのですか。」「そこで働くためです。」
(5) How do you like ～? =「～はいかがですか。」

2 (1) Whose is this racket? としても同じ意味。
(2) 具体的な時刻を尋ねるときは what time を使う。when は「いつ」の意味。
(3)「Because＋主語＋動詞 ～.」=「～だからだ」
(4) How long ～? は長さを尋ねる表現。

3 (1)「時」を表す疑問詞は when を使う。疑問詞の後は疑問文の語順になる。
(2) 疑問詞 who が主語になるので，「Who＋動詞～?」の語順。過去の文なので動詞は過去形。
(3) how =「どのように(して)」，「by＋交通手段」=「～で」
(4)「How many＋複数名詞 ～?」で数を尋ねる。
(5) How tall ～? は背の高さを尋ねる表現。

4 (2) How far ～? は距離を尋ねる表現。

5 (1) happen to ～ =「～に起こる」
(2) How much ～? は数えられない名詞について，量を尋ねる。
(3) Why don't you ～? =「～しませんか。～してはどうですか。」

! ココに注意

数を尋ねる How many の後には，必ず数えられる名詞の複数形か，複数を表す名詞がくる。
量を尋ねる How much の後には，必ず数えられない名詞がくる。

6 (1)「何時ですか。」
(2)「マリは何をしていますか。」
(3)「教室には何人の生徒がいますか。」

スクリプト

7 (1) *A*：Where did you go yesterday, Mieko?
B：I went to the zoo with my sister.
A：Did your brother go there, too?
B：No. He practiced tennis at school.
Question：Where did Mieko go yesterday?
(2) *A*：Do you know the way to the stadium?
B：Yes. Take the train at Chuo Station and get off at Higashi Station. The stadium is near Higashi Station.
A：How many stops are there from Chuo Station to Higashi Station?
B：Let's see ... Higashi Station is the third station.
Question：Which is Higashi Station?

スクリプト全訳

7 (1) A：昨日はどこに行ったの，ミエコ。
B：姉〔妹〕と動物園に行ったわ。
A：お兄さん〔弟さん〕も行ったの。
B：いいえ。彼は学校でテニスを練習したわ。
質問：ミエコは昨日，どこに行きましたか。
(2) A：球場への行き方をご存じですか。
B：ええ。中央駅で電車に乗って，東駅で降りてください。球場は東駅の近くです。
A：中央駅から東駅までに停車駅はいくつありますか。
B：ええと…。東駅は3つ目の駅です。
質問：どれが東駅ですか。

STEP 3 発展問題

本冊 ⇨ pp.56 ～ 57

1 (1) Whose (2) Where (3) Why, Because
(4) How, much (5) What, time
2 (1) How does Sam go to school?
(2) Which country do you like better
(3) When did you take this picture?
3 (1) Who broke the window?
(2) How many books are there on the desk?
(3) What did you get from him yesterday?
4 (1) How do you do?〔Nice to meet you.〕
(2) How old are you?
(3) Where are you from?〔Where do you come from?〕
(4) How do you like this school?
5 (1) It's the fourth of May.〔It's May 4.〕
(2) He plays soccer.
(3) He has two (cats).
6 (1) ① ウ ② オ (2) ウ
(3) お年寄りも生徒も幸せだったこと。
(4) ⓐ She saw it last week.
ⓑ They made lunch for the old people and had lunch together.

解説

1 (1)「これはだれのコンピュータですか。」「それは私の父のものです。」
(2)「あなたはどこでジョンと会いましたか。」「私は校門のそばで彼に会いました。」by =「～のそばに〔で〕」
(3)「あなたはなぜ空腹なのですか。」「今朝，朝食をとらなかったからです。」
(4)「この本はいくらですか。」「870円です。」
(5)「あなたは何時に私に電話しましたか。」「私は9時にあなたに電話しました。」
2 (1) A「サムはどうやって通学していますか。」B「彼は毎日歩いて通学しています。」
(2) A「オーストラリアとニュージーランドでは，どちらの国のほうが好きですか。」B「私はニュージーランドのほうが好きです。」
(3) where が不要。A「この写真をいつ撮りましたか。」B「私は昨年それを撮りました。」
3 (1) 疑問詞が主語になる疑問文になるので，did you が不要。過去を表すときは，後に続く動詞を過去形にする。break は不規則動詞，過去形は broke。
(2) How many の後の名詞は，必ず複数形。
(3) この what は，文中で目的語の役割をしているので，get の後にある it が不要。
4 (3)「～出身である」= be from ～〔come from ～〕
5 (1) 日付は序数(first, second, third, fourth …)で表す。May 4 は May the fourth と読む。
(2) in one's free time =「ひまなとき」
6 (1) ① 知り合いへのあいさつ。
(2)「お年寄りのために何ができますか。」
(3) 直前のタケシの発言を指す。
(4) ⓐ「グリーン先生はいつニュースを見ました

か。」

ⓑ「となり町の生徒たちは何をしましたか。」

全訳

グリーン先生：こんにちは，タケシ。調子はどう？

タケシ：元気です，ありがとうございます。あなたはどうですか。

グリーン先生：元気よ。何をしているの。

タケシ：来月のスピーチコンテストのために，英語でスピーチを書いています。

グリーン先生：まあ，あなたの話題は興味深いわね。なぜこの話題を選んだの。

タケシ：ええと，祖母がぼくの家族と一緒に暮らしています。彼女は「私たちの町では多くのお年寄りが一人で暮らしているの。彼らは重い物が運べないし，電球も取り替えられない。彼らは若い人たちの助けが必要なの。」と言っていたのです。

グリーン先生：なるほど。そうね，私は先週テレビでおもしろいニュースを見たわ。それはとなり町の生徒たちとお年寄りについてだったわ。生徒たちはお年寄りのためにお昼ご飯を作って一緒に食べていたわ。

タケシ：お年寄りたちは幸せだったし，生徒たちも幸せだったんですね。

グリーン先生：それがそのニュースの重要な点ね。

2 be 動詞・一般動詞の過去形／過去進行形

STEP 1 まとめノート

本冊 ⇨ pp.58 ～ 59

1 ① was ② were ③ not

Check! ❶ Mr. Smith was a teacher three years ago.

❷ Tom and Nancy were in Canada last month.

2 ④ 規則 ⑤ 不規則 ⑥ Did ⑦ did

Check! ❸ I studied math yesterday.

❹ Yuka wrote a letter last night.

3 ⑧ -ing ⑨ not

解説

1 Check! ❶ ❷ 過去を表す語句を文末に加えるので，be 動詞を過去形にする。

2 Check! ❸ study は規則動詞。過去形を作るには y を i にかえて ed を付ける。

❹ write は不規則動詞。過去形は wrote。~~writed~~ としない。

STEP 2 実力問題

本冊 ⇨ pp.60 ～ 61

1 (1) ア (2) ウ (3) イ (4) ウ (5) イ (6) ア

2 (1) were (2) washing (3) gave (4) studied (5) stopped

3 (1) came, ago (2) were, last (3) Did, clean, did (4) Were, wasn't (5) took, did

4 (1) Were they sick in bed?

(2) We were swimming in the lake.

(3) Jack did not〔didn't〕 have dinner at the restaurant.

(4) What did she study last night?

(5) There were two nice shops in this area.

5 (1) イ (2) オ (3) エ (4) ウ (5) ア

6 (1) There were some books on the desk.

(2) It was not raining at five.

(3) When did Tom do his homework?

7 (1) She was practicing〔playing〕 tennis (at school).

(2) No, she did not〔didn't〕.

(3) She was at〔in〕 the library.

8 (1) ウ (2) ア

解説

1 (1) 発音は [pleɪ] なので，語尾の発音としては [d] となる。[id] としないように注意。

2 (1) 主語が複数なので，be 動詞は were を使う。

(2) 過去進行形の文。

(3) give は不規則動詞。

(4) 語尾が「子音字＋y」。

(5) 語尾が「短母音＋子音字」。

3 (1) come は不規則動詞。「～前に」＝～ ago

(2) 「この前の～」＝last ～

(3) 一般動詞の過去の疑問文は「Did＋主語＋動詞の原形 ～?」で表し，did / did not〔didn't〕を使って答える。

(4) 過去進行形の疑問文は「Was〔Were〕＋主語＋-ing 形 ～?」で表す。be 動詞は主語に応じて was と were を使い分ける。

(5) 一般動詞の過去形の疑問文で，主語が疑問詞のときは，「疑問詞＋過去形〜?」で表し，ふつう「主語＋did.」で答える。take は不規則動詞。

4 (1) 疑問文は，be 動詞を主語の前に置く。

(3) had は不規則動詞 have の過去形。

(4)「彼女は昨夜，何を勉強しましたか。」

(5) be 動詞は，後に続く名詞に合わせて was と were を使い分ける。

5 (1)「ジョンは昨日，ひまでしたか。」

(2)「ジョンは公園で何をしていましたか。」

(3)「だれがジョンと歩いていましたか。」

(4)「だれがこの前の土曜日にあなたの家を訪れましたか。」

(5)「ジョンはあなたの手助けを必要としていましたか。」

! ココに注意

疑問詞のある疑問文には yes，no では答えない。

6 (1)「いくつかの」＝some

(2)「〜時に」は「at＋時刻」で表す。

7 (1)「メアリーは 11 時に何をしていましたか。」

(2)「メアリーは午前中に散歩しましたか。」

(3)「メアリーは 4 時にどこにいましたか。」

スクリプト

8 (1) *Jane*：Ken, I called you last night. But you didn't answer.

Ken：Really? I didn't go out yesterday. What time did you call me?

Jane：At about nine.

Ken：I see. I was taking a bath then.

Question：What was Ken doing at nine?

(2) *Nana*：This lunch is very good, Mark.

Mark：My mother and I made it for you, Nana.

Nana：That's great. Thank you very much.

Mark：You're welcome.

Question：Who made lunch for Nana?

スクリプト全訳

8 (1) ジェーン：ケン，昨夜電話したのよ。でも，あなたは電話に出なかったわね。

ケン：本当に？ 昨日は出かけてないよ。何時に電話したの？

ジェーン：9 時ごろよ。

ケン：なるほど。そのときは風呂に入っていたんだ。

質問：ケンは 9 時に何をしていましたか。

(2) ナナ：このお昼ご飯はとてもおいしいわ，マーク。

マーク：お母さんとぼくとで，きみのために作ったんだよ，ナナ。

ナナ：すごいわね。どうもありがとう。

マーク：どういたしまして。

質問：だれがナナのためにお昼ご飯を作りましたか。

STEP 3 発展問題

本冊 ⇨ pp.62 〜 63

1 (1) イ　(2) ア　(3) ウ

2 (1) Were, was　(2) Who, were

(3) What, bought

(4) Did, didn't, visited

3 (1) Were there any apples in the basket?

(2) My sister was absent from school

(3) were cleaning their classroom at that time

(4) drank two glasses of milk this

4 (1) ア：loved　(2) ウ：eat

(3) イ：were　(4) イ：wrote

5 (1) He listened to music.

(2) They were playing〔practicing〕 tennis (then).

6 (1) It was very hot last week.

(2) I did not〔didn't〕 do my homework last night.

(3) Were you washing this car (at) about five?

7 (1) ① went　② found　③ sitting　⑤ ran

(2) ウ　(3) イ

解説

1 (1) [id] の発音。ア [t]，ウ [d]。

(2) [e] の発音。イ [æ]，ウ [iː]。

(3) [ɔː] の発音。ア [ou]，イ [au]。

! ココに注意

主語が 3 人称単数で，語尾に -s がない read は過去形。

2 (1)「あなたは昨日の 9 時に勉強をしていたのですか。」「はい，していました。」

(2)「教室にはだれがいましたか。」「ジョージとケンジがいました。」

(3)「あなたはその店で何を買いましたか。」「私はそこでこのカメラを買いました。」buy は不規則動詞，過去形は bought。

(4)「ヘンリーは先月，オーストラリアを訪れましたか。」「いいえ，訪れませんでした。彼はニュージーランドを訪れました。」

3 (2)「～を休む」= be absent from ～
absent は形容詞なので，didn't が不要。
(3)「そのとき」= at that time
(4) drink は不規則動詞，過去形は drank。

4 (1) love, like, know などの，感情や状態を表す動詞はふつう進行形にしない。
(4) 疑問詞が主語の文では，助動詞の do〔does, did〕を使わない。

5 (1)「少年は昨夜，何をしましたか。」
(2)「少女たちは 3 時に何をしていましたか。」

6 (1) 天気や気温の寒暖などは it を主語にする。
(2) 本動詞の do を忘れないように注意。
(3)「～を洗う」= wash

7 (1) ①，②，⑤ 過去形。いずれも不規則動詞。
③ 前の was から，過去進行形の文。
(2) 直前の「話しかけたが」とつながるもの。
(3) イ「南公園の池の近くに年配の女性がいました。」

全訳

新潟－『少年が南公園で年配の女性を救いました。』

中学生のヤマダマサオ君は，朝の 6 時に起きて，彼のイヌと公園に行きました。彼らは公園で散歩をしていました 。突然，イヌがほえました。マサオ君は池のそばに年配の女性を見つけました。彼女は地面に座っていて，顔は青ざめていました。彼は「彼女は具合が悪いのだ。」と思いました。マサオ君はその女性に話しかけましたが，彼女は答えませんでした。彼は道路のほうに走りました。彼はそこにいた男性に「救急車を呼んでください。」と言いました。

マサオ君によると，「彼女はぼくのおばあちゃんよりも年上なので，とても心配しました。もう彼女は大丈夫です。」とのことです。

3 未来表現 / 接続詞

STEP 1 まとめノート

本冊 ⇨ pp.64 ～ 65

1 ① 未来　② 原　③ not　④ 推量　⑤ 原
⑥ not

Check! ❶ I am〔I'm〕 going to take a bath soon.
❷ Maki is going to make a cake next Sunday.
❸ ⓐ Will Mike do it?
ⓑ Mike will not〔won't〕 do it.
❹ ⓐ Will he visit us?
ⓑ He will not〔won't〕 visit us.

2 ⑦ 等位　⑧ and　⑨ or　⑩ 従属　⑪ and
⑫ but　⑬ or　⑭ can　⑮ that

解説

1 Check! ❶ ❷ be going to を使った未来の表現。be going to は近い未来(予定)を表し，「今からもう，そうなろうとしている；そうしようとしている」の意味になる。また，文脈によっては，「～しよう」「～するつもりである」という意志を表すこともある。

❸ ❹ will は「～するだろう」の意味で，単純に未来のことを推量する表現だが，自分について述べるときは「～するつもりだ」と意志未来になることもある。

2 ⑧「命令文＋，and ～」の文は条件を表す接続詞の if を使ってほぼ同じ意味の文に書きかえることができる。Hurry up, and you will catch the train.（急ぎなさい，そうすれば電車に間に合いますよ。）は，If you hurry up, you will catch the train.（急げば，電車に間に合いますよ。）のように表現してもほとんど同じ意味になる。

⑨「命令文＋，or ～」の文も条件を表す接続詞の if を使ってほぼ同じ意味の文に書きかえることができる。Study hard, or you will not pass the exam.（一生懸命勉強しなさい，そうしないと試験に通りませんよ。）は，If you don't study hard, you will not pass the exam.（一生懸命勉強しないなら，試験に通りませんよ。）のように表現してもほとんど同じ意味になる。

⑩ 従属節が主節よりも前に置かれるときは，従属節の後にコンマ〈，〉が必要だが，主節が前で従属節が後に続くときは，コンマは不要。

STEP 2 実力問題

本冊 ⇨ pp.66 ～ 67

1 (1) are, going, play
(2) Will, come, won't
(3) If, is, will　(4) Shall, let's

(5) not, but　(6) Either, or, is

2 (1) will, read　(2) Is, she, going
(3) will, not　(4) Both, and, like
(5) When, I, was

3 (1) ⓐ すぐに出発しなさい，そうすれば間に合いますよ。
ⓑ すぐに出発しなさい，さもないと遅刻しますよ。
(2) ⓐ 私は病気だったので，学校に行きませんでした。
ⓑ 私は病気だったけれど，学校に行きました。

4 (1) イ　(2) ア　(3) エ　(4) オ　(5) ウ

5 (1) I am not going to go
(2) not only English but also French
(3) Practice soccer as hard as you can.
(4) will you do if it rains
(5) was so hungry that I ate

6 ① 動物園　② 駅　③ 8(時) 30(分)
④ 土

解説

1 (2) will の疑問文は will を主語の前に置き，「Yes, 主語＋will.」/「No, 主語 ＋ will not〔won't〕.」で答える。won't は [wóunt] と発音する。
(3)「条件」を表す従属節の中では，未来のことも現在形で表す。
(4)「(私たちが)～しませんか。」と相手を誘うときは，Shall we ～? で表す。この文には，Yes, let's. / No, let's not. と答える。
(5)「A でなくて B」= not A but B
(6)「A かまたは B」= either A or B，この表現が主語になるときは，動詞は B の数・人称に合わせる。

2 (1) 未来の文は「be going to ＋ 動詞の原形」または「will ＋ 動詞の原形」で表す。ここでは空所の数から will を使う。
(2) be going to の疑問文は，be 動詞を主語の前に置く。
(3) I'll は I will の短縮形。will の否定文は will の後に not を置く。
(4) both A and B =「A も B も両方」
「ケンはイヌが好きです。ジョーもイヌが好きです。」→「ケンとジョーの二人ともイヌが好きです。」
(5) I lived in Osaka when I was seven. としても同じ意味。

3 (1) ⓐ「命令文＋, and ～」=「…しなさい，そうすれば～」 ⓑ「命令文＋, or ～」=「…しなさい，そうしないと～」
(2) ⓐ because =「～だから」 ⓑ though =「～だけれども」

4 (1) Shall I ～? =「～しましょうか。」には Yes, please. / No, thank you. で答える。
(2) be going to の疑問文には be 動詞を使って答える。
(3) Will you ～? =「～してくださいませんか。」には Yes, I will. / No, I won't. と答えることもできるが，承諾するときは All right. / Sure. / OK. を使うことが多い。

! ココに注意

(1) (5) Shall I ～? は，主語が I なので，自分がすることを申し出る言い方。Shall we ～? は主語が we なので，相手と一緒にすることを申し出る，つまり誘う言い方。

5 (1) be going to の否定文は，be 動詞の後に not を置く。
(2)「A だけでなく B も」= not only A but also B
(3)「できるだけ～」= as ～ as ... can　この文は possible(可能な)を使って，Practice soccer as hard as possible. と書きかえることができる。
(5)「たいへん～で…だ」= so ～ that ...

スクリプト

6 We're going to the zoo by train tomorrow. Please come to the station. We'll meet there at 8 : 30 in the morning. Don't come to school. OK? The train will leave at 8 : 45. If you cannot come, please call me. We can't buy lunch at the zoo, so bring lunch from home. If it is rainy tomorrow, we'll go there on Saturday next week.

スクリプト全訳

6 私たちは明日，電車で動物園に行きます。駅に来てください。朝の 8 時 30 分にそこに集合します。学校には来ないでください。いいですか？　電車は 8 時 45 分に出発します。もし来られない場合は，私に電話してください。動物園では昼食を買えませんので，家から昼食を持参してください。明日が雨の場合は，来週の土曜日にそこに行きます。

STEP 3 発展問題　本冊 ⇨ pp.68 ～ 69

1 (1) or　(2) Though　(3) and
(4) because　(5) if

2 (1) イ　(2) エ　(3) イ　(4) ウ　(5) ア

3 (1) Are you leaving not today but tomorrow?
(2) Won't you wait here till we come?

4 (1) is, not, going　(2) not, only, but
(3) Run, or　(4) so, that

5 (1) Shall I open the window?
(2) Where did you live when you were a junior high school student?
(3) Study as hard as you can〔possible〕.
(4) My sister will be ten (years old) next month.

6 (1) I'm, going, to　(2) イ　(3) ウ
(4) Because his team has only eight players now.

解説

1 (1)「ベスは音楽室か図書室のどちらかにいます。」
(2)「グリーンさんはお金持ちですが，幸せではありません。」
(3)「毎日練習しなさい，そうすれば，あなたはいい選手になりますよ。」
(4)「私には十分なお金がないので，この車を買うことができません。」
(5)「もしひまでしたら，私に電話をしてください。」

2 (1) busy は形容詞なので，be 動詞が必要。the day after tomorrow＝「あさって」
(2) be going to の後は動詞の原形が続く。tonight＝「今夜」
(3) 「時」や「条件」を表す従属節の中では，未来のことも現在形で表す。この snow は動詞で「雪が降る」の意味。snowy は形容詞なので，be 動詞が必要。
(4) 「ステージで踊りませんか。」「いいえ，やめておきましょう。」
(5) neither A nor B＝「A も B も～ない」，either A or B や neither A nor B が主語のとき，動詞はどちらも B の数・人称に合わせる。ここでは I に合わせることになる。「彼も私もこのコンピュータを使っていません。」

3 (1) not A but B の文にするので，but が不足している。
(2) 丁寧な依頼は Won't you ～? で表すことができる。till は「～するまで」，before は「～する前に」の意味なので，ここでは before が不要。

ココに注意

(1) go，come，leave，arrive などの，往来発着を示す動詞は，現在進行形で近い未来を表すことができる。特に go の場合は，be going to を使うと I am going to go to Tokyo. のように go が重複するので，現在進行形で代用することが多い。

---

4 (1) will と be going to の書きかえ。
(2)「その生徒はスペイン語と中国語を両方話せます。」→「その生徒はスペイン語だけでなく中国語も話せます。」
(3)「もし駅まで走れば，電車に乗れますよ。」→「駅まで走りなさい，そうしないと電車に乗り遅れますよ。」
(4) どちらも「メアリーはとても親切なので，みんな彼女が好きです。」の意味になる。

5 (1) 相手の意向を尋ねるときは，Shall I ～? を使う。
(4) 「来月」＝next month

6 (1) 空所の数から be going to を使う。
(2) 相手に何かをして欲しいと頼むときは，Will you ～? を使う。
(3) **ア**「トムはアメリカで野球チームに入っていました。」 **イ**「トムがケンタのチームのメンバーになれば，サトウ先生はうれしいでしょう。」 **ウ**「忙しくないとき，サトウ先生はトムに数学を教えます。」
(4) 「ケンタはなぜ新しいメンバーをさがしているのですか。」

全訳

トム：やあ，ケンタ。これから何をするの。
ケンタ：やあ，トム。ぼくは野球を練習するつもりだよ。きみは野球をするの？
トム：ぼくはアメリカにいたときに野球チームに所属していたんだ，だけど日本ではやってないな。
ケンタ：ぼくは新しいメンバーをさがしているんだ。ぼくのチームには，今 8 人しかいないんだ。
トム：困ったことだね。
ケンタ：もしきみが参加してくれたら，サトウ先生はうれしいだろうな。
トム：サトウ先生？　ぼくたちの数学の先生の？
ケンタ：うん。彼は野球が大好きなんだ。彼はひ

まなときに，ときどき一緒に野球の練習をするんだ。

トム：そうなんだ。

ケンタ：ぼくたちに加わらないかい？

トム：わかった。きみたちと一緒に野球をしよう。

4 比較表現

STEP 1 まとめノート

本冊 ⇨ pp.70 ～ 71

1 ① 同じ　② 異なる　③ -er　④ -est

Check! ❶ あなたは私の姉〔妹〕と同じ年齢です。

❷ 私はボブほど速く泳げません。

❸ earlier

❹ fastest

2 ⑤ more　⑥ most　⑦ 複　⑧ and　⑨ than　⑩ 単

Check! ❺ more slowly

❻ most important

解説

1 Check! ❶ この old は「年よりだ」という意味ではなく，比較の対象と年齢を比べる形容詞。

❷ not as ～ as ...「…ほど～ない」の「～」の部分に副詞が入った形。

❸ 後ろに than があることに注目。

❹ 直後に in his class という集団を表す語句があることに注目。副詞の最上級は the が省略されることもある。

2 Check! ❺ ❻ 比較的発音の長い副詞，形容詞は，前に more・most を置いて比較級・最上級を作る。

❺「私の母は私の父よりもゆっくりと話します。」

❻「平和がこの世界で最も大切なものです。」

STEP 2 実力問題

本冊 ⇨ pp.72 ～ 73

1 (1) faster　(2) young　(3) nicer

(4) most difficult　(5) best

2 (1) as pretty　(2) better　(3) of

3 (1) not, as, as　(2) more, money

(3) Who, earliest, does

(4) hotter, hotter

4 (1) easier than

(2) the most useful of

(3) like better

(4) not as tall as

5 ウ

6 (1) is one of the oldest cities in

(2) is more important than yours

(3) likes tulips the best of all flowers

(4) longer than any other river

7 Emi：ア　Jane：イ

Miki：エ　Cathy：ウ

解説

1 (3) e で終わる語の比較級・最上級は，-r，-st だけを付ける。

(5) well「よく，上手に」は不規則な比較変化をする。副詞の最上級では the を付けないこともある。

2 (3) 複数を表す名詞の前には of を，場所や範囲などを表す名詞の前には in を使う。

3 (2)「たくさんのお金(much money)」と考えてから，形容詞 much を比較級の more にする。

(3) 一般動詞の疑問文なので，主語に応じた do〔does〕を使って答える。

(4)「ますます～」=「比較級＋and＋比較級」

4 (1) (3) 比較級の文。

(2) 最上級の文。

(4)「…ほど～ない」= not as ～ as ...

5 比較表現は図表と組み合わせて出題されることが多い。ここでは 2 つの都市の 1 年間の平均気温の推移が示されている。

6 (4)「他のどの～よりも…だ」=「比較級＋than any other ＋単数名詞」 最上級を使って The Nile is the longest river in the world. とも表せる。

スクリプト

7 This is a picture of my friends. Jane is the tallest of the four. Emi is as tall as Cathy. Emi is wearing a nice hat. Miki is the youngest and shortest of all. I like them very much.

スクリプト全訳

7 これは私の友だちの写真です。ジェーンは 4 人の中でいちばん背が高いです。エミはキャシーと同じくらいの背丈です。エミはすてきな帽子をかぶっています。ミキはみんなの中でいちばん年下で，背が低いです。私は彼女たちが大好きです。

STEP 3 発展問題

本冊⇨pp.74～75

1 (1) am, heaviest, in　(2) higher, than

2 (1) I don't get up as early as Mike.
(2) Taro eats the most in our class.
(3) This country is becoming richer and richer.

3 (1) easier, than　(2) not, tall
(3) harder, than, boy
(4) as, old, as

4 (1) Ichiro can run the fastest of the five.
(2) My cat is prettier than yours.
(3) Lake Biwa is larger than any other lake in Japan.
(4) Who plays the piano the best in your class?

5 (1) Miho reads more books than Kazumi.
(2) Water is one of the most important things for us.
(3) Which does Maki like better, *sushi* or pizza?

6 (1) This movie was as exciting as that one〔movie〕.
(2) This bridge is the longest in this town.〔This is the longest bridge in this town.〕
(3) Which is larger〔bigger〕, America or Canada?

7 (1) do you like the best of
(2) エ
(3) Fall is.

解説

1 (1)「あなたとお父さんでは，どちらが(体重が)重いですか。」「私です。私は家族の中でいちばん(体重が)重いです。」
(2)「キリマンジャロ山は富士山よりもずっと高いのですか。」「ええ。キリマンジャロ山は5895メートルありますが，富士山は3776メートルです。」*B*の答えからhighを比較級にする。

2 (2)「大食」=「たくさん食べる(eat much)」と考える。

3 (1)「この問題はあの問題よりも難しいです。」→「あの問題はこの問題よりも簡単です。」
(2)「ケンはジョンよりも背が高いです。」→「ジョンはケンほど背が高くありません。」比較級はnot as ～ as ... を使っても書きかえられる。
(3)「あなたはクラスのすべての少年の中でいちばん熱心に勉強します。」→「あなたはクラスの他のどの少年よりも熱心に勉強します。」
(4)「私の両親は同じ年齢です。」→「父は母と同じ年齢です。」the same age =「同じ年齢」

4 (1) 最上級の文では，「of + 複数名詞」，「in + 単数名詞」。
(2) prettyは語尾が「子音字 + -y」で終わる語なので，-yを-iにかえて-erを付ける。
(3)「びわ湖は日本の他のどの湖よりも大きいです。」
(4)「上手に」はwell ― better ― bestと変化する。

5 (1)「たくさんの」manyはmany ― more ― mostと変化する。
(2)「～のうちのひとつ」と言うとき，「～」には複数名詞が入る。
(3) スシとピザのどちらのほうが好きなのかを尋ねる疑問文にする。

6 (1) 程度が同じ2つのものを示すときは，as ～ as ... を使う。「わくわくする」= exciting
(2) 3つ以上の中で程度がいちばん勝っていることを示すときは，最上級を使う。
(3) AとBの程度を比較するときは「Which + 比較級，A or B?」の形にする。

7 (1)「あなたは日本の四季の中では，どれがいちばん好きですか。」
(2)「ぼくたちはその季節に，より暖かい日と桜の花を楽しむことができるんだ。」
(3)「夏と秋では，どちらが日本人の間では人気がありますか。」に，「主語 + be動詞.」の形で答える。表から，秋のほうが人気がある。

全訳

ケンタ：きみは日本の四季の中でどれがいちばん好きなの。
ラジブ：ぼくは冬がいちばん好きだな。雪がとてもきれいだけど，インドにあるぼくの街には雪が降らないんだ。
ケンタ：なるほど。このグラフを見て。
ラジブ：わあ，日本人の間では春が最も人気のある季節なんだね。
ケンタ：ぼくたちはその季節に，より暖かい日と桜の花を楽しむことができるんだ。
ラジブ：日本人は桜の木の下で食べものを食べると聞いてるよ。

ケンタ：それは花見だね。きみも次の春にそれを楽しめるよ。

5 助動詞 / have to ～, had better ～

STEP 1 まとめノート
本冊⇨pp.76～77

1 ① can ② not ③ 許可 ④ 推量
⑤ 必要〔必然〕 ⑥ 必然〔必要〕 ⑦ 推量
⑧ 禁止
Check! ❶ テレビを見てもいいですか。
―いいえ，いけません。
❷ 明日，雨が降るかもしれません。

2 ⑨ must ⑩ has ⑪ had ⑫ have
Check! ❸ don't, have, to
❹ should, keep

解説

1 Check! ❶ ここでの may は「許可」，may not は「不許可」を表す。
❷「推量」を表す may で，「～かもしれない」の意味。

2 ⑩ 主語が He で 3 人称単数，現在の文なので，have ではなく has にする。
⑪ must は過去形を持たないので，had to で代用する。
⑫ must や can は助動詞で，未来を表す助動詞 will と一緒に使えないが，have to, be able to なら可能。
Check! ❹「助言」の意味なので，must よりも should がよい。「約束を守る」=keep one's promise

STEP 2 実力問題
本冊⇨pp.78～79

1 (1) may〔can〕, go (2) must, take
(3) are, able, to (4) should, take〔have〕
(5) had, better

2 (1) Yes, you may.
(2) No, he does not〔doesn't〕 have to. / No, he need not.
(3) Yes, she does.
(4) No, they are not〔aren't〕.

3 (1) I could not〔couldn't〕 open this box.
(2) We were able to take the first train.
(3) Masato had to go to bed at nine.

4 (1) ⓐ その話は本当であるに違いない。
ⓑ その話は本当であるはずがない。
(2) ⓐ あなた(たち)はその会議に出席してはいけません。
ⓑ 私たちはその会議に出席する必要はありません。

5 (1) She is not able to swim.
(2) My brother may be in the park.
(3) You had better not play this game
(4) We will have to go to school

6 (1) (例)May I use the〔your〕 computer?
(2) (例)better buy another book〔better not buy it〕

7 (1) ウ (2) エ

解説

1 (1)「～してもよい」= may(許可)
(2)「～しなければならない」= must(必要・必然)
「～の世話をする」= take care of ～
(3) 空所の数から be able to を使う。主語と時制に応じて be 動詞を使い分けることに注意。
(4) 助言の意味なので，should を用いる。「一休みする」= take〔have〕 a rest
(5)「～したほうがよい」=「had better + 動詞の原形」やや命令的な表現なので，目上の人には使わない。

2 (1) May I ～? =「～してもいいですか。」には may / may not で答える。
(2) must の疑問文は「～しなければなりませんか」の意味。
(3) 一般動詞の疑問文として考える。
(4) be 動詞の疑問文として考える。

! ココに注意

(2) Must ～? の疑問文に対して，「必要ない」と答えるときは，don't〔doesn't〕 have to ～ または，need not〔needn't〕を使う。
must not と答えると「～してはいけない」(禁止)の意味になる。

3 (1) can の過去形は could になる。ここでは否定文なので could not〔couldn't〕にする。
(3) must には過去形がないので，had to とする。

4 (1) ⓐ must =「～に違いない」(肯定的推量)
ⓑ cannot =「～のはずがない」(否定的推量)の意味がある。

(2) ⓐ must not =「～してはいけない」(禁止)

ⓑ need not =「～する必要はない」(不必要)

5 (1) be able to の否定文。be 動詞の後に not を置く。

(2) may =「～かもしれない」(推量)

(3)「had better＋動詞の原形」の否定形は，動詞の原形の前に not を置く。

(4) have to の前に will を置く。

! ココに注意

(4) 助動詞を 2 つ並べて使うことはできないので，時制を表す will が優先される。

will と must なら，will have to，will と can なら，will be able to となる。

6 (1)「その〔あなたの〕コンピュータを使ってもいいですか。」

(2)「あなたは別の本を買ったほうがいいです。〔あなたはそれを買わないほうがいいです。〕」

7 (1) ア「いいわよ。同級生と勉強するつもりなの。」イ「もちろん。もう図書館に行ってもかまわないわよ。」ウ「そうよ。宿題のために本を何冊か読まないといけないの。」エ「いいえ，その必要はないわよ。」

(2) ア「映画に行きましょうよ。」イ「あなたはそれを見ないほうがいいわ。」ウ「あなたとその映画を見てもいいかしら。」エ「ストーリーについて私に教えてくれないかしら。」

スクリプト

(1) *Man*：Where are you going?
Woman：I'm going to the library.
Man：Are you going to study there?

(2) *Man*：Did you see that American movie on TV last night?
Woman：No, I didn't. Did you like it?
Man：Yes. It was very exciting.

スクリプト全訳

(1) 男性：どこに行くんだい？
女性：図書館に行くのよ。
男性：そこで勉強するの？

(2) 男性：昨夜，テレビであのアメリカ映画を見たかい？
女性：いいえ，見ていないわ。よかった？
男性：うん。とてもわくわくしたよ。

STEP 3 発展問題

本冊 ⇨ pp.80 ～ 81

1 (1) イ (2) ア (3) ウ (4) イ

2 (1) She doesn't have to wash the dishes.

(2) He may be absent from school

(3) Can it be a true story?

3 (1) has, to (2) Is, able (3) must, not

4 (1) ウ：finish (2) ア：had

(3) イ：couldn't

5 (1) May〔Can〕I eat this cake?

(2) It must be sunny tomorrow.

(3) I had to go to school last Sunday.

(4) You had better not do the work.

(5) I enjoyed reading an interesting book. You should read it.

6 (1) ① イ ⑥ イ

(2) よく眠れずに，朝早く起きられない

(3) 朝起きたら外に出て，太陽の光を浴びること。

(4) fourteen (5) had better have light from

解説

1 (1)「あなたのお父さんの車を使ってもいいですか。」「いいえ，いけません。」may の疑問文にはふつう may / may not で答えるが，強く禁止するときは must not〔mustn't〕を使う。

(2)「メアリーは日本に来たときは納豆が食べられませんでしたが，今は食べられます。」空所の直後に to があるので，couldn't ではなく wasn't able を選ぶ。

(3)「今，部屋を掃除しなければなりませんか。」「いいえ，その必要はありません。」

(4)「私たちは来週，ロンドンに滞在しなければならないでしょう。」

2 (2) must が不要。「～を欠席する」= be absent from ～

(3) can は疑問文で「～だろうか」の意味で使うことができる。

3 (1) 主語が 3 人称単数なので，has to を使う。

(2) be able to の be 動詞は，主語と時制に応じて使い分ける。

(3)「この湖で泳いではいけません。」

4 (1) 助動詞の後の動詞は必ず原形になる。

(2) at once =「すぐに」

(3) 過去の文なので，can't を過去形にする。

5 (1) 許可を求めるときは，May〔Can〕I ～? を使う。

(2) 「～に違いない」という，肯定的推量は must を使う。

(3) must には過去形がないので，had to を使う。

(5) 「～を読んで楽しかった」は「～を読むのを楽しんだ」として enjoyed reading ～ とする。文脈から「～を読むべきだ」は助言の内容なので，should がよい。

6 (3) 直前の 1 文の内容。

(4) 直後に例として，朝 7 時に太陽の光を浴びると，14 時間後の夜の 9 時に眠くなる，とある。

全訳

夜によく眠れていますか。あなたは毎晩何時間もテレビゲームをしたりテレビを見たりしているかもしれません。多くの生徒がよく眠れず，朝早く起きられないのです。もしあなたが同じ問題を抱えているなら，この考えを聞いてください。

朝起きたときに，外に出て太陽の光を浴びなさい。もしそうすれば，夜によく眠ることができるでしょう。なぜか分かりますか。あなたの体内時計が働いているからです。朝起きて太陽の光を浴びると，あなたの体内時計は脳にメッセージを送ります。そのあなたへのメッセージはこうです「あなたは 14 時間後に眠くなるでしょう」。たとえば，朝 7 時に起きて太陽の光を浴びたら，あなたは 9 時に眠くなります。

あなたは朝に太陽の光を浴びたほうがよいのです。これは簡単なことですよね。難しいことをする必要はないのです。さあ，毎朝太陽の光を楽しみましょう。

6 不定詞

STEP 1 まとめノート

本冊 ⇨ pp.82 ～ 83

1 ① to ② 副 ③ 目的 ④ enough ⑤ too

Check! ❶ I went to bed at nine to get up early.

❷ Bob came to Japan to learn Japanese.

❸ 星を見るのに十分暗いです。

❹ あなたはあまりに若いので車を運転することができません。〔あなたは車を運転するにはあまりに若すぎます。〕

❺ 私はあまりに忙しいのでテレビを見ることができません。

2 ⑥ 名 ⑦ it ⑧ 形容 ⑨ how

Check! ❻ We want to play baseball.

❼ To read the book is difficult〔hard〕.

❽ My dream is to go to France.

❾ It was not〔wasn't〕 easy to do the work.

❿ It is important to understand each other.

⓫ 私は何か飲み物が欲しいです。

⓬ 彼女はここに来た最初の女の子でした。

解説

1 Check! ❸ it は時間や天候，明暗などを表すときに使う主語。

❺ 「～するにはあまりにも…すぎる」と訳してもよい。

2 Check! ❻ 不定詞の名詞的用法が動詞 want の目的語になる文。「～したい」は want to *do*。

❼ 不定詞の名詞的用法が主語になる文。不定詞は単数として扱うので，文の動詞を is にすることに注意。この文は，仮の主語の it を使って，It is difficult to read the book. とも表せる。

❽ 不定詞の名詞的用法が補語になる文。

❾「その仕事をすることは簡単ではなかった。」

❿「お互いを理解することは重要です。」

⓫「飲むための何か」なので，「何か飲み物」とすると自然。「何か冷たい飲み物」と言うときは something cold to drink の語順になる。cold something という言い方はしない。

STEP 2 実力問題

本冊 ⇨ pp.84 ～ 85

1 (1) to, buy〔get〕 (2) to, drink

(3) likes, to, play (4) too, difficult, to

(5) how, to, use (6) It, for, to

2 (1) To play video games is interesting.

(2) Kyoto has a lot of places to visit.

(3) Go to bed now to get up early tomorrow.

(4) We decided where to go tomorrow.

(5) Mike was strong enough to carry the heavy bag.

3 (1) **私はいつあなたに電話すればいいのか知りたいです。**

(2) **私たちはマリコと話すために立ち止まりました。**

(3) **この部屋には座るためのイスがありません。**

(4) **私は昨日，あまりに具合が悪かったので，外出できませんでした。**

4 (1) It is important to study hard.

(2) My brother has many friends to play with.

(3) are old enough to go to

(4) They didn't know what to do next.

5 (1) To be〔become〕 an English teacher.

(2) She likes to play the piano.

6 (1) イ　(2) ア

解説

1 (1) (2) (3) それぞれ副詞的用法，形容詞的用法，名詞的用法だが，どの用法でも不定詞は必ず「to＋動詞の原形」の形になる。

(4) 「あまりに…なので〜できない」＝「too ＋形容詞＋to 〜」

(5) 「〜のしかた」＝how to *do*

(6) To swim in the lake was fun for us. とも表せるが，名詞的用法の不定詞を使った主語の部分が長くなるときは，仮の主語の it を文頭に置き，不定詞を後置することが多い。

! ココに注意

(6) 仮の主語の it を使った表現では，「for ＋人」を不定詞の前に置いて，不定詞の動作主を示すことができる。

It is fun **for me** to play the guitar.

(私にとってギターを弾くことは楽しいです。)

2 (1) 「テレビゲームをすることはおもしろいです。」(名詞的用法・主語)

(2) 「京都には訪れるべき場所がたくさんあります。」(形容詞的用法)

(3) 「明日早く起きるために，もう寝なさい。」(副詞的用法・目的)

(4) 「私たちは明日どこに行くか決めました。」

(5) 「マイクはその重いかばんを運べるくらい十分に強かった。」「形容詞＋enough to 〜」＝「〜するのに十分に…」

3 (1) when to 〜＝「いつ〜するのか」

(2) stop は目的語に不定詞をとらない。

(3) to sit on と前置詞があることに注意。「〜に座る」は sit on 〜と表現するので，この on を省略することはできない。

(4) 「too＋形容詞＋to 〜」＝「あまりに…なので〜できない」

! ココに注意

(2) stop の後の〈to＋動詞の原形〉は，名詞的用法ではなく，stopped(立ち止まった)を修飾する副詞的用法。

4 (1) 仮の主語を使わなければ，To study hard is important. になる。

(2) 「〜と遊ぶ」は play with 〜 なので，「一緒に遊ぶ友だち」→「遊び友だち」と表現する場合，friends to play with の with は省略できない。

(3) 「〜するのに十分…」＝... enough to 〜

(4) 「何を〜するのか」＝what to 〜

5 (1) 「メグはなぜ毎日英語を勉強するのですか。」 Because she wants to be〔become〕 an English teacher. でもよい。

(2) 「メグは何をするのが好きですか。」 She likes to play with cats. でもよい。

スクリプト

6 (1) *A*：Mom, I want to eat a hamburger and an apple for lunch.

B：OK, Mike. Well, which do you want to drink, orange juice or milk?

A：Milk, please.

Question：What does Mike want for lunch?

(2) *A*：Hi, Tom. Did you see John?

B：No, I didn't. Did you go to his classroom?

A：Yes, but he wasn't there. I want to go home, but he has my notebook. I need it to study math.

B：He may be in the music room. He often plays the piano there.

A：OK. I will go there.

Question：Why is the girl looking for John?

スクリプト全訳

6 (1) A：お母さん，昼ごはんにはハンバーガーとリンゴを食べたいよ。

B：わかったわ，マイク。それで，オレンジジュースとミルクでは，どちらを飲みたい？

A：ミルクがいいな。

質問：マイクは昼食に何を欲しがっていますか。

(2) A：こんにちは，トム。ジョンを見た？

B：いいや，見なかったよ。彼の教室には行ったのかい？

A：ええ，でもいなかったわ。帰りたいんだけど，彼が私のノートを持っているのよ。数学の勉強をするために必要なの。

B：音楽室にいるかもしれない。彼はそこでピアノをよく弾いているよ。

A：わかった。行ってみるわ。

質問：その少女はなぜジョンをさがしているのですか。

STEP3 発展問題

本冊 ⇨ pp.86 ～ 87

1 (1) home to take care of her
(2) they are too difficult for us to solve
(3) Do you have anything to write with?
(4) Tell me what to do next.
(5) I want to become a scientist in

2 (1) オ　(2) エ　(3) イ
(4) ア　(5) ウ

3 (1) to, do　(2) It, to　(3) to, take
(4) too, to　(5) where, to

4 (1) Is it easy for you to speak English?
(2) Jane went to the library to do her homework.
(3) He is rich enough to buy〔get〕this house.
(4) Do you know how to make〔cook〕curry?

5 (1) ア
(2) ⓐ イ　ⓑ ウ　ⓒ ア
(3) 私は宇宙飛行士になるために科学を一生懸命勉強することに決めました。
(4) ウ

解説

1 (1) A「昨夜，夏祭りに行きましたか。」
B「いいえ。妹の具合が悪かったのです。だから，昨夜は彼女の世話をするために家にいました。」
(2) A「これらの問題が解けません。」 B「わあ，それらは私たちには難しすぎて解けませんね。」
(3) A「筆箱を家に忘れてしまいました。書くものを持っていますか。」 B「ありますよ。この鉛筆を使ってもいいですよ。」
(4) A「次に何をすればいいのか教えてください。」
B「次に教室の掃除をしなければなりません。」
(5) A「私の夢は医者になることです。あなたはどうですか。」 B「私は将来，科学者になりたいです。」

2 (1)「海で泳ぐのに十分暖かい。」
(2)「父の仕事はタクシーを運転することです。」
(3)「ケイトはあまりに忙しかったので，テレビを見ることができませんでした。」
(4)「私はたくさんお金を得るために，一生懸命働きました。」
(5)「いつ始めればよいか知っていますか。」

3 (1)「私にはたくさん宿題があります。今日それをしなければなりません。」→「私には今日すべき宿題がたくさんあります。」不定詞の形容詞的用法で書きかえる。
(2)「サッカーをすることはとてもわくわくします。」仮の主語の it を使った文で書きかえる。
(3)「エイミーは動物の写真を撮りたいので，動物園に行くつもりです。」→「エイミーは動物の写真を撮るために，動物園に行くつもりです。」不定詞の副詞的用法で書きかえる。
(4)「私はあまりに疲れていたので歩けませんでした。」「so＋形容詞＋that ... couldn't」の文から，「too＋形容詞＋to ～」の文へ書きかえる。
(5)「どこでバスに乗れますか。私はその場所を知りたいです。」→「私はどこでバスに乗ればいいのか知りたいです。」「疑問詞＋不定詞」で書きかえる。

4 (1) It を使わないなら，Is to speak English easy for you? とすることもできる。
(2) 目的は不定詞の副詞的用法で表現する。目的の意味を強調したいときには，Jane went to the library **in order to** do her homework. のようにすることもできる。in order to ～＝「～するために」
(3) enough は形容詞の後に置く。
(4)「～のしかた」＝how to ～

5 (2) ⓐ 副詞的用法。ⓑ 名詞的用法。ⓒ 形容詞的用法。
(3) decide to ～＝「～する決心をする」
(4) **ア**「ユミは来月，学園祭に行かないでしょう。」
イ「サイモン先生は自分の好きな本について話すことが好きです。」
ウ「ユミは上手に英語を話せるので，英語で自分の意見を述べるでしょう。」
エ「サイモン先生は科学に関する本を書くつも

りです。」

全訳

ユミは中学生です。彼女は学校の外国語指導助手のサイモン先生と話しています。

ユミ：私は来月学園祭で行われる英語スピーチコンテストに参加するつもりです。

サイモン先生：おお，それはいいね。

ユミ：私は英語が好きですが，どうやって英語でスピーチをすればいいか分からないんです。

サイモン先生：何について話すつもりだい？

ユミ：私の好きな本について話すつもりです。それは日本人宇宙飛行士についての本です。

サイモン先生：きみは宇宙に興味があるのかい？

ユミ：はい，あります。私はよく星を見るために山に行きます。その本から宇宙飛行士について学んだとき，私は自分の将来について考え始めました。私は宇宙飛行士になるために，科学を一生懸命勉強すると決めました。

サイモン先生：きみにはコンテストで話すことがたくさんあるじゃないか。きみは自分の意見を英語で述べるのに十分なほど英語をうまく話せているよ。

ユミ：ありがとうございます，サイモン先生。

7 SVCとSVOO / 前置詞

STEP 1 まとめノート

本冊 ⇨ pp.88 ～ 89

1 ① 形容　② 名　③ 間接　④ to　⑤ for

Check! ❶ smells　❷ became〔got〕

❸ to　❹ for

2 ⑥ on　⑦ before　⑧ during　⑨ on

⑩ into　⑪ from　⑫ by　⑬ about　⑭ in

Check! ❺ at　❻ on　❼ for　❽ in　❾ by

❿ with

解説

1 Check! ❶「～なにおいがする」という意味の smell を使う。補語は good。

❷「become＋形容詞」は「～になる」の意味。「get＋形容詞」で表してもよい。be 動詞を用いて I was tired. とすると，「私は疲れていた。」という意味で，単に過去の状態を表すだけで，「疲れていない」状態から「疲れている」状態への状態変化は表すことができない。become や get はこの状態変化を表すことができる。

❸「彼女はボブにその話を伝えました。」tell は to を用いて「～(人)に」を表す。She told Bob the story. でも同じ内容を表す。

❹「父は私にイスを作ってくれました。」made は for を用いて「～(人)に」を表す。My father made me a chair. でも同じ内容を表せる。

2 Check! ❺「私は昨夜6時に夕食を食べました。」時刻を表す at。

❻「私たちは6月20日にパーティーをします。」月日を表す on。

❼「ジョンは2時間テレビを見ました。」期間を表す for。

❽「私は3年前カナダに住んでいました。」広い地域・空間を表す in。

❾「父は自転車で通勤します。」交通手段を表す by。

❿「トムは姉〔妹〕と一緒にテニスをしました。」「～と一緒に」を表す with。

STEP 2 実力問題

本冊 ⇨ pp.90 ～ 91

1 (1) in，of　(2) out，after

(3) for，on　(4) Study，English

(5) became〔got〕，sick　(6) teaches，them

2 (1) My uncle gave me a watch.

(2) I sent some pictures to John yesterday.

(3) I taught English to him.

(4) My father made a doghouse for our dog.

3 (1) ⓐ 彼女は昨日，とても疲れていました。

ⓑ 彼女は昨日，とても疲れているように見えました。

(2) ⓐ ケンは白いイヌを見ていました。

ⓑ ケンは彼のイヌをさがしていました。

4 (1) Mari made tea for her parents.

(2) Judy is proud of her job.

(3) That shop opens from Monday to Thursday.

(4) difficult for me to speak in

(5) Please bring me something to eat.

5 (1) show　(2) buy　(3) get

(4) look　(5) with　(6) from

6 (1) ウ　(2) イ

解説

1 (1)「～の前に」=in front of ～
(2)「～から外へ」=out of ～
(3)「～に向かう」=leave for ～
(5)「～になる」=become〔get〕～
(6)「～に…を教える」=teach＋人＋物

2 (1)「give＋人＋物」=「～に…を与える」
(2)「send＋人＋物」=「～に…を送る」を前置詞 to を使って，「send＋物＋to＋人」で表す。

3 (1) ⓑ look ～=「～に見える」
(2) ⓐ look at ～=「～を見る」 ⓑ look for ～=「～をさがす」

4 (1) for があるので「make＋物＋for＋人」の語順にする。for を使わなければ，Mari made her parents tea. になる。
(2)「～を誇りに思う」=be proud of ～
(3)「～から…まで」=from ～ to〔through〕...
(4)「(人にとって)…することは～だ」=It is ～(for＋人)＋to ....
(5) 命令文に please を付けると，丁寧な表現になる。「人に物を持ってくる」=「bring＋人＋物」，「何か食べるもの」は不定詞の形容詞的用法を使って表す。

5 (1)「私は明日，あなたに私の新しい自転車を見せましょう。」「show＋物＋to＋人」=「人に物を見せる」
(2)「あなたはボブに誕生日ケーキを買いましたか。」「buy＋物＋for＋人」=「人に物を買う」
(3)「すぐに暗くなるでしょう。」「get＋形容詞」=「～になる」
(4)「あなたは先生のように見えます。」look の後に名詞を続けたいときは，like が必要になる。「look like＋名詞」=「～のように見える」
(5) with ～=「～を持っている」
(6) be absent from ～=「～を欠席する」

6 (1) ウ「わかりました。公園に行きましょう。」
(2) イ「良い気分でした。またしたいです。」

スクリプト

(1) *A*：It's noon now.
B：I made sandwiches for lunch.
A：It's fine today, so I want to have them outside.

(2) *A*：What did you do last Sunday?
B：I cleaned the beach as a volunteer.
A：How did you feel?

スクリプト全訳

(1) A：もう正午ですね。
B：昼食にサンドイッチを作りましたよ。
A：今日は天気がいいので，外で食べたいです。

(2) A：この前の日曜日に，何をしましたか。
B：私はボランティアとして海岸を掃除しました。
A：どんな気分でしたか。

STEP 3 発展問題

本冊 ⇨ pp.92～93

1 (1) エ (2) イ (3) ウ
2 (1) イ (2) エ (3) ア
3 (1) teaches, us (2) before, dinner
(3) During, stay
4 (1) ウ (2) ア (3) エ
(4) オ (5) イ
5 (1) by (2) Here (3) through
6 (1) I was laughed at by my friends.
(2) I have to finish my report by tomorrow.
7 (1) She also sent me some pictures.
(2) ⓐ エ ⓑ ア ⓒ ウ
(3) 日本では，ふつう，生徒が自分たちで学校を掃除すること。

解説

1 (1) SVOO の文型をとれるのは，ア～エでは tell のみ。「私は彼に自分の名前を教えました。」
(2) look の後には形容詞がくる。a little は形容詞 sad を修飾する副詞。「カオリは少し悲しそうです。」
(3)「cook＋人＋物」または「cook＋物＋for＋人」になるものを選ぶ。「昨夜，だれがあなたに夕食を作りましたか。」

2 (1) 前置詞の後の代名詞は目的格になる。
(2)「ペンがありません。何か書くものを貸してください。」道具を表す with。
(3) be popular among ～=「～の間で人気がある」

3 (1)「スミス先生は私たちの英語の先生です。」
→「スミス先生は私たちに英語を教えます。」
(2)「私は風呂に入った後で夕食を食べました。」
→「私は夕食前に風呂に入りました。」
(3)「ロンドンに滞在している間，私はサッカーの試合をたくさん見ました。」

4 (1)「テーブルの上のかごはアメリカ産のオレンジでいっぱいです。」 be full of ～=「～でいっぱいである」

(2)「たくさんの人がトムの誕生会に出席していました。」 be present at ～=「～に出席する」

(3)「おじは私のためにすてきな自転車を買ってくれました。」 buy ～ for ... =「…に～を買う」

(4)「マリとユリは英語部に所属しています。」 belong to ～=「～に所属する」

(5)「その手紙はカナダにいる兄によって書かれました。」 by は受動態の行為者を示す前置詞。

5 (1) buy, by はともに [bái]。

(2) hear, here はともに [híər]。

(3) threw(throw の過去形), through はともに [θrúː]。

6 (1) A「ジュンコ，あなたは悲しそうね。」B「友だちに笑われたの。」 laugh at ～=「～を笑う」を受動態にした文。

(2) A「今日はひまかい？」B「いや。明日までにレポートを終えなければいけないんだ。」 期限を表す by と継続を表す till〔until〕の違いに注意。ここでは till が不要。

7 (1)「～も」=also は動詞の前に置く。

(2) ウ 「sound＋形容詞」=「～に聞こえる」

(3) 直前のユミの発言を参照。

全訳

ジュディ：ユミ，うれしそうね。

ユミ：ええ。日本にいる私の友達から手紙をもらったの。何枚かの写真も送ってくれたわ。これが日本にある私の学校よ。

ジュディ：あなたの学校には何人の生徒がいるの？

ユミ：約 1000 人の生徒がいるわ。

ジュディ：あなたの学校はなんて大きいのかしら。私の学校は 200 人しか生徒がいないわ。わあ，次の写真では彼らは何をしているの？

ユミ：彼らは自分たちの教室を掃除しているの。日本では，ふつう，生徒が自分たちで学校を掃除するのよ。

ジュディ：本当に？ それは興味深いわ。まあ，この写真を見て。彼らはテニスをしているわ。

ユミ：彼らは私の友だちよ。私はテニス部のメンバーだったの。私はここでテニスをしたいけど，今はテニスラケットを持っていないの。

ジュディ：心配しないで。私のラケットを使っていいわよ。少し古いけど，いいラケットなのよ。もしテニスをしたかったら，放課後，公園に私に会いに来て。あなたはそこでテニスができるわ。

ユミ：それはいいわね。後で会いましょう。

8 動名詞

STEP 1 まとめノート

本冊 ⇨ pp.94 ～ 95

1 ① ing ② 目的 ③ 主 ④ 補 ⑤ 前置 ⑥ 動名 ⑦ 不定 ⑧ 動名

Check! ❶ watching ❷ writing ❸ running ❹ thinking ❺ saying ❻ sitting ❼ swimming ❽ to visit ❾ writing ❿ to become

解説

1 Check! ❷ -e で終わる単語なので，e を取って -ing を付ける。

❸「短母音＋子音字」なので，子音字 n を 2 つ重ねて -ing を付ける。動名詞は「動詞の原形＋ing」で，進行形で使う現在分詞と同じ形になる。

❼「私たちは海で泳ぐのを楽しみました。」enjoy *doing* で=「～することを楽しむ」。

❽「彼女は北海道を訪れることを望んでいます。」 hope to *do* =「～することを望む」

❾「私は手紙を書き終えました。」 finish *doing* =「～し終える」

❿「彼は医者になろうと決心しました。」 decide to *do* =「～する決心をする」

STEP 2 実力問題

本冊 ⇨ pp.96 ～ 97

1 (1) Speaking, is (2) watching, took (3) finished, writing (4) to, go

2 (1) playing (2) visiting (3) to become (4) doing (5) of using

3 (1) raining (2) at, singing (3) enjoyed, seeing (4) is, collecting

4 (1) Swimming, dangerous (2) watching, Wednesday

5 (1) ⓐ ジェーンは今，ピアノを弾いています。 ⓑ ジェーンの趣味はピアノを弾くことです。

(2) ⓐ **私たちはマイクと会話をするために立ち止まりました。**

ⓑ **私たちはそのとき会話をするのをやめました。**

6 (1) Running is good for your health.

(2) I'm looking forward to seeing you.

(3) Do you remember meeting him?

(4) He doesn't mind making mistakes.

7 (1) イ　(2) ウ

解説

1 (1) 動名詞が主語の文。

(2) 前置詞の後の動詞は，動名詞にする。

(3)「～し終える」= finish *doing*

(4)「～したい」= want to *do*

!ココに注意

(1) 主語になる動名詞は単数として扱う。

2 (1) like *doing* =「～することを好む」

(2) enjoy *doing* =「～することを楽しむ」

(3) hope to *do* =「～することを望む」

(5) be fond of *doing* =「～するのが好きである」

3 (1) start〔begin〕は不定詞・動名詞のどちらも目的語にとることができる。

(3)「私は劇場で映画を見ました。それは楽しかった。」→「私は劇場で映画を見て楽しみました。」

(4)「ジョーは切手を集めます。それは彼の趣味です。」→「ジョーの趣味は切手を集めることです。」

4 (1)「湖で泳ぐことは危険です。」の文に。

(2)「私たちは水曜日に野球の試合を見て楽しむでしょう。」の文に。

5 (1) ⓐ 現在進行形の文。　ⓑ 動名詞が補語の文。

(2) ⓐ stop to *do* =「～するために立ち止まる」，この不定詞は動作の目的を表す副詞的用法。

ⓑ stop *doing* =「～することをやめる」

6 (3)「～したことを覚えている」= remember *doing*

(4)「～することを気にする」= mind *doing*

!ココに注意

(2) look forward to doing の to は不定詞の to ではなく，前置詞の to。だから，to の後ろには名詞の役割をする動名詞が続く。

スクリプト

7 Today I'm going to talk about popular things to do in our free time. I often go to the library when I am free. I enjoy reading books there. How about you? In our class, what is the most popular thing to do, playing sports, listening to music or reading books? Do you know the answer? Listening to music is the most popular thing. Reading books is more popular than playing sports.

スクリプト全訳

7 今日は余暇にする人気のあることについて話すつもりです。私はひまなとき，よく図書館に行きます。私はそこで本を読むことを楽しみます。皆さんはどうですか？　私たちのクラスでは何をするのがいちばん人気なのでしょうか，スポーツをすることでしょうか，音楽を聞くことでしょうか，それとも本を読むことでしょうか？　答えがわかりますか？　音楽を聞くことがいちばん人気があります。本を読むことはスポーツをすることよりも人気があります。

STEP 3 発展問題

本冊 ⇨ pp.98 ～ 99

1 (1) イ　(2) ウ　(3) エ　(4) ウ

2 (1) He is interested in making Japanese food.

(2) When did you finish reading the book?

(3) I expect to get there at three.

3 (1) It, to, play　(2) fond, painting

(3) closing

4 (1) ウ：to go　(2) ウ：eating

(3) イ：is

5 (1) Swimming, running

(2) finished, eating〔having〕

(3) forward, hearing

(4) for, helping

6 (1) ① to study　② doing　④ made

(2) work is growing vegetables on

(3) **ヒロシは彼女の英語を手助けし，ベンは彼女のことを理解しようとしたから。**

(4) ウ

解説

1 (2) 空所の後ろが washing(動名詞)になっていることに注目。hope, decide, want は不定詞しか目的語にとることができない。

(3) stop は目的語としては動名詞しかとれないが，副詞的用法の不定詞を続けることができる(この場合は修飾語)。また，talk は自動詞なので talk to〔with〕～と前置詞とともに使うことにも注意。「私たちは公園でマイクを見つけたので，彼と話すために立ち止まりました。」

(4) remember *doing*＝「～したことを覚えている」と remember to *do*＝「～することを覚えておく」の違いに注意。forget だとここでは意味が通らない。「以前にあの男性と会ったことを覚えていません。どうぞ私に彼の名前を教えてください。」

ココに注意

remember〔forget〕は動名詞・不定詞の両方を目的語にとることができるが，意味が異なる。動名詞を使った場合は過去のことを，不定詞を使った場合は未来のことを指す表現になる。

I remember seeing that person.
(私はあの人に会ったことを覚えています。)

Remember to call me.
(忘れずに私に電話をしてください。)

2 (1) 「～することに興味がある」＝be interested in *doing*

(2) reading が不足。

(3) 「～することを期待する」＝expect to *do*　動名詞の getting が不要。

3 (1) 「テニスをすることは私たちにとって楽しいです。」仮の主語 it を使った文への書きかえ。

(2) 「彼女は絵を描くのが好きです。」like to *do* から be fond of *doing* への書きかえ。

(3) Do you mind *doing*? は「～してもらえませんか。」と相手に丁寧に依頼するときに使う表現。

4 (1) want は不定詞を目的語にとる。

(2) enjoyed の目的語は「(ケーキを)作ること」と「食べること」の2つなので，eat も動名詞にしなければならない。

(3) 主語は video games(テレビゲーム)ではなく playing video games(テレビゲームをすること)という動名詞句。動名詞句は単数扱い。

5 (1) swim も run も，「短母音＋子音字」で終わる語なので，子音字を重ねて ing を付ける。

(3) 「～することを楽しみにして待つ」＝look forward to *doing*

(4) 「～してくれてありがとう」＝thank you for *doing*

6 (1) ① 不定詞の副詞的用法。　② 動名詞。
④ 不規則動詞の過去形。

(3) 直前の文の「help＋人＋with ～」は「人の～を手伝う」の意味。

(4) **ア**「ヒロシとベンは農場で働くために，ヒサコを訪問しました。」 **イ**「祖母は助けを必要としているので，ヒロシは彼女と暮らしています。」 **ウ**「ヒサコは人と会って話すとき，幸せに感じます。」 **エ**「ヒサコは料理が上手ではなかったので，ヒロシとベンのために昼食を買いました。」

全訳

アメリカの少年のベンは，去年，日本の文化を学ぶために日本へやってきました。彼はヒロシの家族のところに滞在しました。ベンとヒロシは同い年でした。彼らはすぐに良い友達になりました。ベンは日本にいる間，ヒロシと一緒に多くの場所を訪れました。ある日，ヒロシはベンに言いました，「ぼくは宿題を終わらせなければならないんだ。その後，きみをぼくのおばあちゃんの家に連れて行くよ。」

ヒロシの祖母のヒサコは一人で暮らしています。彼女の仕事は農場の野菜を育てることです。彼女は人に会うことが好きです。彼女は彼らと話したり笑ったりします。ベンがヒロシと一緒に初めて彼女を訪ねたとき，彼女は彼らのために昼ご飯を作ってくれました。テーブルにはとてもたくさんの食事が並んでいました。「自由にとって食べてね。」と彼女は英語で言いました。ヒロシがこれらの言葉を彼女に教えたのです。彼女はうまく英語を話すことができませんでしたが，それは大きな問題ではありませんでした。ヒロシは彼女の英語を手助けし，ベンは彼女(のこと)を理解しようとしました。彼らは話すことを楽しみました。

9 受動態(受け身)

STEP 1 まとめノート

本冊 ⇨ pp.100 ～ 101

1 ① 能動　② 受動　③ 過去分詞
④ 規則　⑤ 不規則　⑥ 一般
⑦ not

Check! ❶ The car is used by my father.
❷ The room is cleaned by the students.

❸ この本は世界中で読まれています。
❹ たくさんの星がここで見られます。
❺ ⓐ Is the sport played in Japan?
ⓑ The sport isn't〔is not〕 played in Japan.
❻ ⓐ Are these songs sung by children?
ⓑ These songs aren't〔are not〕 sung by children.

2 ⑧ 過去分詞 ⑨ in ⑩ at ⑪ with ⑫ from

解説

1 Check! ❶「その車は私の父によって使われています。」
❷「その部屋は生徒たちによって掃除されます。」
❸ ❹ 行為者が一般の人々，または不明なためにby 以下が省略されている。
❺ by 以下は一般の人々なので，省略されている。疑問文への返答は，Yes, it is. / No, it isn't. となる。
❻ 疑問文への返答は，Yes, they are. / No, they aren't. となる。

STEP 2 実力問題

本冊 ⇨ pp.102 ～ 103

1 (1) cleaned (2) used (3) made
(4) seen (5) broken

2 (1) These pictures are liked by Nancy.
(2) Spanish is spoken in this country.
(3) Was this car washed by Jane?
— Yes, it was.
(4) Sugar isn't〔is not〕 sold at that store.
(5) Mr. Brown wrote these novels.

3 (1) was, taken, him
(2) aren't, used
(3) Is, closed, isn't
(4) surprised, at

4 (1) to (2) with (3) in (4) from
(5) of

5 (1) The curry was not cooked by me.
(2) How many people are needed
(3) Tom is satisfied with the result.
(4) Where was your father born?
(5) The dog is taken care of by Mari.

6 (1) Yes, it is.
(2) It was built in 794.

7 (1) c (2) b

解説

1 すべて受動態の文なので，動詞は過去分詞にする。
(1) (2) 規則動詞。 (3)～(5) 不規則動詞。make － made － made, see － saw － seen, break － broke － broken

2 (1)「be 動詞＋過去分詞＋by＋行為者」の形にする。
(2) この文の They は一般の人々を指すので，受動態にするときはふつう by them を省略する。
(3) 疑問文は be 動詞を主語の前に置き，be 動詞を使って答える。
(4) 否定文は be 動詞の後に not を置く。
(5) Mr. Brown を主語にした過去の文にする。write は不規則動詞。write － wrote － written

3 (1) take は不規則動詞。take － took － taken
(4)「～に驚く」＝be surprised at ～

4 すべて by 以外の前置詞を伴う受動態。
(1) be known to ～＝「～に知られている」
(2) be covered with ～＝「～で覆われている」
(3) be interested in ～＝「～に興味がある」
(4) be made from ～＝「～から作られる〈原料〉」
(5) be made of ～＝「～でできている〈材料〉」

5 (1)「私が調理した」を「私によって調理された」と考える。not は be 動詞の後に置く。
(2) 疑問詞を含む how many people が主語になる疑問文。
(3)「～に満足する」＝be satisfied with ～
(4)「生まれる」＝be born
(5)「～の世話をする」＝take care of ～

! ココに注意

(5) take care of ～＝「～の世話をする」のような連語を含む文を受動態にするときは，これを 1 つの動詞として考える。他に，speak to ～＝「～に話しかける」，laugh at ～＝「～を笑う」などが受動態の文で問われることが多い。

- The birds are **taken care of** by the students.
（鳥は生徒たちによって世話をされています。）
- Ken was **spoken to** by an American.
（ケンはアメリカ人に話しかけられました。）
- I was **laughed at** by my classmates.
（私はクラスメートに笑われました。）

6 (1)「その寺は毎日，多くの人に訪問されますか。」

(2)「その寺はいつ建てられましたか。」

スクリプト

7 (1) a This is used for cooking.
b This is used when it is rainy.
c This is used to watch stars at night.
(2) a Mike is tired of Japanese food.
b Mike is pleased with Japanese food.
c Mike is not satisfied with Japanese food.

スクリプト全訳

(1) a これは料理のために使われます。
b これは雨が降るときに使われます。
c これは夜に星を見るために使われます。
(2) a マイクは和食に飽きています。
b マイクは和食を喜んでいます。
c マイクは和食に満足していません。

STEP 3 発展問題

本冊 ⇨ pp.104 ～ 105

1 (1) she, is (2) Was, wasn't
(3) Who, was (4) Where, were

2 (1) イ (2) エ (3) ウ
(4) イ (5) イ

3 (1) We are not invited to the party.
(2) The windows were broken by John.
(3) Was the hill covered with snow?
(4) The desk is made of wood.

4 (1) Was, made, her
(2) isn't, liked, by
(3) was, born (4) known, to

5 (1) This〔Our〕 school was built twenty years ago.
(2) Mr. Sasaki is liked by everyone.
(3) Are you interested in Japanese culture?

6 (1) ① written ④ talking
(2) 「桃太郎」の主人公がとても大きな桃から生まれたこと。
(3) ア (4) エ

解説

1 (1)「ブラウンさんは友人に好かれていますか。」「はい，好かれています。」
(2)「その車はこの前の日曜日にマイクによって使われましたか。」「いいえ，使われませんでした。」
(3)「ジョンによってだれがあなたに紹介されましたか。」「コウジです。」
(4)「鍵はどこで見つかりましたか。」「机の下で見つかりました。」

2 (1)「この小説は私のクラスのすべての生徒に知られています。」
(2)「そのグラスは水でいっぱいでした。」
(3)「昨夜はここでは星が見られませんでした。」
(4)「メアリーは体育館でバスケットボールをしています。」現在進行形の文。
(5)「この写真はロンドンで撮影されたのですか。」

! ココに注意

(2) 「～でいっぱいである」は，be filled with ～，be full of ～ の 2 種類の表現がある。
「箱はリンゴでいっぱいです。」
・The box **is filled with** apples.
・The box **is full of** apples.

3 (1) 「私たちはパーティーに招待されていません。」
(2) 「窓はジョンによって割られました。」break は不規則動詞。break − broke − broken
(3) 「丘は雪で覆われていましたか。」with が不足している。
(4) 「その机は木製です。」

! ココに注意

(4) be made of ～は，of の後にくるものが変質していない(見てわかる)→〈材料〉。
be made from ～は，from の後にくるものが変質する(見てわからない)→〈原料〉。
This house is made **of** wood.
(この家は木でできています。)
木の家であることが，見てわかるので of。
Butter is made **from** milk.
(バターは牛乳から作られます。)
牛乳からできていることが，見てわからないので from。

4 (1) (2) 能動態から受動態への書きかえ。
(3)「私の姉〔妹〕は 13 歳です。」→「私の姉〔妹〕は 13 年前に生まれました。」
(4) 能動態から受動態への書きかえだが，know の受動態ではふつう by ではなく to を使う。

5 (1)「創立 20 周年」→「20 年前に建てられた」build(建てる) − built − built
(2)「みんなに(よって)」= by everyone
(3)「～に興味がある」= be interested in ～

6 (1) ① 受動態。
④ 動名詞。stop *doing* =「～するのをやめる」

(2) 直前のアカネの発言内容を指す。

(4) **ア**「キャシーは『かぐや姫』の話と絵を楽しみます。」 **イ**「アカネはキャシーに絵本を貸すつもりです。」 **ウ**「キャシーは『浦島太郎』をアカネの助けなしで読みたいと思っています。」 **エ**「キャシーの国では，おとぎ話は夜に語られません。」

全訳

アカネ：あなたは何を読んでいるの。

キャシー：「かぐや姫」を読んでいるところよ。この絵本は簡単な日本語で書かれていて，たくさんの絵があるの。だからその話が理解できるわ。

アカネ：私は少し絵本を持っているわ。それらを読んでみない？

キャシー：ありがとう，アカネ。あなたは何を持っているの。

アカネ：「桃太郎」と「浦島太郎」よ。

キャシー：桃はピーチね。それは桃に関するお話なのかしら。

アカネ：その主人公がとても大きな桃から生まれてきたのよ。

キャシー：それはおもしろいわね。その本を読みたいわ。

アカネ：わかったわ。明日それを持ってくるね。「浦島太郎」もおもしろいのよ。あなたはその物語に驚くでしょうね。彼が海の中に入って…

キャシー：話すのをやめて。私は一人でそれをわかろうとしてみるわ。

アカネ：ごめんなさい。しゃべり過ぎたわ。それなら，あなたの国のおとぎ話を何か覚えている？

キャシー：ええ。お母さんがよく私におとぎ話を話してくれたわ。子どもたちがベッドの中でそれらを聞くから，私の国では「ベッドタイムストーリー」という言葉がときどき使われるの。

アカネ：なるほど。私は英語でベッドタイムストーリーが聞きたいわ。

10 感嘆文 / Here is ～. / その他

STEP 1 まとめノート

本冊 ⇨ pp.106 ～ 107

1 ① How ② What

Check! ❶ How fast he swims!

❷ How big this apple is!

❸ How cool the guitars are!

❹ What an old house this is!

❺ What a tall building this is!

❻ What beautiful pictures these are!

❼ What cool dancers those are!

❽ How exciting this game is!

2 ③ 単 ④ 複

Check! ❾ Here, are

❿ How〔What〕, about

⓫ one ⓬ one ⓭ One, other

解説

1 ② 単数形の場合は，a〔an〕を用いるが，複数形の場合は，a〔an〕は用いずに名詞は複数形にし，What pretty cats those are! のようになる。

Check! ❶ how を使った感嘆文は「How＋形容詞〔副詞〕＋主語＋動詞！」で表す。What を使って書くなら，What a fast swimmer he is! になる。

❹ what を使った感嘆文は「What＋(a〔an〕)＋形容詞＋名詞＋主語＋動詞！」で表す。How を使って書くなら，How old this house is! になる。

2 Check! ❾「ここに～があります。」は Here is〔are〕～. だが，複数名詞が続いているので，空所には Here are を入れる。

❿ What about ～? は How about ～? とほぼ同じ意味を表す。about は前置詞なので，How〔What〕about の後に動詞を置くときは，必ず動名詞の形になる。

⓫〈a＋形容詞＋one〉の語順。one は，ここでは前に出てきた computer の代用表現。

⓬「お互いに」＝one another

⓭ one ～, the other ... ＝「一方は～，他方は…」

STEP 2 実力問題

本冊 ⇨ pp.108 ～ 109

1 (1) What (2) one (3) one (4) it
(5) about (6) one (7) one

2 (1) How (2) Here (3) another
(4) ones

3 (1) How, is (2) Here
(3) What, difficult
(4) How〔What〕, about
(5) Here, is (6) One, other

4 (1) ⓐ 今日の天気はどうですか。
ⓑ 今日はなんて良い天気なのでしょう。

5 (1) How beautiful this flower is!〔What a beautiful flower this is!〕
(2) Lucy and Bob〔Bob and Lucy〕 helped one another.
(3) What a kind boy he is!
(4) How well he sings!

6 (1) Here are some kinds of fruit.
(2) How about staying with me during
(3) What a kind student Joe is!
(4) Do you have smaller one?
(5) How about this yellow one?
(6) How about going to Tokyo?

7 (1) ア

解説

1 (5)「この計画は気に入りません。ジェーン，あなたはどうですか。」
(6) one another=「お互いに」 each other という同意表現もある。

!ココに注意

(4) (7) it と one の違いに注意。両方とも名詞の反復を避ける表現だが，it は先行する名詞とまさに同じもの，one は同じ種類のものを指す。

2 (1) How about ～?=「～はどうですか。」
(2) Here comes ～.=「～が来ます。」

3 (6)「一方は～，他方は…」=one ～，the other …

4 (1) ⓑ 感嘆符〈!〉は強い驚きや喜びなどを表す符号。

6 (1)「種類」=kind(s)
(2)「～のところに滞在する」=stay with ～

スクリプト

7 (1) *Woman*：May I help you?
Man：Can I see that brown sweater?
Woman：Sure. Here you are.
Man：How much is it?
Woman：It is five thousand yen.
Man：Oh, it's too expensive. Do you have cheaper ones?
Woman：Then, how about this blue one? It's three thousand yen.
Man：This is nice, too. OK. I'll take it.
Question：What is the man going to buy?

スクリプト全訳

7 (1) 女性：いらっしゃいませ。
男性：あの茶色いセーターを見てもよろしいですか。
女性：もちろんです。どうぞ。
男性：いくらですか。
女性：5千円です。
男性：うーん，高すぎますね。もっと安いものはありますか。
女性：それなら，こちらの青いのはいかがですか。それなら3千円です。
男性：これもすてきですね。よし。それをください。
質問：男性は何を買うでしょうか。

STEP 3 発展問題

本冊 ⇨ pp.110～111

1 (1) a, pretty, cat
(2) How〔What〕, about, going
(3) useful, this, dictionary, is
(4) Here, are, some
(5) How〔What〕, about, going
(6) Here, comes (7) each, other

2 (1) What a beautiful mountain that is!
(2) He wants to buy a new one.
(3) We have some nice ones.

3 (1) What a good singer you are!〔How well you sing!〕
(2) How about a glass of water?
(3) Here comes your mother.

4 (1) How about a cup of tea?
(2) How interesting this story is!

5 (1) ⓐ in ⓑ with
(2) Ⓐ イ Ⓑ エ
(3) a *kotatsu*
(4) ② ふつう，私たちアメリカ人は床の上に座りません。
③ こたつは家族のみんなとコミュニケーションをとるために役に立ちます。

解説

1 (7) each other=「お互いに」 one another と同意の表現である。

2 (2) A「きみのお兄さんは2台のコンピュータを持っているんだね。」B「うん，でもそれらは古いんだ。彼は新しいのを買いたがっているよ。」

3 (2) a glass of ～＝「一杯の～」，「～」に water がくるときは glass を用いるのが自然である。

4 (1) a cup of ～＝「一杯の～」，「～」に coffee や tea などの温かい飲み物がくるときは cup を用いるのが自然である。

5 (1) ⓐ become interested in ～＝「～に興味を持つようになる」 ⓑ help ～ with …＝「～の…を手伝う」

全訳

（マイクとユウタは学校から家に向かって歩いています。）

ユウタ：今日の授業はどうだった？

マイク：授業でだれかがこたつについて話していたよ。ぼくはそれに興味を持ったよ。

ユウタ：ぼくの家でそれが見られるよ。来たらどうだい？

マイク：ありがとう。そうするよ。

（ユウタの家で。）

ユウタ：これがうちのこたつだよ。

マイク：わあ！ どうやって使うか見せてよ。

ユウタ：簡単だよ。スイッチを入れて，中に入るんだ。こっちへおいでよ，マイク。

マイク：おお，あったかい。床に座るのはぼくにとって特別なことなんだ。ふつう，ぼくたちアメリカ人はそんなことをしないからね。それで，こたつで何をするんだい。

ユウタ：ただ座って話すだけだよ。元日はほとんど１日中ここでテレビを見るんだ。

マイク：なるほど。家族のみんなとのコミュニケーションをとるのは，こたつではより簡単なの？

ユウタ：ぼくはそう思うよ。こたつはそのためには役立つね。もうひとついいことがあるんだ。ここで宿題をしているとき，ぼくはそれを手伝ってくれる人を見つけられるんだよ。

マイク：それはいいね。

理解度診断テスト

本冊 ⇨ pp.112 ～ 113

理解度診断 A…70 点以上，B…40～69 点，C…39 点以下

1 (1) lived (2) more difficult (3) writing
(4) to see

2 (1) She was swimming in the lake.
(2) He will be able to finish his work tomorrow.
(3) George runs (the) fastest of us.
(4) English is spoken in America.

3 (1) When are you going to leave for Canada?
(2) I have many things to do at home.
(3) is the black one on the chair
(4) We have to go home before it begins

4 (1) エ (2) オ (3) ア
(4) ウ (5) イ

5 (1) イ (2) イ (3) ウ
(4) エ (5) エ

6 (1) taught，us
(2) shorter，than
(3) so，couldn't
(4) Try，harder，or

7 (1) イ：comes the bus
(2) イ：about
(3) ウ：one of the best ways
(4) エ：see him

8 (1) May〔Can〕 I use this computer?
(2) We enjoyed watching TV after dinner.
(3) Which do you like better, baseball or soccer?
(4) Please tell〔show〕 me what to do next.

解説

1 (1) last year があるので過去形にする。
(2) than があるので比較級にする。difficult のような比較的発音の長い単語は，more や most を使って比較級・最上級を作る。
(3) finish は動名詞を目的語にとる。
(4) hope は不定詞を目的語にとる。

2 (1) 過去進行形は「was〔were〕＋～ing」の形で表す。
(2) can を未来を表す表現にするときは，will be able to ～ にする。
(3) 最上級は形容詞・副詞のもとの形に -est を付ける。副詞の最上級の場合，the を省略することもできる。
(4) 受動態の文は「be 動詞＋過去分詞＋by＋行為者」の形で表す。ただし，行為者が一般の人や特に言う必要がないときはふつう省略する。

3 (1) be going to ～ の疑問文は，be 動詞を主語の前に出す。

(2)「やるべきこと」は不定詞の形容詞的用法で表す。

(3)「どちらのカバンがあなたのものですか。」「イスの上の黒いのです。」

(4)「見て！　西の空が暗くなってきている。」「雨が降り始める前に帰らないといけないね。」

4 (1) Why の疑問文には To ～. または Because ～. で答える。

(2) How long は期間を問う表現。

(3) Shall we ～? は相手を誘う表現。Yes, let's. または No, let's not. と答える。

(4) Where は場所を問う疑問詞。

(5) Must ～? の文には「Yes, 主語＋must.」または「No, 主語＋need not〔don't have to〕.」で答える。

5 (1) 感嘆文は「How＋形容詞〔副詞〕＋主語＋動詞!」または「What＋(a〔an〕)＋形容詞＋名詞＋主語＋動詞!」の語順になる。

(2)「had better＋動詞の原形」＝「～したほうがよい」

(3)「形容詞〔副詞〕＋enough to ～」＝「～するのに十分に…」

(4) 従属接続詞の意味を問う問題。because＝「～だから」，if＝「もし～ならば」，when＝「～が…したとき」，though＝「～だけれども」

(5) both A and B＝「A も B も両方」の主語は複数扱いにする。at that time があるので，過去形の were を選ぶ。関連表現の either A or B や neither A nor B が主語になるときは，動詞は B の数・人称に合わせることにも注意。

6 (1)「彼は私たちの数学の先生でした。」⇔「彼は私たちに数学を教えました。」SVOO の文への書きかえ。teach は不規則動詞。

(2)「この橋はあの橋ほど長くない。」⇔「この橋はあの橋より短い。」not as ～ as ... から比較級への書きかえ。

(3)「ケンはあまりに空腹だったのでそれ以上走ることができなかった。」too ～ to ... と so ～ that＋主語＋can't ... との書きかえ。時制が過去なので，can't は couldn't になる。

(4)「もし仕事で成功したいなら，もっと一生懸命やらなければいけません。」⇔「もっと一生懸命やりなさい，そうしないと仕事で成功しませんよ。」「命令文，or ～」＝「…しなさい，そうしないと～」の文への書きかえ。

7 (1)「Here＋一般動詞 ～.」の文は語順に注意。

(2) How about ～?＝「～はいかがですか。」

(3)「one of the＋最上級＋複数名詞」＝「最も～な…のひとつ」

(4) 条件や時を表す if や when の節の中の動詞は，未来のことも現在形で表す。

8 (1) 相手に許可を求める文は，May〔Can〕I ～? で表す。

(2)「～をして楽しむ」＝enjoy ～ing

(3)「A と B では，どちらのほうが～か」と問うときは「Which＋比較級，A or B?」の形にする。

(4)「何を～すればよいか」＝what to *do*

第3章　上級

1　現在完了形 / 現在完了進行形

STEP 1 まとめノート

本冊 ⇨ pp.116～117

1 ① 過去分詞　② not　③ 現在

Check! ❶ ⓐ Have you read the book?

ⓑ You haven't〔have not〕read the book.

❷ ⓐ Has Tom done the work?

ⓑ Tom hasn't〔has not〕done the work.

2 Check! ❸ 私は3年間英語を勉強しています。

❹ 私の父は働きすぎています。

❺ あなたは今までにパンダを見たことがありますか。

❻ 私はもう宿題を終えてしまいました。

3 ④ since　⑤ ever　⑥ never

⑦ 回数　⑧ already

⑨ yet

Check! ❼ 私の兄〔弟〕は1週間北海道にいます。

❽ 私はトムのお姉さん〔妹〕に3回会ったことがあります。

❾ あなたはもう部屋を掃除してしまいましたか。

❿ 私はちょうど図書館に行ってきたところです。

⓫ 私たちは一度も外国に行ったこと

があリません。
⑫ 私の母は出かけてしまいました。

(解説)

2 Check! ❸ 現在までの継続を表す。
❺ 現在までの経験を表す。
❻ 現在までの完了を表す。

3 Check! ❼ for ～＝「～の間」は期間を表す語句。継続を表す文。
❽ ～ times で，回数を表す。経験を表す文。
❾ yet を用いた疑問文で「もう～しましたか」と完了を表す文。
❿ 「have just＋過去分詞」で「ちょうど～したところだ」の完了を表す文。
⓫ abroad＝「外国に」は副詞なので，前置詞 to は不要。
⓬ go out「出かける，外出する」

STEP 2 実力問題

本冊 ⇨ pp.118 ～ 119

1 (1) lived (2) heard (3) lost
(4) made (5) written (6) done
(7) taken (8) begun

2 (1) since (2) often (3) already
(4) ever

3 (1) Has Taro lived in New York for twenty years?
(2) I haven't〔have not〕washed my car.
(3) What has Ken wanted for a long time?

4 (1) Mr. Smith has been sick since last week.
(2) I have not seen the picture yet.
(3) Did you go to the library last Saturday?

5 (1) ウ (2) イ (3) ア (4) オ

6 (1) 私の父は中国に2度行ったことがあります。
(2) コウジはオーストラリアに行ってしまいました〔行っています〕。
(3) 私はすでに宿題を終わらせてしまいました。

7 (1) Tom has never eaten *sushi*.
(2) My brother has just left for school.
(3) I have been waiting for her for an hour up to now.

8 (1) ア (2) エ

(解説)

2 (1)「私たちは子どもの頃から柔道を習っています。」 後ろに「主語＋動詞」の文の形が続いているので，接続詞が入る。
(2)「あなたは何回この本を読んだことがありますか。」How often は「How＋副詞」の形で，直訳すると「どれぐらいしばしば，どれぐらいよく」となる。
(3)「バスはもう出発しました。」 have〔has〕と過去分詞の間に入るのは副詞。「もう，すでに」を表す already を入れる。
(4)「あなたは今までにその博物館を訪れたことがありますか。」「今までに，これまでに」の意味を表す ever を入れる。この ever はふつう，疑問文で用いられる。

3 (1) 疑問文は，has を主語の前に置く。
(2) 否定文は，have の後に not を入れる。
(3)「ケンは長い間何を欲しがっているのですか。」

4 (1) 主語が3人称単数なので，has が適切。
(2) seen が過去分詞で yet があるので，現在完了形の文。主語が I なので have が適切。
(3) last Saturday は過去を表す語句なので，過去の疑問文。動詞は原形の go が適切。

! ココに注意

(3) 現在完了形は，過去のある一時点から現在までのことを表すので，特定の過去の時点を表す語句と一緒に用いることはできない。

5 (2)「ナンシーはもう部屋を掃除しましたか。」に対して，イ「いいえ，まだです。」が適切。No, she hasn't〔has not〕. と答えることもできる。
(4) しばらく姿が見えなかった人に，「どこに行ってきたのですか。」と尋ねるときの表現。

! ココに注意

(4) have been to ～ には「～に行ったことがある(経験)」，「～に行ってきたところだ(完了)」の2通りの意味がある。

6 (1) twice＝「2度，2回」「経験」を表す文。
(2)「もうここにはいない」という意味を含んでいる。
(3) already＝「すでに」「完了」を表す文。

7 (1) (2) never，just は，過去分詞の前に置く。
(3)「今まで1時間待っている」なおも待ち続けるという意味を出すために，have waited for her にせず，have been waiting for her にしている。

8 (1)「宿題を一緒にしてもいいか」に対しての返答。「もちろんです。4時に私の家で会いましょう。」

(2) How many times ～？で回数を尋ねる。

スクリプト

(1) *A*：Have you finished the English homework for tomorrow?

B：No, not yet. I'll do it with Miki at my house after school.

A：Oh, can I do the homework with you?

(2) *A*：I know you like Kyoto. Have you ever been to Kyoto?

B：Yes. My sister lives there and studies history. Last month I went to see her with my family.

A：How many times have you been there?

スクリプト全訳

(1) A：明日の英語の宿題はもう終えたかい？

B：いいえ，まだよ。放課後にミキと私の家でするつもりなの。

A：わあ，きみたちと一緒に宿題をしてもいい？

(2) A：きみは京都が好きだって知ってるよ。今までに京都に行ったことがある？

B：ええ。姉がそこに住んでいて，歴史を勉強しているの。先月，家族と一緒に彼女に会いに行ったわ。

A：きみは何回そこに行ったことがあるの？

STEP 3 発展問題

本冊 ⇨ pp.120 ～ 121

1 (1) see, saw, seen　(2) making, made

2 (1) I have never written a letter in English.

(2) How long have you stayed in Japan?

(3) My mother has not cooked dinner yet.

(4) I've just been to the post office.

(5) Mai has been taking ballet lessons since she was five.

3 (1) It has been sunny since last week.

(2) Tom has read this book twice.

(3) How long have they learned French?

(4) How often〔How many times〕has Mike visited Kyoto?

4 (1) Have you ever eaten *natto*?

(2) I have〔I've〕been busy since yesterday.

(3) Have you finished your homework yet?

5 (1) for → since　(2) have → did

(3) gone → been

6 (例) I have been studying English for three years.

7 (1) She has known them for about ten years.

(2) イ

解説

1 (1) A「昨日クミを見ましたか。」B「はい。昨日の朝見ましたが，それ以来見てません。」2つ目の see は，後ろに yesterday morning と特定の過去の一時点を表す表現があるので，過去形にする。

(2) A「夕食を作っているのですか。」B「いいえ。もう作ってしまいました。」

2 (1)「一度も～ない」= never

(2)「どのくらいの間」= how long

(3) yet は否定文の文末で「まだ」の意味を表す。

(4)「～へ行ってきたところだ」= have been to ～

3 (1)「先週からずっと晴れています。」

(2)「トムはこの本を2度読んだことがあります。」

(3)「どのくらいの間」と期間を尋ねる疑問文。

(4)「何回，どれぐらいしばしば」と回数を尋ねる疑問文。

4 (1)「あなたは今までに納豆を食べたことがありますか。」

(2)「私は昨日からずっと忙しいです。」 busy は形容詞なので，be 動詞の過去分詞 been が必要。

(3)「あなたはもう宿題を終えましたか。」

5 (1) 起点を言うときには since「～以来」を使う。

(2) When は時の一時点を尋ねる疑問詞で，現在完了形では用いることができない。過去形の文にする。

(3) before =「以前に」から，「行ったことがある」という文にする。gone は「行ってしまって，もうここにいない」と言うときに用いる。

7 (1) 女性の5番目の発言参照。

(2) エミの最初の発言に「ここ(＝シンガポール)に1週間前に来た」とある。

全訳

女性：あなたは日本から来たのですか。

エミ：はい。私の名前はエミです。私は1週間前に英語を勉強するためにここに来ました。

女性：なるほど。私はベティです。あなたはどこに滞在しているのですか。
エミ：私は市立図書館の近くのホストファミリーの家に滞在しています。
女性：あら，本当に？　その家はABCホテルの近くですか。
エミ：はい。
女性：私の友人がABCホテルの近くに住んでいます。彼らのうちの一人が「日本から来た学生が一人家に滞在しているの。」と言っていました。あなたはスコット夫妻を知っていますか。
エミ：はい。私は彼らの家に滞在しているのです。スコット夫妻はあなたのお友だちですか。
女性：ええ。スコット夫妻と私は約10年の知り合いです。昨日彼らが日本人の生徒について私に話してくれたんです。その生徒があなたなのね！　信じられないわ。
エミ：世界は小さいですね。今夜彼らにあなたのことを話してみます。

2 SVO / SVOO / SVOC / 原形不定詞

STEP 1 まとめノート

本冊 ⇨ pp.122 ～ 123

1 ① 不定　② 動名　③ 間接

Check! ❶ 私は次に何をすればいいか分かりません。
❷ 明日は晴れるといいなと思います。
❸ あなたは試合がいつ始まるのか知っていますか。

2 Check! ❹ to　❺ for

3 ④ 補

Check! ❻ トムは息子を医者にしました。
❼ 窓を開けたままにしてはいけません。
❽ I saw the train cross the bridge.
❾ I felt the earth shake.
❿ My girlfriend made me wait for a long time.
⓫ I'm going to have the dentist check my teeth.
⓬ Amy helped me cook.

解説

1 Check! ❶ what to do は「何をするべきか・何をしたらよいか」という意味。
❷ hope は「～を望む〔希望する〕」という意味。「～だといいなと思う」などと訳すと自然な日本語になる。
❸ 間接疑問文が目的語。疑問詞の後は，「主語＋動詞」の語順になっていることに注目。

2 ❹ show は「to＋名詞」の形をとる動詞。
❺ buy は「for＋名詞」の形をとる動詞。

3 ❻ his son＝a doctor の関係が成り立つ。
❼ この場合の open は動詞ではなく，「開いている(状態)」を表す形容詞。
❽「私は列車が橋を渡るのを見た。」see＋O＋動詞の原形
❾「私は地面が揺れるのを感じた。」feel＋O＋動詞の原形は「知覚動詞＋O＋動詞の原形」
❿「ガールフレンドは私を長い間待たせた。」make＋O＋動詞の原形
⓫「私は歯医者に歯を診てもらう予定です。」have＋O＋動詞の原形は「使役動詞＋O＋動詞の原形」
⓬「Amy は私が料理をするのを手伝った」help＋O＋動詞の原形

STEP 2 実力問題

本冊 ⇨ pp.124 ～ 125

1 (1) lend, me　(2) makes, me
(3) what, to　(4) what, was

2 (1) for　(2) to　(3) to

3 (1) who that girl is
(2) where Yumi is from
(3) what Ken bought last week
(4) who broke the window

4 (1) あなたはギターの弾き方を知っていますか。
(2) 次の日曜は晴れればいいと思います。
(3) 祖父は私にその話を話してくれました。
(4) 彼らは娘をナンシーと名付けました。

5 (1) Jim's aunt gave me some bread.
(2) We believe that he will win the game.
(3) Could you tell me what book to read?
(4) What do you call this flower in English?
(5) My mother didn't let me go to the movies.

6 (1) Tomoko showed me this letter.
(2) He made his daughter a singer.
(3) Let's keep our school clean.

7 (1) ウ　(2) エ

(解説)

1 (1)「貸す」＝lend

(2)「A を B にする」＝make A B

(3)「何を作ればいいか」＝what to make

(4)「そのカバンには何が入っていますか。」＝What is in the bag? を間接疑問文の語順にして We didn't know に続ける。is が was になることに注意。

3 間接疑問文は，疑問詞の後を「主語＋動詞」の語順にする。

! ココに注意

(4) who が主語になっているので，後には直接動詞が続く。

4 (1) how to play the guitar 全体が know の目的語になっている。

(2) I hope (that) ～.＝「～だといいと思います。」

(4) their daughter＝Nancy の関係が成り立つ。

5 (1) SVOO の文。

(2) We believe that の後に「彼は試合に勝つだろう」を続ける。

(3) SVOO の文。what book to read 全体で目的語。

(5) 使役動詞「let＋O＋動詞の原形」＝「O が～するのを許可する」の否定文。

6 (1)「見せる」＝show

(3) この場合の clean は動詞ではなく，「美しい，清潔な」の意味の形容詞。

7 (1) we call him Nori / likes science / He is a member of the soccer club. からウが適切。

(2) 母の You had better take a bus.「バスに乗ったほうがいい。」にケンは同意している。

スクリプト

(1) I'll talk about my friend. His name is Takanori. And we call him Nori. He is from Hokkaido. He likes science and wants to be a doctor in the future. He also likes sports. He is a member of the soccer club. We have been good friends since we were junior high school students. Thank you.

(2) *Mother*：Ken, it's going to rain. Don't go to school by bike. Riding a bike in the rain is dangerous.

Ken：Will you give me a ride to school, Mom?

Mother：You had better take a bus. I have to take care of your little brother. You know that he is sick now.

Ken：OK. I will.

Question：How will Ken go to school?

スクリプト全訳

(1) ぼくの友人について話します。彼の名前はタカノリです。そしてぼくたちは彼をノリと呼びます。彼は北海道出身です。彼は理科が好きで，将来，医者になりたいと思っています。彼はスポーツも好きで，サッカー部の一員です。ぼくたちは中学生のときからの親友です。ありがとうございました。

(2) 母：ケン，雨が降りそうよ。自転車で学校に行ってはいけないわ。雨の中，自転車に乗るのは危険だわ。

ケン：お母さん，ぼくを車で学校に送ってくれない？

母：バスに乗ったほうがいいわ。あなたの弟の面倒を見なきゃ。彼が今具合が悪いのを知ってるでしょ。

ケン：わかった。そうするよ。

質問：ケンはどうやって学校に行きますか。

STEP 3 発展問題

本冊 ⇨ pp.126 ～ 127

1 (1) SVOO　(2) SVO

(3) SVOC　(4) SVO

(5) SVO　(6) SVOO

2 (1) tell, something　(2) where, to

(3) Shall, give, to　(4) how, old, is

(5) wonder, how, long

3 (1) how, to, go〔get〕　(2) where, lives

(3) made, Kumi　(4) how, to

4 (1) その旅行があなたに外国について学ぶ機会を与えてくれるでしょう。

(2) 食べすぎはあなたを病気にします。

5 (例) They call me Ken〔Tomo-chan〕.

6 (1) My aunt made a nice dress for me.

(2) Mr. Sato taught us what subject to study at high school.

(3) He thought that his son was in his room.

(4) You mustn't leave the door open when you go out.

7 (1) ウ

(2) 低床バスには段差〔ステップ〕がないから。

(3) was

(4) to make everyone happy

(解説)

1 (1) me, how to open this door がそれぞれ目的語。「このドアの開け方を私に教えてくれませんか。」

(2) Ken is a good swimmer 全体が think の目的語。「私はケンはよい泳ぎ手〔泳ぎが上手〕だと思います。」

(3) the room が目的語, empty が補語。「私はその部屋が空っぽだとわかりました。」

(4) where you were 全体が knew の目的語。「私はあなたがどこにいるのか知っていました。」

(5) when to tell her the truth 全体が decide の目的語。「彼はいつ彼女に真実を話せばよいか決められません。」

(6) him, which book to buy がそれぞれ目的語。「私はどちらの本を買うべきか彼に尋ねました。」

! ココに注意

疑問文になっているものは, 肯定文に戻して考える。また,「前置詞＋名詞」などの修飾語句は文の要素にはならない。

2 (4)「イトウ先生の年齢」は,「イトウ先生が何歳なのか」と考え, 間接疑問文で表す。

(5) I wonder 〜.＝「〜かしら。」 期間について「どれくらい」という意味なので, how long で表す。

3 (1)「〜への道」＝「〜への行き方」

(2)「彼女の住所」＝「彼女がどこに住んでいるか」

(3)「その知らせがクミを悲しくさせた」と SVOC の文にする。

(4)「〜できる」は「〜のしかたを知っている」と考え, know how to 〜 で表す。

4 (1) to learn 以降は, chance を修飾する不定詞の形容詞的用法。

(2) eating too much がこの文の主語。

5「あなたの友だちはあなたのことを何と呼びますか。」

6 (1) made me a nice dress でも表せるが, 1 語補う必要がある。make は前置詞 for を使う。

(2)「what＋名詞」でひとつの疑問詞のように考える。

(3) 時制の一致で,「〜にいる」＝is は was になる。

(4) 意図的ではなく,「そのままの状態で放っておく」と言うときに, leave を用いる。

7 (1) 祖母はひざが悪いので, 段差のあるバスに乗ることは「難しい」。

(2) so は結果を表す接続詞なので, その理由になる内容は, 文の前半。

(3) 受動態は「be 動詞＋過去分詞」の形。I thought と過去になっているので, 時制の一致で, be 動詞は was を使う。

(4) make A B＝「A を B にする」

全訳

あなたは今までに低床バスに乗ったことがありますか。私の祖母はひざに問題を抱えているので, ふだんは低床バスに乗ります。段差のあるバスに乗るのは彼女にとって難しいのです。私が低床バスに乗っていたとき, お年寄りが何人かバスに乗ってきました。バスには段差がないので, 彼らは簡単にそのバスに乗ることができました。私は, 低床バスはお年寄りのためにとても上手に設計されていると思いました。

この街に住む人間として, 私はみんなを幸せにしたいです。私たちは他の人の視点から物事について考えなければなりません。

3 分　詞

STEP 1 まとめノート 本冊 ⇨ pp.128 〜 129

1 ① 形容　② 現在　③ 過去

Check! ❶ 私は面白い〔わくわくする〕スポーツをしたいです。

❷ そのサッカーの試合は私を興奮させました〔熱狂させました / わくわくさせました〕。

❸ singing　❹ rising　❺ broken

❻ grilled

2 Check! ❼ the boys playing soccer over there

❽ a language spoken in many countries

❾ That running woman is our teacher.

❿ 明日スキーをしに行きましょう。

⓫ ケンは母親を手伝うのに忙しい。

(解説)

1 Check! ❶ 現在分詞の exciting は形容詞の「面白

い，(人を)わくわくさせるような」といった意味。

❷ me(O)＝excited(C) の関係が成り立つ。excited は「わくわくした，興奮した」の意味。

❸「少女」と「歌う」は能動的な関係なので，現在分詞。

❹「日の出」は太陽が昇ることなので，「昇る太陽」と考えるとよい。「太陽」と「昇る」は能動的な関係なので，現在分詞。

❺「割られた窓」と考える。「窓」と「割る」は受動的な関係なので，過去分詞。

❻「焼かれた魚」と考える。「魚」と「焼く」は受動的な関係なので，過去分詞。

② Check! ❼「向こうでサッカーをしている」が「少年たち」を修飾する。2 語以上で名詞を修飾するので，分詞句を名詞の後に置く。

❽「多くの国々で話されている」が「言語」を修飾する。2 語以上で名詞を修飾するので，分詞句を名詞の後に置く。

❾「走っている」1 語が「女性」を修飾するので，分詞を名詞の前に置く。「あの」も女性を修飾しているが，a や the と同様に分詞より前に置くことに注意。

STEP 2 実力問題

本冊 ⇨ pp.130 ～ 131

1 (1) running (2) boiled (3) dancing (4) made

2 (1) これらはクミによって焼かれたケーキです。
(2) 私はバスを待っている少女を知りません。
(3) あの泳いでいる少年はコウスケです。
(4) この中古車はとてもかっこいいです。

3 (1) written (2) living (3) standing (4) given

4 (1) girl, reading (2) man, washing (3) cat, called (4) picture, painted

5 (1) What is the language spoken in India?
(2) Kyoto is a city visited by many people.
(3) The boys playing soccer in the park are Taku and Ken.
(4) Why don't we go shopping next Sunday?

6 (1) That sleeping baby is my sister.
(2) This is a hotel built fifty years ago.
(3) These pictures〔photos〕taken by him are beautiful.

7 (1) ウ (2) イ

解説

1 (1) イヌは「走る」関係。
(2) 野菜は「ゆでられる」関係。
(3) 少女は「踊る」関係。
(4) 車は「作られる」関係。

2 (1) bake＝「焼く」

3 2 語以上で名詞を説明するときには，分詞句を名詞の直後に置く。
(1)「書かれた」→過去分詞。
(2)「住んでいる」→現在分詞。
(3)「立っている」→現在分詞。
(4)「与えられた」→過去分詞。

4 (1)「木の下で本を読んでいる少女」
(2)「車を洗っている男性」
(3)「タマと呼ばれているネコ」
(4)「ナンシーによって描かれた絵」

5 (1)「言葉」「話される」「インドで」の語順。
(3)「少年たち」「サッカーをしている」「公園で」の語順。
(4)「～しませんか。」＝Why don't we ～?

! ココに注意

(2) 日本語では「訪れる」だが，都市は「訪れられる」と受動の関係なので過去分詞を使って表現する。

6 (1)「眠る」＝sleep
(2) build は不規則動詞。過去分詞は built。
(3)「(写真)を撮る」＝take は不規則動詞。過去分詞は taken。

7 (1) ピアノを弾いているキャシーのとなりで歌っている少女がナンシー。

スクリプト

(1) Look at this picture. There are four girls in this picture. The girl playing the guitar is Lisa. The singing girls are Nancy and Jane. Kathy is next to Nancy, and she is playing the piano.
Question：Which is Nancy?

(2) Next Sunday is Mayu's father's birthday. So she wants to give something nice to her father. He is interested in books, watches and cars. Mayu will buy a new book written by a popular writer.
Question：What is Mayu going to give his father?

スクリプト全訳

(1) この絵を見てください。この絵の中には4人の少女がいます。ギターを弾いている少女はリサです。
歌っている少女はナンシーとジェーンです。キャシーはナンシーのとなりにいて，ピアノを弾いています。
質問：ナンシーはどれですか。

(2) 次の日曜はマユのお父さんの誕生日です。だから彼女は何かすてきなものを父親にあげたいと思っています。彼は本，腕時計，そして車に興味があります。マユは人気の作家によって書かれた新しい本を買うつもりです。
質問：マユは彼女の父親に何をあげるつもりですか。

STEP 3 発展問題

本冊 ⇨ pp.132 〜 133

1 (1) written　(2) invited　(3) barking
(4) caught　(5) read

2 (1) **公園の近くに立っている建物は私たちの学校です。**
(2) **サトウさんはこの市の多くの人に知られている男性です。**
(3) **ジェーンは旅行の準備をするのに忙しい。**

3 (1) driving, used　(2) sent, by
(3) rising, seen　(4) gone, shopping

4 (1) place, called　(2) visited, coming
(3) told, was　(4) made, of

5 (1) I want to see the pictures taken by her in Canada.
(2) That cat sleeping under the tree looks happy.
(3) What is the most important language spoken in the world?
(4) Look at that high mountain covered with snow.

6 (1) ① called　③ living
(2) イ　(3) ウ

解説

1 名詞と動詞が，能動態の関係→現在分詞，受動態の関係→過去分詞。

2 (2)「〜に知られている」では，ふつう，by ではなく to を用いる。
(3) be busy *doing*＝「〜するのに忙しい」

3 (2)「おば」＝my aunt が文末にあるので，「おばが送ってくれた」を「おばによって送られた」と考える。
(3)「日の出」＝rising sun。太陽は「見られる」関係。
(4) has があることから，過去分詞 gone にする。

4 (1)「この場所はメグロと呼ばれています。」→「これはメグロと呼ばれている場所です。」
(2)「多くの外国人がこの寺を訪れます。」→「これは外国から来た多くの人に訪れられる寺です。」
(3)「その話はおもしろかった。それは私たちの先生によって語られました。」→「私たちの先生によって語られたその話はおもしろかった。」
(4)「私たちは木の家に住んでいます。」→「私たちは木で作られた家に住んでいます。」「〜でできている」と材料を表すときは，of を用いる。

5 (1) by があることから「彼女が撮った」を「彼女によって撮られた」と考える。
(2)「幸せそうだ」は「幸せに見える」と考える。
(3)「最も重要な」＝the most important
(4)「〜で覆われた」＝covered with 〜

6 (2) be famous as 〜＝「〜として有名である」
(3) ウ「買い物に行ってたくさんのお金を使うこと」は，第2段落の内容に合わない。

全訳

あなたは今までにブータンと呼ばれる国について聞いたことがありますか。先週，私はこの小さな国についてのテレビ番組を見ました。

それはヒマラヤ山脈にあります。この国の人々は，「私たちは家族や友達，そしてまわりの人々と良い関係を築けているときに，幸せを感じます。私たちは美しい環境と，伝統を保とうとしています。私たちは他人のために働くことを良いことだと考えています。」と言います。現在，ブータンは「世界で最も幸せな国」として有名です。

日本では，たくさんのお金を欲しがったり，大きな家に住みたがったり，すてきな車に乗りたがったりする人もいます。彼らは裕福で物をたくさん持っていると幸せになれると考えています。しかし，私はブータンに住む人々から多くのことを学びました。そして今では，私はさまざまな種類の幸せがあることを知っています。

4 名詞を修飾する文 / 関係代名詞

STEP 1 まとめノート

本冊 ⇨ pp.134 ～ 135

1 ① 前置　② 現在　③ 過去

Check! ❶ これは私がカナダで買った腕時計です。

❷ あれはトムの家族が住んでいた家です。

2 ④ 主　⑤ who　⑥ 先行　⑦ who　⑧ which

Check! ❸ カオリは写真〔絵〕がたくさん載っている本が好きです。

❹ 今朝，公園で走っていた女の子を知っていますか。

3 ⑨ 目的　⑩ which

Check! ❺ who　❻ that　❼ that　❽ that

解説

1 Check! ❶ I bought the watch in Canada. がもとの形。

❷ Tom's family lived in the house. がもとの形。

3 Check! ❺「ナンシーはバイオリンを上手に弾くことができる少女です。」 先行詞が人なのでwho。なお，選択肢にはないが，that も可能。

❻「野球は私が最も好きなスポーツです。」 先行詞が人以外なので that。なお，選択肢にはないが，which も可能。

❼「これは私が今までに買った中でいちばんいい腕時計です。」 先行詞に最上級の形容詞が付いているので that。

❽「私があなたのためにできることが何かありますか。」 先行詞に any が含まれているので that。

! ココに注意

関係代名詞を省略できるのは目的格のときだけ。主格の関係代名詞は省略できない。

格	先行詞が「人」	先行詞が「人」以外
主格	who，that	which，that
目的格	that(省略可)	which，that(省略可)

STEP 2 実力問題

本冊 ⇨ pp.136 ～ 137

1 (1) a friend to play with

(2) my aunt in Hokkaido

(3) a car made in America

(4) a girl reading a book under the tree

2 (1) I know the man who wrote the story.

(2) Nancy has a dog that can swim very well.

(3) Please show me the pictures that you took in China.

(4) That is the girl that I saw on the train.

(5) The boy who is standing by the door is very tall.

3 (1) who〔that〕，lives　(2) who〔that〕，is

(3) which〔that〕，is

(4) which〔that〕，was

(5) which〔that〕，has

4 (1) Mr. Sato is a man who is good at cooking.

(2) This is the fish that my father caught yesterday.

(3) Hikaru is the singer I like the best.

(4) These are watches which were made in Switzerland.

5 (1) この窓を壊した〔割った〕少年はトムです。

(2) その赤い屋根の家は私の家です。

(3) これは私たちが今持っているすべてのお金です。

(4) あなたはイヌと一緒に向こうを走っている男の人を知っていますか。

6 ① 1937　② ライオン　③ コアラ

④ 水　⑤ 10　⑥ 20

解説

1 (1) 不定詞の形容詞的用法で名詞を修飾する。play with ～=「～と遊ぶ」

(2) 前置詞句で名詞を修飾する。

(3) 過去分詞で名詞を修飾する。

(4) 現在分詞で名詞を修飾する。

2 (1) the man と He が共通。主格の関係代名詞。「私はその物語を書いた男性を知っています。」

(2) a dog と It が共通。主格の関係代名詞。「ナンシーはとても上手に泳ぐことができるイヌを飼っています。」

(3) the pictures と them が共通。目的格の関係代名詞。「あなたが中国で撮った写真を私に見せてください。」

(4) the girl と her が共通。目的格の関係代名詞。「あちらが私が電車の中で見た少女です。」

(5) The boy と He が共通。主格の関係代名詞。「ドアのそばに立っている少年はとても背が高いです。」

3 (1) (2) 先行詞は「人」で，主格の関係代名詞。
(3) (4) 先行詞は「人」以外で，主格の関係代名詞。(3) の「ある，いる」は be 動詞で表す。
(5) 先行詞は「人」以外で，目的格の関係代名詞。

ココに注意

関係代名詞の直後にくる動詞は，先行詞の人称と時制で使い分ける。

---

4 (1)「サトウさんは男性です」who「料理が得意な」の語順。
(2)「これは魚です」that「昨日父が釣った」の語順。
(3)「ヒカルは歌手です」「私がいちばん好きな」の語順。目的格の関係代名詞が省略されている。
(4)「これらは腕時計です」which「スイス製の(スイスで作られた)」の語順。

5 (1) The boy を who broke this window が修飾している。
(2) The house を which has a red roof が修飾している。
(3) all the money を that we have now が修飾している。
(4) the man を who is running with a dog over there が修飾している。

スクリプト

6 *Ryota*：Hi, Lisa. I heard about the zoo near this school. Do you know about it?
Lisa：Yes, Ryota. It's an old zoo that was built in 1937. My father works there.
Ryota：Oh, really? What does he do?
Lisa：There are four lions in the zoo, and he takes care of them. He also talks about the animals in the zoo to the people who visit there.
Ryota：Wow! Lions are the animals that I like the best. I want to listen to your father's story about them.
Lisa：Then, let's visit the zoo this Wednesday. That day is a holiday this week. In the zoo, there are also cute koalas. The first baby was born three years ago. Then, one more baby was born last year. I want to see the new baby.
Ryota：OK. Let's go on that day. What time does your father start talking in the zoo?
Lisa：He starts at ten thirty.
Ryota：All right. Let's hear your father's story first. After that, let's see the new baby and the animals.
Lisa：OK. Then let's meet in front of the zoo at ten twenty.
Ryota：OK. See you on Wednesday.

スクリプト全訳

6 リョウタ：やあ，リサ。この学校の近くにある動物園について聞いたんだ。きみはそこのことを知ってる？
リサ：ええ，リョウタ。それは1937年に建てられた古い動物園よ。私の父がそこで働いているの。
リョウタ：ええ，本当に？　彼は何をしているの？
リサ：動物園には4頭のライオンがいて，彼はそれらの世話をしているわ。彼は動物園を訪れる人に動物園の動物について話もしているのよ。
リョウタ：わあ！　ライオンはぼくのいちばん好きな動物なんだ。それについてのきみのお父さんの話が聞きたいな。
リサ：じゃあ，今週の水曜に動物園に行きましょう。今週，その日は祝日でしょ。動物園にはかわいいコアラもいるわ。はじめての赤ちゃんが3年前に生まれたの。そして，去年，もう1頭の赤ちゃんが生まれたのよ。私は新しい赤ちゃんが見たいわ。
リョウタ：わかった。その日に行こう。きみのお父さんの動物園での話は何時に始まるの？
リサ：10時30分に始まるわ。
リョウタ：わかった。まずきみのお父さんの話を聞こう。その後，新しい赤ちゃんや動物たちを見よう。
リサ：わかったわ。じゃあ，動物園の前で10時20分に会いましょう。
リョウタ：わかったよ。水曜日に会おう。

STEP 3 発展問題

本冊 ⇨ pp.138 ～ 139

1 (1) student, I, taught
(2) boy, who〔that〕, likes
(3) who〔that〕, are, are
(4) same, that, for

(5) the, only, that〔who〕

2 (1) That is the police officer that I asked the way to the bank.

(2) All the children who〔that〕 saw the tall building looked surprised.

(3) The flowers which〔that〕 Kumi gave to her mother were beautiful.

(4) I want to live in a large house which〔that〕 has many rooms.

3 (1) which〔that〕, was

(2) which〔that〕, wrote

(3) who〔that〕, known

(4) you, like, best

(5) which〔that〕, has

(6) prettiest, ever

4 (1) This is all that I can do for him.

(2) My mother made me a doll which had blue eyes.

(3) The news I saw on TV yesterday made me sad.

(4) Who is the man our teacher is talking to?

5 (1) **彼は本に載っていないたくさんのことを発見しました。**

(2) who〔that / to〕

(3) **町や森の有害な昆虫を食べてくれること。**

(4) **エ**

解説

1 (1) 空所の数から関係代名詞は省略する。

(4) 先行詞 watch(→「人」以外)に the same が付いているので，関係代名詞は that を用いる。

2 (1) the police officer と him が共通。目的格の関係代名詞。「あちらは私が銀行への道を尋ねた警官です。」

(2) All the children と They が共通。主格の関係代名詞。「その高い建物を見たすべての子どもたちが驚いたように見えました。」

(3) The flowers と them が共通。目的格の関係代名詞。「クミが彼女のお母さんにあげた花はきれいでした。」

(4) a large house と It が共通。主格の関係代名詞。「私はたくさん部屋のある大きな家に住みたいです。」

3 (1)「これは去年の夏にジェーンによって撮られた写真です。」

(2)「私はその人気の作家が書いた本を読みたいです。」

(3)「私は有名な映画スターに会いました。」→「私はみんなに知られている映画スターに会いました。」

(4)「あなたのお気に入りの歌手はだれですか。」→「あなたがいちばん好きな歌手はだれですか。」

(5)「私は短い尻尾のイヌを飼っています。」

(6)「私はこんなに美しい花を見たことがありません。」→「これは私が今まで見たいちばん美しい花です。」

! ココに注意

(5) with は前置詞で「～を持った」という意味を表す。「主格の関係代名詞＋have〔has〕」でも同じ意味を表せる。

4 (1) この関係代名詞 that は目的格なので，省略してもよい。

(2)「青い目をした人形」は「青い目を持った人形」と考える。過去の文なので，had を補う。

(3)「ニュースが僕を悲しくさせた」の SVOC の文にする。made を補う。主語 The news を「昨日テレビで見た」が後ろから修飾する形。目的格の関係代名詞を省略して The news I saw on TV yesterday とする。

(4) 目的格の関係代名詞は省略可能。「～に話しかける」は talk to ～なので，to を補う。

5 (1) found は find の過去形。

(2) 先行詞が「人」で，主格の関係代名詞。形容詞的用法の不定詞と考えることもできる。

(4) **エ**が第 1 段落の 3 文目以降の内容に合う。「ウィリアムは毎週日曜日に公園に行き，公園にいるクモについて多くのことを発見しました。」

全訳

ウィリアムが私たちの学校の生徒だったとき，彼は多くのことについて疑問を持っていました。特に，彼はクモに興味を持っていました。彼はクモについて研究するために，毎週日曜日に公園へ行きました。彼はノートにクモについて分かったことを書き，クモの写真をたくさん撮りました。彼は本には載っていない多くのことを発見しました。

ウィリアムは大学でクモに関する研究を続けています。彼には一緒に研究する友達がたくさんいます。彼は「多くの人はクモが好きではない。でも彼らは地球の重要な一員なんだ。彼らは町や森の有害な昆虫を食べてくれる。彼らは人間や動物たちにとって良いことをしてくれるんだ。」と言います。

5 不定詞を含む重要構文

STEP 1 まとめノート

本冊 ⇨ pp.140 ~ 141

1 ① it ② 仮の ③ 真 ④ for ⑤ of ⑥ too ⑦ to ⑧ enough ⑨ to ⑩ tell ⑪ ask ⑫ want

Check! ❶ メアリーはその手紙を読んで悲しくなりました。
❷ 私に会いにきてくれるなんて，あなたはとても親切ですね。
❸ for，to ❹ of，to
❺ It，for，to ❻ too，to
❼ kind，enough，to
❽ ask，to ❾ want，to

解説

1 ⑩ 「tell＋目的語(人)＋to *do*」は，「say to ～(人)，"命令文."」に言いかえが可能。

⑪ 「ask＋目的語(人)＋to *do*」は，「say to ～(人)，"Please 命令文〔命令文，please〕."」に言いかえが可能。

⑫ want to *do*「～したい」との違いに注意。I want to go shopping. では，「買い物に行く」のは I(私)だが，I want you to go shopping. では you(あなた)。

Check! ❶ 不定詞が sad という感情の原因になっている。

❷ 不定詞が kind という判断の理由になっている。

❸「クミにとってバイオリンを弾くのは簡単です。」

❹「彼の話を信じるなんてあなたは愚かでしたね。」

❺「他者を尊重することは私たちにとってとても大切です。」

❼「～してくれるほどとても〔十分に〕親切だ」と解釈して，enough to *do* で表現する。

STEP 2 実力問題

本冊 ⇨ pp.142 ~ 143

1 (1) It is not easy to speak French. / フランス語を話すことは簡単ではありません。
(2) It is dangerous to swim in this river. / この川で泳ぐことは危険です。

2 (1) want，to (2) too，to
(3) surprised，to (4) rich，enough
(5) ask，to

3 (1) so，that (2) tall，enough
(3) told，clean (4) asked，him
(5) tells，not (6) of，you

4 (1) Is it hard for Japanese to master foreign languages?
(2) This box is light enough for a woman to carry.
(3) This coffee is too hot for me to drink.
(4) What do you want me to do?
(5) It was very kind of you to help the woman.

5 (1) I am too tired to walk.
(2) My father told me to wash this car.
(3) I'm sad to hear the news.

6 (1) ウ (2) エ

解説

1 仮の主語の it は「それは」とは訳さない。

2 (1) 「人に～してもらいたい」は「want＋人＋to *do*」で表す。

(2) 「～するには難しすぎる」は too difficult to *do* で表す。

(3) 「～して驚く」＝be surprised to *do*

(4) 副詞の enough は形容詞または副詞の直後に置いて，「十分に」の意味を表す。

3 (1) 「私はとても興奮していたのでよく眠ることができませんでした。」

(2) 「トムは十分に背が高いので天井にさわることができます。」

(3) 「私の母は私に『あなたの部屋を掃除しなさい』と言いました。」→「私の母は私に自分の部屋を掃除するように言いました。」

(4) 「ナンシーは彼に『窓を開けてください』と言いました。」→「ナンシーは彼に窓を開けるように頼みました。」

(5) 「私たちの先生はいつも私たちに『夜更かししてはいけません』と言います。」→「私たちの先生はいつも私たちに夜更かししないように言います。」

(6) 「あなたが私たちを助けてくれたのはとても親

切です。」

ココに注意

(5) 不定詞を否定するときには不定詞の直前に not を入れる。

He told me **not** to open the door.

→ to open を否定

（彼は私にドアを開けないように言いました。）

He did **not** tell me to open the door.

→ tell を否定

（彼は私にドアを開けるように言いませんでした。）

---

4 (1) it は仮の主語として用いる。

(2) enough があるので「運べるくらい軽い」は light enough to carry となるが，「女性が」= for a woman を to carry の前に置く。

(3) too があるので「飲むには熱すぎる」は too hot to drink となるが，「私が」= for me を to drink の前に置く。

(5)「あなたが～するのはとても親切だ」は It is very kind of you to ～. で覚えておくとよいだろう。

5 (1) 同じ内容を so ～ that ... を用いて I'm so tired that I can't walk. と表すこともできる。

(2) 同じ内容を My father said to me, "Wash this car." と表すこともできる。

(3) この場合の「聞く」は hear を用いる。

スクリプト

6 Last summer, Kyoko visited America. She stayed with Mr. and Mrs. Garcia for three weeks.

Mr. Garcia spoke English very slowly for Kyoko when he talked to Kyoko. He wanted her to understand his English better. But it was difficult for her to understand his English because it sounded a little different.

One day, Mrs. Garcia said to Kyoko, "My husband came to America from Spain two years ago. At that time, he couldn't speak English. But in two years, he learned how to speak it." Kyoko was surprised and said, "In only two years? He is great because he learned how to speak English in such a short time." Mrs. Garcia said, "Yes, Kyoko. We got married last year. And I'm teaching him English now." Kyoko said, "Can you teach me English, too? I want to enjoy talking with you and Mr. Garcia more." "Sure," said Mrs. Garcia with a smile.

Questions：

(1) Why did Mr. Garcia speak very slowly when he talked to Kyoko in English?

(2) What did Kyoko ask Mrs. Garcia to do after talking about Mr. Garcia?

スクリプト全訳

6 去年の夏，キョウコはアメリカを訪れました。彼女はガルシア夫妻のところに 3 週間滞在しました。

ガルシア氏がキョウコに話すとき，彼はキョウコのためにとてもゆっくりと英語を話しました。彼は彼女に彼の英語をよりよく理解して欲しいと思っていました。でも，彼の英語が少し違って聞こえたので，キョウコが彼の英語を理解するのは難しかったのです。

ある日，ガルシア夫人がキョウコに「私の夫は 2 年前にスペインからアメリカに来たの。そのとき，彼は英語を話せなかったのよ。でも 2 年で彼は英語の話し方を学んだの。」と言いました。キョウコは驚いて，「たった 2 年で？　彼がそんなに短い時間で英語の話し方を学んだなんてすごいです。」と言いました。ガルシア夫人は「そうなの，キョウコ。私たちは昨年結婚したの。そして今，私が彼に英語を教えているのよ。」と言いました。キョウコは「私にも英語を教えてくれませんか。私はあなたやガルシア氏ともっと話して楽しみたいのです。」と言いました。ガルシア夫人はほほえんで「もちろんよ。」と言いました。

質問：

(1) なぜガルシア氏はキョウコに英語で話すとき，とてもゆっくりと話したのですか。

(2) キョウコはガルシア氏について話をした後，ガルシア夫人に何をするように頼みましたか。

STEP 3 発展問題

本冊 ⇨ pp.144 ～ 145

1 (1) too, to　(2) sorry, hear

(3) want, to, take

(4) enough, to, understand

2 (1) told, to, smoking

(2) kind, enough, how

(3) truth, it, for

(4) too, for, to

(5) must, be, to

3 (1) asked, tell, him

(2) so, that, couldn't
(3) necessary, for, you
(4) said, Don't, be
(5) want, me, to
(6) impossible, to, solve
(7) It, kind, of

4 (1) It is dangerous for children to play baseball here.
(2) My father often tells me to have a dream.
(3) This milk is so hot that I can't drink it.
(4) It was kind of him to help me with my work.
(5) I told Yuki to come home before dark.

5 (1) **ホストマザーであるブレンダに市立図書館の小学生向けの授業で子どもたちに何か日本のものを教えて欲しいと頼まれたこと。**
(2) ウ

解説

1 (1)「私はあまりに遅く帰宅したので，そのサッカーの試合をテレビで見ることができませんでした。」
(2)「彼女はその悪い知らせを聞いて，気の毒に思いました。」
(3)「あなたは私にあなたの赤ちゃんの世話をして欲しいのですか。」
(4)「ホワイト先生はとてもゆっくりと話してくれたので，私たちは彼の英語を理解することができました。」

2 (1)「タバコを吸う」＝smoke
(2)「親切にも～してくれた」は「～するくらい十分に親切だ」と考える。
(3)「本当のことを言うと」＝to tell the truth
(5) 判断の理由を表す不定詞。「～に違いない」＝must be ～

3 (1)「彼は私に『図書館への道を私に教えてくれませんか』と言いました。」→「彼は私に図書館への道を彼に教えるように頼みました。」
(2)「その石は私たちには重すぎて運ぶことができませんでした。」→「その石は非常に重かったので，私たちはそれを運ぶことができませんでした。」
(3)「あなたは明日までにその仕事を終える必要はありません。」 necessary＝「必要な」
(4)「イトウ先生は私たちに学校に遅れないように言いました。」→「イトウ先生は私たちに『学校に遅れてはいけません』と言いました。」
(5)「(私は)何をしましょうか。」→「あなたは私に何をして欲しいですか。」
(6)「私はその問題を解くことができません。」→「私がその問題を解くのは不可能です。」 impossible＝「不可能な」
(7)「私にすてきなプレゼントをくださってありがとう。」→「私にすてきなプレゼントをくださって，ご親切にありがとう。」

! ココに注意

(1) He said to me, "Will you tell me the way to the library?" の 2 つの me は同じ人ではない。" " の中の me は He のことなので，書きかえると，He asked me to tell him the way to the library. となる。

4 (1)「～が…するのは－だ」の形にあてはめて，仮の主語の it を使った不定詞の構文で表す。「危険な」＝dangerous を補う。
(2) tells を補う。
(3) that と so から，「so ～ that SV」の構文で表す。接続詞 that の後には完全な文が続く必要がある。I can't drink で終わると目的語のない不完全な文となるため，this milk を代名詞に置きかえた it が必要。
(4) 「help＋人＋with＋物」で「(人)の(物)を手伝う」の意味。help my work とはしない。of を補う。
(5) told を補う。「暗くなる前に」＝before dark

5 (1) 直前の文の内容。
(2) 本文最後の 3 文に注目する。**ウ**「子どもたちは講座を楽しみ，エミは次回は日本の歌を教えたいと思っています。」

全訳

こんにちは，ボブ。元気ですか。私は先週の市立図書館での経験について話したいです。

私のホストマザーのブレンダがそこで働いています。図書館はその街に住む人々のためにいくつかの教養講座を行っています。ある日ブレンダが私に，図書館の小学生向けの講座で子どもたちに何か日本のものを教えてくれるように頼みました。私はそれを聞いてとてもうれしかったです。彼女と話した後，私は折り鶴の作り方を子どもたちに教えようと決めました。その講座には子どもが 20

人くらいいました。最初は，英語でそれのやり方を教えるのは私にとってとても難しかったです。私は例を見せて，子どもたちに段階的にそれを説明しました。彼らが私についてくるのは簡単ではありませんでしたが，最後には彼らは鶴を折ることができました。子どもたちはそれらを気に入ってくれました。私は彼らが講座を楽しんでくれてとてもうれしかったです。次回，私は子どもたちに日本の歌を教えたいと思います。私はいつかあなたに日本の歌を歌ってあげます。

6 話法と人称・時制の一致／仮定法

STEP 1 まとめノート

本冊 ⇨ pp.146~147

1 Check! ❶ Jane said, "I am sorry."
Jane said that she was sorry.

2 Check! ❷ Jimmy said to me, "I will give you my cap."
Jimmy told me that he would give me his cap.

3 Check! ❸ If I knew her mail address, I would send an e-mail to her.
❹ I wish I were a good singer.
❺ If she were not sick, she could go hiking.
❻ I wish I had a bike now.

解説

1 Check! ❶ 上の方は，その場にいないJane(女性の名前)の発言を「実況中継」のように伝えた形。下の方は，時と場所を変えて，自分の目の前にいる人に伝えている形。直接話法から間接話法に書きかえるとき，～ said that ... 以下では，次の2点に注意する。

・人称代名詞が変わる。❶では，I は Jane を指すので，I → she.

・時制の一致が起こる。❶では，I am sorry → she was sorry

2 Check! ❷ 話し相手が示されている場合の話法の書きかえ問題。❷の直接話法において，Jimmy said to me, は「ジミーは私に～と言った」の意味。Jimmy の話し相手は me。そして，次に I will give you my cap では，「話し手」= ジミー。「話し相手」= 私と理解しておく。I = Jimmy, you = me, my = his であると理解する。さらに，will は会話発生時の未来時制と理解する。間接話法になると，said to me → told me, I → he, will → would, give you → give me, my cap → his cap に変わる。

3 Check! ❸ 現実は「彼女のメールアドレスを知らない」ということなので，「彼女のメールアドレスを知っていれば」という不可能な内容を仮定する。If I **knew** her mail address となる。その仮定内容が可能なら，実現するのが I **would** send an e-mail to her.

❹ 残念な現在の事実は「私は歌うのが苦手である。」**I'm sorry I'm not** a good singer.

STEP 2 実力問題

本冊 ⇨ pp.148~149

1 (1) told, she, would, me (2) wish, could
(3) were, not, could (4) knew, could
(5) said, she, was

2 (1) I don't have enough money, so I cannot〔can't〕buy the nice bag. / If I had enough money, I could buy the nice bag.
(2) He said to his wife, "I will be home late." / He told his wife that he would be home late.
(3) I am sorry that I am not good at math. / I wish I were good at math.

3 (1) I wish I had more time to talk with you.
(2) I would ask him for help if he were here now.
(3) He told me that he would pick me up at the station.

4 (1) cost, might (2) knew, would
(3) was (4) would

5 (1) won, could buy (2) told, would have
(3) were (4) were, would not buy

6 (1) エ (2) ア (3) イ (4) イ (5) ア

解説

1 (1) 話し相手がいる場合の話法の書きかえ。伝達部では **Sue said to** me, → Sue **told** me と書きかえる。伝達内容では❶ 人称代名詞の書きかえ，❷ 時制の一致が起こるので，**I will** buy a delicious cake for **you** → **she would** buy a delicious cake for **me** となる。

(2)「残念な現在の事実」から「現実から離れた内容の願望」への書きかえ。「残念な現在の事実」は「残念ながら私はあなたの宿題を手伝うことができない。」**I'm sorry I cannot** help you with your homework. その現実から離れた願望内容は「あなたの宿題を手伝うことができればなあ。」**I wish I could** help you with your homework.

(3) 現在の事実は「このジャケットは非常に高いので私には買えない」という内容。その不可能な内容の反対を仮定すると「もしこのジャケットがそれほど高くないなら」となる。If this jacket **were not so expensive**. それが可能なら実現することは「私はそれを買えるのだが」となる。**I could buy it.**

(4) 現在の事実は「タロウはチェスの仕方を知らないので，私たちに参加できない。」その不可能な内容の反対の仮定は「もしタロウがチェスの仕方を知っていれば」となる。If Taro **knew** how to play chess. それが可能なら実現するのは「彼が私たちに参加できるのだが」となる。he **could join** us.

(5) 上の英文は「その場にいない人であるJennyの発言内容を実況中継」のように述べている文。下の英文は，「時と場所」を変えて，「Jennyが～と言っていたよ」と伝える英文。❶ 人称代名詞の変化。I → she，❷ 時制の一致。am cooking → was cooking

2 (1) 上の方の英文は「現在の事実」で，「私には十分なお金がないので，そのすてきなカバンを買えない」という内容。下の方の英文は，前半は「不可能な内容の仮定」で「十分なお金があれば」という内容。If I **had** enough money. 後半はそれが可能なら実現することで，「私はそのすてきなカバンを買えるだろう」という内容。I **could buy** the nice bag.

(2) 上の方の英文は，「話し相手がいる」場合の直接話法の英文。「彼が奥さんに対する発言」の内容を実況中継で述べた文。下の方の英文は，「彼と彼の奥さんとの会話」を聞いていた人が，第三者に会話内容を伝えている内容。

(3) 上の方の英文は「残念な現在の事実」で「残念ながら，私は数学が得意ではないんです」という内容。下の方の英文は，「現実から離れた内容の願望」で，「数学が得意ならいいのだが」という内容の英文。

3 (1)「あなたとお話をする時間があまりない」という現実に反する内容を願望する文。I wish I 仮定法過去の表現を書く問題。

(2)「今，彼がここにいない」という現実に反する内容を仮定すると，「今，彼がここにいれば」となり，仮定法過去でif he **were** here nowと表す。その影響を受けて，「彼に助けを求めるのですが」はI will ask him for helpではなく，I **would** ask him for helpとなる。

(3) 時制の一致の問題。He told me that ～という過去形の動詞に続くthat節以下では，時制の一致でその後にくる動詞は過去形にする。He **told** me that he **would** pick me up ～

4 (1) 仮定法過去の問題。「高価な本」を見て「その本が千円以下なら買うかもしれないのだが」という内容の問題。

(2)「彼と連絡が取れない」という現在の事実に直面して，その現実の反対の内容を仮定した仮定法過去の問題。「もし彼の電話番号を知っていれば，彼に電話をかけるだろう」

(3)「お母さんが私に夕食を作っているところですよと言った」という間接話法の英文。伝達内容のthat節以下では，時制の一致でwasを選ぶ。

(4) 前半の英文は，「1週間ずっと雨が降っている」という現実を表す内容。後半の英文は，その現実に対する反対の内容の願望を表す内容で，「この雨が止んでくれたらいいのだが」という意味の英文。

5 (1) 仮定法過去の問題。直接法なら，If I **win** a lottery, I **can** buy a house in Sydney. ここは仮定法過去なので，If I **won** a lottery, I **could** buy a house in Sydney.

(2) 直接話法から間接話法に変換する問題。現在においての間接話法なら，Miyuki **tells** me that they **will have** a school festival at their school next week. しかし，過去の発話の間接話法なので，Miyuki **told** me that they **would have** a school festival the next week. となる。

(3) 仮定法過去で「願望」を表すので，is → were となる。

(4) 直接法なら，If I am you, I will not buy such an expensive watch. これを仮定法過去にする問題なので，

If I **were** you, I **would not buy** such an

expensive watch.

6 (1) 仮定法過去の条件節での空所補充。if today were the last day of your life となる。「もし，今日があなたの人生の最後の日なら，あなたは何をするでしょうか」

(2) 「願望」を表す仮定法過去の問題。I wish I knew how to explain the difficult problem in English.「その難しい問題を英語で説明する方法がわかればいいのですが」

(3) 仮定法過去の条件節での空所補充。If I were you となる。「もし私があなたなら，彼女の申し出を受け入れるでしょう」

(4) 仮定法過去の帰結節の空所補充。I could play with you in the park.「もし私にもっと時間があれば，公園であなたと遊べるのですが」

(5) 仮定法過去の条件節での空所補充。If I lived near your house, となる。「もし私があなたの家の近くに住んでいれば，あなたと一緒に学校へ行くのですが」

STEP 3 発展問題

本冊 ⇨ pp.150~151

1 (1) **He said to me, "I usually don't have〔eat〕 breakfast." / He told me that he usually didn't have〔eat〕 breakfast.**

(2) **Mary said to Bob, "I am always ready to work together with you." / Mary told Bob that she was always ready to work together with him.**

2 (1) **knew, couldn't**

(2) **thought, was**

3 (1) **If I were you, I would see a doctor at once.**

(2) **The girl told me that her mother was in the kitchen.**

4 (1) **プラスチックごみ**　(2) **イ**　(3) **イ**　(4) **ア**
(5) **⑤ were　⑥ would**　(6) **イ**

解説

1 (1) 上の方の英文は，「彼から，話し相手の私に」対する発言内容を実況中継で伝えている内容。下の方の英文は，「時と場所」を変えて，二人の会話内容を，第三者に伝えている内容。

(2) 上の方の英文は，「メアリーからボブに」対する発言内容を実況中継で伝えている内容。下の方の英文は，「時と場所」を変えて，二人の会話内容を，第三者に伝えている内容。

2 (1) (2) ともに，〈時制の一致〉の問題。

3 (1) 仮定法過去の問題。下線部の語は過去形にする。前半が条件説にして，後半はその帰結文にする。

(2) 過去において「その女の子が私に対する発言内容」を表す英文。「母は台所にいます」では時制の一致で is → was になることに注意する。

(4) 下線部④ were　下線部⑤ would　(5) **イ**

4 (1) plastic waste はプラスチックごみのことである。

(3) (4) は「先生は私たちに～しなければならないと言った」という意味の文の問題。「S は O に～だと言った」で S told O that S 過去形というふうに that 以下は時制の一致を受けるので，He told me that we had to do ... となる。

(5) 仮定法過去の問題。「もしあなたが魚であればどんな気持ちになるでしょうか」If you **were** fish, how **would** you feel?

(6) 第 3 段落の第 1 文が該当箇所。stores in Japan started to charge .... in line with a global trend of reducing plastic waste.（日本の店はプラスチックごみを減らすという世界の傾向に合わせて使い捨てレジ袋の有料化を始めた）という内容からみて，**イ**が正解。

全訳

プラスチックごみの問題について考えたことがありますか。私の理科の先生は私たちに図とグラフを見せてくれました。彼は私たちに次の事実について話してくれました。日本はプラスチック生産国として世界第 3 位です。日本は一人当たりのプラスチックごみ産出国として世界第 2 位です。日本人の約 30％は 1 日に 1 枚のレジ袋をもらいます。約 12 分後，人々は海にレジ袋を捨てています。プラスチック袋は海底にまで沈み，海洋動物の体内に入っていきます。酸欠状態になります。海底の植物は成長しなくなります。やがて，海の中にあるプラスチック袋は非常に小さな粒子になりマイクロプラスチックと呼ばれる。魚はマイクロプラスチックを食べて酸欠で死んでしまいます。生態系が破壊されます。

先生は私たちに問題を解決するために何かをしなければならないと言いました。私たちは海にいる魚であるかのように想像しなければならないと言いました。先生は「もし魚だとしたらどんな気持ちになるでしょうか」と言いました。

2020年7月1日，日本の店はプラスチックごみ削減という世界的傾向に従って使い捨てレジ袋の有料化を始めました。店舗は人々にマイバッグを持ってくるよう依頼するのにこの社会運動をはじめました。

理解度診断テスト

本冊 ⇨ pp.152 ～ 153

理解度診断 A…70点以上，B…41～69点，C…40点以下

1 (1) seen (2) boiled (3) skiing
(4) to buy (5) to hear

2 (1) to (2) which (3) since (4) who
(5) before

3 (1) (誤)speaking → (正)spoken
(2) (誤)enough rich → (正)rich enough
(3) (誤)to get → (正)get
(4) (誤)to not → (正)not to
(5) (誤)am → (正)were

4 (1) knew, what, liked
(2) has, never, been
(3) looking, forward, seeing〔meeting〕
(4) has, written, in (5) asked, to, for
(6) there, anything, can

5 (1) How often〔How many times〕 has Tom watched the movie?
(2) Lisa thought that she had to help her mother.
(3) The girl who〔that〕 is reading a book under the tree is Kumi.

6 (1) without, eating〔having〕
(2) who〔that〕, has (3) how, to
(4) Kenta, took (5) so, that, couldn't
(6) had, could

7 (1) It has been raining hard for the last three hours.
(2) The news made her happy.
(3) Do you know what Sam wants to be?
(4) How about playing soccer in the park after school?

解説

3 (3)「あなたは彼が電車に乗るのを見ましたか」〈see＋O＋動詞の原形〉「Oが～するのを見る」の内容なので，to get を原形の get に訂正する。Did you see him get into the train? にする。
(5)「スキーが上手であればいいのだが」〈スキーが不得手である〉という現実と異なることの願望を表すのに I wish I **were** good at skiing. にする。

4 (1) 時制の一致に注意する。
(3) 不定詞の文と勘違いしないこと。to は前置詞なので，動名詞が続く。
(6) anything と I の間に that が省略されている。

5 (2) that 以下の文に助動詞が含まれる文での時制の一致は，助動詞を過去形にしなければならないが，must に過去形はないので同じ意味を表す have〔has〕 to を用いて had to にする。
(3) 先頭の文に先行詞の候補が2つあるときには，固有名詞，代名詞以外のものを先行詞とするとよい。
この場合は Kumi は固有名詞なので，girl を先行詞とする。

6 (4) 目的格の関係代名詞 which〔that〕が省略されている。
(5) 全体が過去の文なので，can't にしないこと。
(6)「あまり時間がないので，妹の宿題を手伝えない」という現実の反対の内容は，「時間が多くあれば，妹の宿題を手伝えるのに」。don't have → had，can't help → could help に書きかえる。

7 (1)「3時間前から現在までずっと雨が降り続けている」内容なので，現在完了進行形を使う。rain を進行形の raining にする。

リスニング問題対策

本冊 ⇨ pp.154 ～ 157

1 (1) ア (2) エ (3) イ (4) ウ

2 (1) エ (2) ウ (3) イ

3 (1) ウ (2) イ (3) ウ

4 (1) イ (2) イ (3) エ (4) ア

5 (1) ウ (2) イ (3) イ

6 (1) 2 (2) 海岸 (3) 食文化
(4) (日本食の)レストラン
(5) 料理の本

7 (1) 50 (2) 都市
(3) 湖の周りの掃除
(4) 美しい海
(5) 宇宙について学ぶ

8 (1) first　(2) showed　(3) better
(4) (例)make friends with many people

9 ウ

10 (1) エ　(2) イ

11 (1) Tuesday　(2) ウ
(3) イ，ウ

解説

1 (2) 相手はカバンの特徴を伝えるように言っている。
(4) **ア**と**エ**はパーティーに行ったと言っているので不適切。パーティーには行きたかったので**イ**も不適切。

スクリプト

(1) *Paul*：What are you going to do during summer vacation, Emi?
Emi：I'm going to visit Kyoto with my family. We often go there.
Paul：How many times have you visited Kyoto?

(2) *Paul*：What are you doing, Emi?
Emi：I can't find my bag. Have you seen it, Paul?
Paul：No, I haven't. Tell me more about your bag. I can help you.

(3) *Paul*：I want to walk to Yokohama Station. Do you know the way, Emi?
Emi：Yes, but you have to walk for a long time.
Paul：No problem. I like walking.

(4) *Paul*：I enjoyed the party at Akiko's house yesterday.
Emi：That's nice, Paul. I wanted to go, too, but I couldn't.
Paul：Did you have anything to do yesterday?

スクリプト全訳

(1) ポール：エミ，夏休みの間に何をするつもり？
エミ：私は家族と京都を訪れるつもりよ。私たちはよくそこに行くの。
ポール：何回京都を訪れたことがあるの？

(2) ポール：エミ，何をしているの？
エミ：私のカバンが見つからないの。ポール，それを見た？
ポール：いいや，見てないよ。きみのカバンについてもっと教えて。手伝うよ。

(3) ポール：ぼくは横浜駅まで歩いて行きたいんだ。エミ，道を知ってる？
エミ：ええ，でも，長い間歩かなければいけないわよ。
ポール：問題ないよ。ぼくは歩くのが好きなんだ。

(4) ポール：ぼくは昨日アキコの家であったパーティーを楽しんだよ。
エミ：ポール，それはよかったわ。私も行きたかったけど，行けなかったの。
ポール：昨日何かすることがあったの？

2 (1) 話したい相手が外出中なので，メッセージを伝えてもらう。**ア**の You have the wrong number. は「番号を間違えていますよ。」の意味。

スクリプト

(1) *Man*：Hello. This is Koji.
Woman：Hello, Koji.
Man：May I speak to Nancy, please?
Woman：I'm sorry, she's out now.
Question：What will Koji say next?

(2) *Man*：Rie, do you have any plans for the winter vacation?
Woman：Yes, I do. I'll go to Osaka.
Man：Oh, really? Why will you go there?
Question：What will Rie say next?

(3) *Man*：Hi, Meg. You look very tired. What's the matter?
Woman：I'm sick and feel cold.
Man：Really? That's too bad. How about going home early today?
Woman：OK. I will.
Man：Have a good sleep.
Woman：Thank you, Kazuo.
Question：What do we know from their talk?

スクリプト全訳

(1) 男性：もしもし。コウジです。
女性：もしもし，コウジ。
男性：ナンシーと話がしたいのですが。
女性：すいません，彼女は今，外出しています。
質問：コウジは次に何と言うでしょうか。

(2) 男性：リエ，冬休みに何か計画はある？
女性：ええ，あるわ。私は大阪に行くつもりよ。
男性：ええ，本当に？　なぜそこに行くつもりなの？
質問：リエは次に何と言うでしょうか。

(3) 男性：やあ，メグ。きみはとても疲れているようだね。どうしたの？
女性：気分が悪くて寒気がするの。

男性：本当に？　それはお気の毒に。今日は早く家に帰ったらどう？
女性：わかったわ。そうする。
男性：よく寝るんだよ。
女性：カズオ，ありがとう。
質問：彼らの話から何が分かりますか。

スクリプト

3 (1) *Jane*：Taro, we'll be late for the movie! If we go there by bike, it will take more than forty minutes. Can your father take us there by car?
Taro：No, he is not at home now, Jane. But don't worry. If we take a bus or a train, it'll take twenty minutes.
Jane：Which should we use to go there?
Taro：I think we should go there by bus, not by train.
Jane：Why?
Taro：Buses come more often.
Jane：OK. Let's take one.
Question：How will Jane and Taro go to the movie?

(2) *Ayumi*：What subject do you like the best, David?
David：I like Japanese the best. How about you, Ayumi?
Ayumi：I like English the best.
David：I see. You are good at speaking English.
Ayumi：Thank you, David. I think you speak good Japanese.
David：I'm glad to hear that. I'm interested in learning languages.
Ayumi：What other subjects are you interested in?
David：Well, science and math.
Ayumi：Wow, that's great!
Question：What subject does Ayumi like the best?

(3) *Mark*：Why don't we go to see a baseball game tomorrow, Sachiko?
Sachiko：What game, Mark?
Mark：Our school's team is going to have a game. Yuji is going to play.
Sachiko：That's good. What time is the game going to start?
Mark：It's going to start at three. Shall we meet at the station at one o'clock?
Sachiko：Well, I'm going to meet Naomi at twelve for lunch. How about two?
Mark：No problem.
Sachiko：OK. See you then.
Question：What time will the baseball game start?

スクリプト全訳

3 (1) ジェーン：タロウ，映画に遅れるわ。もし自転車で行くと，40分以上かかってしまうわ。あなたのお父さんは車で私たちをそこに連れて行ってくれないかしら？
タロウ：だめだよ，彼は今家にいないんだ，ジェーン。でも心配しないで。バスか電車に乗れば，20分で行けるよ。
ジェーン：そこへ行くのにどちらを使うべきかしら？
タロウ：ぼくは電車ではなく，バスで行くべきだと思うよ。
ジェーン：どうして？
タロウ：バスの方がより頻繁に来るからね。
ジェーン：わかったわ。バスに乗りましょう。
質問：ジェーンとタロウはどうやって映画に行くつもりですか。

(2) アユミ：デイビッド，あなたは何の科目がいちばん好き？
デイビッド：ぼくは日本語がいちばん好きだよ。きみはどう，アユミ？
アユミ：私は英語がいちばん好き。
デイビッド：なるほど。きみは英語を話すのが上手だね。
アユミ：ありがとう，デイビッド。あなたは日本語を話すのが上手だと思うわ。
デイビッド：それを聞いてうれしいよ。ぼくは言語を学ぶことに興味があるんだ。
アユミ：他にどんな科目に興味があるの？
デイビッド：ええっと，理科と数学。
アユミ：わあ，それはすごい！
質問：アユミは何の科目がいちばん好きですか。

(3) マーク：サチコ，明日野球の試合を見に行こうよ。
サチコ：どんな試合なの，マーク？
マーク：ぼくたちの学校のチームが試合をする

んだ。ユウジが出場するんだよ。

サチコ：それはいいわ。その試合は何時に始まるの？

マーク：3時に始まるよ。1時に駅で会おう。

サチコ：ええっと，私はナオミと昼食をとるために12時に会う予定なの。2時でどうかしら？

マーク：いいよ。

サチコ：分かった。じゃあね。

質問：野球の試合は何時に始まりますか。

4 (3) call ～ back で「～に折り返し電話をかける」の意味。

(4) I have just bought it. から，カメラを買ったばかりだと分かる。

スクリプト

(1) *A*：What sports do you like, Judy?

B：I like soccer and tennis.

A：Do you play both?

B：I play tennis, but I only watch soccer on TV.

Question：What sports does Judy play?

(2) *A*：What time do you usually get up, John?

B：I usually get up at 6：30, but I got up thirty minutes earlier this morning.

A：Why?

B：I did my homework before eating breakfast.

Question：What time did John get up this morning?

(3) *A*：Hello. This is Kenji. May I speak to Kate, please?

B：I'm sorry, she is out.

A：Could you tell her to call me back at 8：00?

B：Sure.

Question：What does Kenji want Kate to do?

(4) *A*：You have a nice camera, Hiroshi.

B：Thanks, Lisa. But using this camera isn't easy for me.

A：Why?

B：I have just bought it. I don't know how to use it very well.

Question：Why is it difficult for Hiroshi to use the camera?

スクリプト全訳

(1) A：ジュディ，きみはどんなスポーツが好きなの？

B：私はサッカーとテニスが好きよ。

A：きみは両方するの？

B：テニスをするけど，サッカーはテレビで見るだけなの。

質問：ジュディはどんなスポーツをしますか。

(2) A：ジョン，あなたはたいてい何時に起きるの？

B：ぼくはたいてい6時30分に起きるんだ，でも今朝は30分早く起きたんだ。

A：どうして？

B：朝ごはんを食べる前に，宿題をしたんだ。

質問：ジョンは今朝何時に起きましたか。

(3) A：もしもし。ケンジです。ケイトと話したいのですが。

B：すみません，彼女は外出中です。

A：彼女に8時に私へ折り返し電話するように言ってもらえますか。

B：もちろんです。

質問：ケンジはケイトに何をしてもらいたいですか。

(4) A：ヒロシ，すてきなカメラを持っているわね。

B：ありがとう，リサ。でも，このカメラを使うのはぼくには簡単ではないんだよ。

A：どうして？

B：買ったばかりで，使い方をあまりよく知らないんだ。

質問：なぜヒロシにとってそのカメラを使うことは難しいのですか。

5 (3)「夢」とは「なりたいもの」のこと。

スクリプト

Yesterday a young Japanese man came to our post office. His name was Jiro. He was twenty-four years old. He wanted to send a birthday present to his mother in Japan, but he didn't know how to do it. So I told him how to send a present. After that, I asked him, "Why did you come to this town?" He told me about his dream. Jiro came to America last week. He wants to be a good farmer, so he works and studies hard in this town every day. I was happy to talk with Jiro.

(1) Did Jiro want to send a birthday present to his mother?
(2) When did Jiro come to America?
(3) What is Jiro's dream?

スクリプト全訳

昨日，日本人の若者が私たちの郵便局に来ました。彼の名前はジロウといいました。彼は 24 歳でした。彼は日本にいる母親に誕生日プレゼントを送りたかったのですが，そのやり方を知りませんでした。だから私がプレゼントの送り方を教えてあげました。その後私は彼に「なぜあなたはこの町に来たのですか。」と尋ねました。彼は自分の夢について話してくれました。ジロウは先週アメリカに来ました。彼は立派な農場経営者になりたいと思っており，この町で毎日熱心に働き，勉強しているのです。私はジロウと話してうれしかったです。

(1) ジロウは彼の母親に誕生日プレゼントを送りたかったのですか。
(2) ジロウはいつアメリカに来ましたか。
(3) ジロウの夢は何ですか。

6 (3) 「〜に興味がある」は be interested in 〜。

スクリプト

Last summer, a student from Australia came to my house. Her name is Nancy. She stayed at my house for two weeks.

Nancy and I visited many famous places and talked about a lot of things. Nancy loved the nature in Wakayama, so we enjoyed walking on the beautiful beach near my house.

Nancy was interested in Japanese food culture. One day, Nancy and I went to a restaurant with my father to eat Japanese food. It was delicious, and we enjoyed a lot of food.

On her last day in Japan, I gave her a book about cooking as a present. She looked really happy.

Now, she is in Australia. I will tell her more about Japanese food culture through e-mail.

スクリプト全訳

去年の夏，オーストラリアからの学生が私の家に来ました。彼女の名前はナンシーです。彼女は私の家に 2 週間滞在しました。

ナンシーと私は多くの有名な場所を訪れたり，たくさんのことについて話したりしました。ナンシーは和歌山の自然が大好きでした，だから私たちは私の家の近くの美しい海岸を歩いて楽しみました。

ナンシーは日本の食文化に興味がありました。ある日，ナンシーと私は私の父と一緒に日本食を食べるためにレストランへ行きました。それはおいしくて，私たちはたくさんの食べ物を楽しみました。

彼女の日本での最後の日に，私はプレゼントとして料理の本を彼女にあげました。彼女は本当にうれしそうでした。

今，彼女はオーストラリアにいます。私は E メールを通じて，彼女に日本の食文化についてもっと教えるつもりです。

スクリプト

7 *Lisa*：We are going to go to the Sydney Park tomorrow. It is very famous for its cherry blossoms.

Masao：Cherry blossoms? Do you have cherry trees in your country?

Lisa：Oh, yes. They were sent to my country from Japan about one hundred years ago. There are fifty cherry trees in the park and each tree has the name of a Japanese city.

Masao：That's interesting. Well, what are we going to do there?

Lisa：We will clean around the lake in the park. After that, we will eat lunch under the cherry trees.

Masao：I see. What are we going to do in the afternoon?

Lisa：There is a tower in the park. We will go up the tower. We can see the beautiful sea from the tower on sunny days. I hope it will be sunny tomorrow.

Masao：I hope so, too. Well, what are we going to do if it rains?

Lisa：We will go to the science museum in the park and learn about space.

Masao：OK. Well, what time should I come to school tomorrow?

Lisa：Please come at eight.

Masao：All right. Thank you very much.

スクリプト全訳

7 リサ：私たちは明日シドニー公園に行きます。それは桜の花でとても有名です。

マサオ：桜の花ですか。あなたの国には桜の木があるのですか。

リサ：はい。およそ100年前に日本から私の国に送られてきました。公園には50本の桜の木があり，それぞれに日本の都市の名前を持っています。

マサオ：それはおもしろいですね。ぼくたちはそこで何をするのですか。

リサ：公園内にある湖の周りを掃除します。その後，桜の木の下で昼食をとります。

マサオ：わかりました。午後は何をするのですか。

リサ：公園には塔があります。その塔に登ります。晴れた日には塔から美しい海を見ることができます。明日晴れるといいですね。

マサオ：ぼくもそう思います。じゃあ，もし雨が降ったらどうするのですか。

リサ：公園内の科学博物館に行って，宇宙について学ぶ予定です。

マサオ：わかりました。では明日は何時に学校に来たらいいですか。

リサ：8時に来てください。

マサオ：わかりました。どうもありがとうございます。

8 (1) I've never been here before. からここに来るのは初めてと分かる。

(4) 新年において希望することを書く。

スクリプト

Emily：Happy new year, Ken.

Ken：Happy new year, Emily. Do you come to Higashi-jinja every New Year's Day?

Emily：No, I've never been here before. My friend told me to visit Higashi-jinja.

Ken：Are you enjoying your visit?

Emily：Yes, and I got an omikuji.

Ken：Me, too. Look. This isn't so good. How about yours?

Emily：Here you are.

Ken：Oh, yours is a good one. Something good will happen to you this year.

スクリプト全訳

エミリー：明けましておめでとう，ケン。

ケン：明けましておめでとう，エミリー。きみは毎年元日に東神社に来るの？

エミリー：いいえ，今まで一度も来たことがないわ。友人が私に東神社を訪れるように言ってくれたの。

ケン：訪問を楽しんでいる？

エミリー：ええ，私はおみくじを引いたわ。

ケン：ぼくもだよ。見て。これはあまりよくない。きみのはどう？

エミリー：どうぞ。

ケン：わあ，きみのはいいね。今年，何かいいことが起こるよ。

スクリプト

9 *A*：Excuse me. Do you know Green Tennis Park?

B：Yes, I do.

A：Could you tell me how to get there?

B：Sure. Go straight and turn right at the third corner. You will find it on your left.

Question：Where is Green Tennis Park?

スクリプト全訳

9 A：すみません。グリーンテニスパークを知っていますか。

B：はい，知っています。

A：そこへの行き方を教えていただけませんか。

B：いいですよ。まっすぐに行って3番目の角を右に曲がってください。あなたの左手にそれが見つかるでしょう。

質問：グリーンテニスパークはどこにありますか。

10 (2) まず8人が韓国に行きたいと思っていることを聞き取り，その後アメリカとオーストラリアを比べる。

スクリプト

(1) My father has a lot of flowers in his room. He gives them water every day. Which does he use?

(2) In Yumi's class, eight students want to go to Korea. America is more popular than Australia in her class. Which is Yumi's class?

スクリプト全訳

(1) 私の父は部屋にたくさんの花を置いています。彼は毎日それらに水をやります。彼は何を使いますか。

(2) ユミのクラスでは，8人の生徒が韓国に行きたがっています。彼女のクラスではアメリカはオーストラリアよりも人気があります。どれがユミのクラスですか。

11 (3) アのような発言はない。エ 水曜日と木曜日に同じ授業を受ける。

スクリプト

Teacher：Good morning, Yoko. Welcome to our school.

Yoko：Good morning.

Teacher：Well, this is your first day, so I'll tell you about your school life here. Today is Tuesday, September 27th. This afternoon, you'll have two classes with your host sister. Today, after school, we'll have a welcome party for you. It'll start at about three thirty. Please come to this room after school and let's go to the party together. On Wednesday and Thursday, you'll have all classes with your host sister. On Friday, at ten thirty, you'll have a class called Culture. This is my class and we'll have it in the library. Can you make a speech about Japanese culture in class? Please come to the library at nine thirty. You can practice your speech when your host sister has science class. I'll help you. Do you have any questions?

Yoko：What should I do after school tomorrow?

Teacher：Please come to this room and tell me about your day.

スクリプト全訳

先生：おはよう，ヨウコ。私たちの学校へようこそ。

ヨウコ：おはようございます。

先生：初日ですので，ここでの学校生活について教えます。今日は9月27日火曜日です。今日の午後，あなたはホストシスターと一緒に授業を2つ受けます。今日の放課後，私たちはあなたの歓迎パーティーを行います。3時30分ごろに始まる予定です。放課後この部屋に来てください，一緒にパーティーに行きましょう。水曜日と木曜日は，すべての授業をホストシスターと一緒に受けます。金曜日の10時30分に『文化』という授業があります。これは私の授業で，図書館で行います。その授業で日本の文化についてスピーチをしてくれませんか。図書館に9時30分に来てください。あなたのホストシスターが理科の授業を受けているとき，あなたはスピーチの練習をすることができます。私があなたを手伝います。何か質問はありますか。

ヨウコ：明日の放課後はどうすればいいですか。

先生：この部屋に来て，その日のことを私に話してください。

思考力・長文問題対策

本冊⇨pp.158～167

1 (1) ウ　(2) A エ　B ウ　C イ　(3) improve
(4) ① examples　② lives
a ア　b ウ　c カ　d エ
(5) What kind of machines with AI do you want to use to help other people?

2 (1) 外国の文化や歴史を知りたい
(2) many people who want to know about Japan
(3) ・英語と日本語の両方をより熱心に勉強する。
・日本について書かれている本をたくさん読む。
(4) イ

3 (1) don't have
(2) ② エ　③ イ
(3) with your mother and I think my body doesn't start working without
(4) 私たちが食べるものが私たちの体を作るので，食べるものについて考えなければならない。
(5) 日本の伝統料理
(6) (例)ask my grandmother about traditional Japanese dishes

4 (1) エ　(2) ウ　(3) hear
(4) help you if you make
(5) 彼らが身の周りの植物や動物に興味をもつこと。
(6) イ
(7) Where did you take them〔these pictures〕?

5 (1) ウ　(2) A エ　B ア　(3) ウ
(4) (a) taught, how　(b) to, interested
(5) ア　(6) イ, エ

6 (1) イ　(2) c
(3) ジェーンとナンシーが村の生活について何も知らないと思ったから。
(4) 学校に行きたくても行けない子どもたちのために何かしたいと思ったから。
(5) ヤクの毛を売ったお金で子どもたちを学校へ通わせること。
(6) ① No, they didn't〔did not〕.
② It is〔It's〕 a big animal like a cow with long hair.
③ Because they are warm and beautiful.
(7) エ

解説

1 (1) 下線部① を含む英文の前半にある I asked where I could buy a CD there がヒント。その中の where I could buy a CD there を目の前にいるロボットに尋ねる形に変えると，Where can I buy a CD in this shopping mall? となる。

(2) 空所 A はグラフ1の「AI と一緒に働くことに抵抗がありますか」に対する回答結果で，「非常にある」と「ある程度ある」の割合を足すと「27.5＋46.4＝73.9」となる。それに近い数字は選択肢**エ**。次に空所 B はグラフ2の同じ質問の，「抵抗があまりない」と「抵抗がまったくない」の割合を足したのが答え。「34.0＋17.8＝51.8」となる。それに近い数字は選択肢**ウ**。次に空所 C では，グラフ3の右端にある回答結果がヒント。「AI を活用するために取得したい力・技能はない」という回答結果で日本の場合は 38.5。それに近い数字は選択肢**イ**。

(3) 空所 D の直後にある the situation がヒント。the situation とは，空所 C を含む Takumi の言葉の中にある the Japanese people say there aren't any skills they want to learn to use AI をさす。つまり，the situation は「多くの日本人は AI を活用するために取得したい力や技能はない」という「望ましくない状況」を指す。つまり「改善しなくてはならない状況」を指す。したがって，空所 D には improve が入る。

(4) ① Takumi の2回目の発言にある，First, we will show examples of machines with AI at the conference. がヒント。空所① には examples が入る。次に，空所 a は，(　a　) of the American people think it is OK to work with machines with AI の意味を捉えることが重要。グラフ1で「アメリカ人で AI と働くことに抵抗がない」と答えた割合が答え。「20.7＋5.3＝26」答えは選択肢**ア**。「抵抗がない」と答えたのはアメリカ人では少数派。大多数の約 75% は抵抗がある。

次に，空所 b は，(　b　) of the Japanese people think so の意味を捉える。グラフ2で「日本人で AI と働くことに抵抗がない」と答えた割合が答え。「34.0＋17.8＝51.8」答えは選択肢ウ 。日本人の半数以上が「AI と働くことに抵抗がない」ということである。

次に，空所 c は，約 75% のアメリカ人は「AI と働くことに抵抗がある」理由の内容が入る。本文中の Jane の2回目の発言にある they are afraid of losing their jobs when machines with AI do a better job than them がヒント。正解は選択肢**カ**。

次に，空所 d は，日本人の半数以上が「AI と働くことに抵抗がない」理由の内容が入る。本文中の Takumi の4回目の発言内容の Many Japanese people like stories with robots in comic books and movies がヒント。正解は選択肢**エ**。

次に，空所② 。国際会議で参加者に質問に取り上げたい話題内容が入る。「AI との共生」が話題内容。

該当箇所は本文最後あたりの Jane の発言内容にある。Then, shall we ask questions about **living with AI** to the students at the conference. 設問が our (　②　) with AI なので，空所② は所有格 our の後ろにあるので名詞が入る。life の複数形の lives が正解。もちろん，本文中の動名詞の形である living も正解。

(5)「現代生活を改善するために，現代生活と密接な関係にある AI をどう活用するべきか」が話題なので，話題に関連した質問なら正解となる。一例として，What kind of machines with AI do you want to use to help other people?　本文中の Takumi の最後の言葉にある We should think about how to improve our lives by using AI を利用すれば，How can we improve our lives by using AI? としてもよい。

全訳

拓海：私たちは，すでに国際会議で私たちの生活にある AI について話すことに決めました。AI は機械の中にある頭脳のようなものですよね。

明日香：その通りです。私たちの生活では，スマートフォンやロボット掃除機のような，AI が組み込まれた多くの種類の機械があります。

ジェーン：先週末，私は新しいショッピングモールで AI が組み込まれているロボットを見つけました。ロボットは「このショッピングモールのご案内ができます」と言いました。私はモールのどこで CD が買えるのか聞いたら，ロボットは素早くその質問に答えました。私は非常に驚きました。

拓海：まず最初に，会議では AI が入った機械の具体例を示しましょう。

明日香：わかりました。私はグラフ 1 とグラフ 2 を持ってきました。これらのグラフで，AI と一緒に働かないといけないとき人々はどんな気持ちになるのかがわかります。

拓海：グラフ 1 では，アメリカ人の約 75% が AI と働くことに抵抗があることが分かります。ジェーン，それは何故なんでしょうか。

ジェーン：アメリカでは，人々は仕事の成果で評価されることが多いのです。だから，AI が自分たちより良い仕事をしたら職を失うのではないかと恐れているのです。

明日香：なるほど。グラフ 2 では，日本人の 50% 以上は AI と一緒に働くことに抵抗がないことが分かります。

拓海：多くの日本人は，漫画や映画でロボットが登場する物語を好むのです。これは日本文化の一部だそうですね。だから，多くの日本人は AI と一緒に働くことに抵抗がないのだと思います。

ジェーン：それは面白いですね。AI が組み込まれた機械の具体例を示してから，日本人とアメリカ人の AI に対する意識の違いについて話し合いませんか。

明日香：それはいいですね。拓海，グラフ 3 を持ってきたのよね。私たちに説明してくれませんか。

拓海：グラフ 3 は，20 歳以上の人による質問の回答結果です。それによると，日本人の約 40% が，AI を活用するのに取得したい技能は特にないと答えています。日本人はそのような技能を取得する必要があると私は思います。

ジェーン：私たちは状況を改善するためにできることを見つけるべきです。私は日本人は AI が入った機械とともに生きる準備をするべきだと思います。

明日香：あなたの言う通りですね。しかし，グラフ 3 によると，一部の日本人は AI を理解して活用の仕方を考えたいと思っていることもわかりますね。きっと AI に興味がある高校生は多いと思います。

拓海：私もそう思います。AI は私たちの生活の一部となっています。AI を活用して私たちの生活を改善する方法について私たちは考えるべきです。

ジェーン：それでは，会議では，学生たちに AI と共存することについての質問をしましょうか。

拓海：わかりました。では，会議でどんな質問をするのかについて話し合いましょう。

2 (1) 第 2 段落最終行に注目する。

(2)「日本について知りたがっている」が「多くの人々」の修飾文。関係代名詞 who でつなぐ。

(4) **ア**　留学に興味があると回答した生徒のみ 2 つ目の質問に答えている。

ウ　留学に興味があると回答した生徒のうちの 31.8% であり，全生徒の 31.8% ではない。

エ　最終段落より，ケンは外国に行ってそこで日本語や文化を教えたいと思っている。

全訳

あなたたちは外国で勉強したいですか。外国で勉強したり，働いたりすることを希望する日本人の若者の数が少なくなっていると聞いています。しかし，私のクラスメートには外国で勉強したいとしばしば言う人たちがいます。だから，私は学校の全生徒に「あなたは留学に興味がありますか。」と尋ねました。

グラフを見てください。彼らの 20% が「とても興味がある」と答え，35% が「少し興味がある」と答えています。だから生徒の 55% が留学に興味があったのです。私は留学に興味がある生徒に，「もし留学したら，何をしたいですか。」と別の質問をしました。表を見てください。そのうちのおよそ 60% が語学力を向上させることや外国の人と友人になることを希望していました。半数の生徒は外国の文化や歴史を知りたがっていました。

私たちの学校では，留学に興味のある生徒の数はそれほど少なくありません，私もそのうちの一人です。私の夢は外国人のための日本語の先生になることです。他の国々には日本について知りたがっている多くの人がいます。私はそこへ行き，彼らに日本語や文化を教えたいのです。だから私は英語と日本語の両方をより一生懸命に勉強するつもりです。また，私は日本について書かれた多くの本を読むつもりです。私は夢を実現するために最善をつくすつもりです。

3 (1) but は前の内容と反対の内容を導くので，「滋賀はとても寒い，しかし風邪をひいていない」とする。「風邪をひいている」は動詞 have を用いる。

(3) agree with ～=「～に賛成する」，start ～ing=「～し始める」，without ～=「～なしで」などの熟語に注目する。

(6) 自分は日本の伝統料理についてよく知らないので，「家族に聞く」や「インターネットで調べる」などして，相手に教えてあげるのが自然な流れ。

全訳

［A］ブラウン先生，お元気ですか。滋賀はとても寒いですが，ぼくは今風邪をひいていません。先週ぼくたちは食習慣や朝食について勉強しました。ぼくの母は，朝食がぼくたちに働いたり勉強したりするエネルギーを与えてくれるとよく言います。ぼくの兄〔弟〕は野球部に所属していて，朝早く野球を練習しています。彼はときどき朝食としておにぎりを作ってくれるように母に頼んでいます。ぼくは毎日朝食を食べています。あなたはどうですか。

［B］こんにちは，リョウタ。Eメールをありがとう。あなたが元気なのを知ってうれしいです。もちろん私は毎日朝食を食べています。私はあなたのお母さんに賛成ですし，朝食をとらないと身体が働き始めないと思います。ところで，私の祖母が「私たちが食べるものが私たちの体を作る。」とよく私に言います。私たちは自分が食べるものについて考えなければならないという意味です。あなたは料理が好きですか。私は料理が大好きです。高校生の頃，私はよく祖母を手伝い，彼女から自分の国の伝統料理の作り方をいくつか習いました。本当に楽しかったです。だから今，私は日本の伝統料理に興味があります。それらのいくつかについて教えてくれませんか。

［C］こんにちは，ブラウン先生。ぼくはあなたのEメールを今朝読みました。ありがとうございます。ぼくは料理が好きですが，日本の伝統料理について多くは知りません。だからぼくは(例)祖母に日本の伝統料理について尋ねて，すぐに次のEメールであなたに教えるつもりです。

4 (2) リー先生の4つ目，6つ目の発言に注目する。

(3) その2行前からの Taro, have you ever heard about endangered species? ～ How about you, Junko? の流れから考える。

(4) it は a display のことを指している。

(7) ジュンコが I took them in the park near my house. と答えていることから，写真を撮った場所を質問されたことがわかる。

全訳

タロウ：こんにちは，リー先生。こんにちは，イトウ先生。

リー先生：こんにちは，タロウ。こんにちは，ジュンコ。

ジュンコ：すみません，リー先生。私たちと話す時間はありますか。

リー先生：はい，もちろん。今はひまです。

ジュンコ：前の授業であなたは「私は日本で見つけられる植物や動物に興味があります。」と言っていました。だから今日，私たちは先週撮った写真を持ってきました。

イトウ先生：リー先生，その写真はとても興味深いんですよ。

リー先生：わかりました。ジュンコ，まずあなたのものを見ていいですか。

ジュンコ：もちろんです。私はチョウやトンボが好きなので，それらの写真を撮りました。

リー先生：とてもおもしろいですね。私の国にはこのようなチョウはいません。だからそれらを一度も見たことがないのです。このような種類のトンボを見るのも私にとっては初めてのことです。あなたの写真はどうですか，タロウ。見てもいいですか。

タロウ：もちろん。これが私の写真です。

リー先生：ありがとう。(リー先生はそれらを見る。)これらもとても興味深いですね。

タロウ：あなたはこのような鳥や魚を見たことがありますか。

リー先生：魚は見たことがありますが，鳥は見たことがありません。あなたたちふたりはこのような写真を撮りによく出かけるのですか。

タロウ：ええ，私たちは理科部に所属していて，この前の金曜日私たちは他の部員とともに学校近くの川沿いの野原に行きました。私たちはそこでさまざまな種類の植物や動物を見つけました。

イトウ先生：リー先生は日本では英語を教えていますが，自分の国では理科の先生だったのです。だから彼女は植物や動物について多くのことを知っています。

リー先生：タロウ，あなたは今までに絶滅危惧種について聞いたことがありますか。

タロウ：いいえ，ありません。きみはどう，ジュンコ。

ジュンコ：いいえ，私がこれらの言葉を聞くのは初めてです。

イトウ先生：絶滅危惧種とは絶滅の恐れがある植物や動物のことです。

リー先生：1996年にそれらのリストが初めて作られたと思います。現在多くの国，都市，団体が似たようなリストを作っています。これらのリストはレッドデータブックと呼ばれています。イトウ先生，埼玉県も作っているのですか。

イトウ先生：はい，私は埼玉県が作った2つのリストを持っています，ひとつは植物のもので，もうひとつは動物のものです。タロウ，ジュンコ，それらを見たいですか。

タロウ：はい。(タロウはそれらを見る。)わあ，この本にはたくさんの植物の名前が載っています。

ジュンコ：イトウ先生，動物のレッドデータブックの中のこの写真を見てください。このトンボは私が先週見つけたものに似ています。

イトウ先生：ああ，ジュンコ，それらは似ていますね。

タロウ：ジュンコ，ぼくに考えがあるんだ。来月，文化祭があるよね。ぼくたちの周りの絶滅危惧種についての展示を作ろう。そしてぼくたちが撮った写真を見せよう。

リー先生：もしそれを作るのなら，手伝いますよ。

ジュンコ：ありがとうございます。私はチョウとトンボの写真を見せるつもりです。そしてこれらのレッドデータブックも見せたいです。多くの生徒に私たちの展示を見てもらいたいです。彼らが私たちの周りにいる植物や動物に興味を持ってくれるといいですね。

イトウ先生：それはいい考えですね。

5 (1) その前のタナカさんの言葉の中に，a good way to make an electric car「電気自動車を作るよい方法」のヒントを見つけた。

(2) A：because 以下から，電気自動車の作り方を知っている人がいないことが分かるので，教えてくれる人が必要になる。

(5) 最終段落の1～2行目に注目する。

(6) **ア**：because 以下のような記述はない。
ウ：中学生は完成した電気自動車を見ただけで，制作はしていない。

全訳

ぼくは車について学びたかったので，この高校の生徒になりました。ぼくは車がとても好きです。ある日，ぼくたちのクラスは車について学ぶために，学校近くにあるタナカさんの車屋さんを訪れました。ぼくたちの先生のハヤシ先生がそこへ連れて行ってくれました。タナカさんはぼくたちにとても興味深い車を見せてくれました。それは電気自動車でした。彼は「これは私が作った車です。電気自動車は空気を汚染しません。」と言いました。

彼はまた，「古いガソリン車のエンジンを電気モーターにかえることで，きみたちは電気自動車を作ることができる。」とも言いました。ぼくはそれを聞いてとても驚きました。「これは電気自動車を作るよい方法だ。」とぼくは思いました。ぼくは友人たちにクラスで一緒に電気自動車を作ろうと頼みました。彼らは同意してくれました。

自分たちの電気自動車を作る前に，ぼくの友人とぼくには問題が2つありました。1つ目は，ぼくたちの学校には古い車がないことでした。2つ目は，電気自動車の作り方を知っている先生がぼくたちの学校にはいないので，電気自動車について教えてくれる人が必要なことでした。ぼくたちはハヤシ先生にどうすればいいのか尋ねました。「タナカさんに手伝ってくれるように頼んであげよう。」と彼は言いました。タナカさんはぼくたちの問題を聞いたとき，「高校生が電気自動車を作ることに挑戦するのはすばらしいことだ。手伝いましょう。」と言ってくれました。彼は古い車の中から1台をぼくたちにくれました。そしてぼくたちの学校に来て，電気自動車の作り方を教えてくれました。

ぼくたちはハヤシ先生とタナカさんとともに，電気自動車を作り始めました。仕事をしている間，ぼくたちはしばしば電気自動車のための部品がないことに気づきました。だからぼくたちはそれらを作らなければなりませんでした。ぼくたちにとってそれは難しいことでした。しかし，ぼくたちは決して車を作るのをやめませんでした。ぼくたちはとても熱心に働きました。どうすればいいかわからないときには，ハヤシ先生やタナカさんに何度も何度も質問しました。学校の近くに住む人が電気自動車のことを聞いて，学校に来ていろいろなことを手伝ってくれました。彼らの手助けはぼくたちに希望を与えてくれました。

およそ1年後，ぼくたちは自分たちの電気自動車を作り終えました。ぼくたちはみんなとても喜びました。ぼくたちはドアに「地球」という言葉を描きました。その言葉の下に，ぼくたちは男の子と女の子に挟まれた地球の絵も描きました。この絵は将来の環境に対してのぼくたちの希望を示しています。ぼくたちの学校の近くにある中学校の生徒たちがときどきぼくたちの学校を訪れます。ぼくたちは彼らに電気自動車を見せ，それについて話をします。彼らはそれに興味を持ってくれます。市の多くの人がぼくたちの電気自動車を見たいと思ってくれています。だからぼくたちは市のお祭りでそれを見せるつもりです。ぼくはこの市のもっと多くの人にぼくたちの電気自動車について知ってもらいたいです。また，環境について考えてもらいたいです。将来，ぼくは環境にとってよい自動車を作りたいです。これがぼくの夢になりました。

6 (2) Jane and Nancy's idea が，ヤクの毛を売ってお金を稼ぐことであることから，ⓒかⓓの位置に来ることがわかる。ⓒの前の again and again「何度も何度も」から，挿入文の finally「ついに」へとつながっていく。

(7) **ア**　村の人々は最初二人を信用しなかった。
ウ・オ　そのような記述はない。

全訳

ジェーンとナンシーはアメリカの大学でビジネスを勉強した二人の若い女性でした。彼女たちには夢があったので，すぐに友人になりました。彼女らは世界をかえ，それをよりよくするようなビジネスを始めたかったのです。彼女たちはしばしば世界中の問題について話し合いました。また彼女たちは助けを必要としている人々のために何かを行うことを考えていました。

ジェーンとナンシーはアジアの国のある村を訪れ，彼女たちの最初の計画を試しました。彼女たちは映画を見せたり，山に住んでいる人々に物を売ったりしました。彼女たちはそこに住む人々が自分たちの計画を必要としてくれると思いましたが，必要とされませんでした。その村の人々は「あなた方はここでの生活について何も分かっていない。我々はあなた方の話を聞きたくはない。」と彼女たちに言いました。この後，ナンシーは「私たちはここの人々を助けられないと思うわ。アメリカに帰りましょう。」とジェーンに言いました。しかし，ジェーンは「あなたはここの子どもたちを見た？　彼らは学校に行きたがってるけど，家族のために働かなければならなくて，それができないのよ。私たちは彼らのために何かしなければならないわ。とどまりましょう。」とナンシーに言いました。「ジェーン，あなたが正しいわ。」とナンシーは言いました。彼女たちはとどまってその村について学ぶ決心をしました。

ある日，ジェーンとナンシーは村を歩いていて毛糸の手袋を目にしました。それは暖かく美しいものでした。彼女たちはそれが気に入り，そこの年老いた女性に「これはどんな種類の毛糸なのですか。」と質問しました。その老女は「それはヤクの毛糸です。」と答えました。ジェーンとナンシーはヤクについて知りませんでした。

ヤクは牛のように大きく，長い毛を持つ動物です。写真の動物がヤクです。その村の人々はヤクとともに生活しています。彼らはヤクのミルクからチーズを作り，そのやわらかい毛から衣服を作ります。

ジェーンとナンシーに新しいアイデアが浮かびました。もし村の人たちがヤクの毛を売れば，お金を手にできて，子どもたちは学校に行くことができる。

ジェーンとナンシーは再び村の人たちのところ

へ行き,「もしあなた方がヤクの毛を売れば,あなた方の子どもたちは学校に行くことができます。」と言いました。村人は彼女たちを信じませんでした。彼らは「我々は今までそれを売ることなど考えたことがない。」と言いました。しかし,ジェーンとナンシーは決してあきらめませんでした。彼女たちは何度も何度も村の人たちに話をしました。(ついに彼らはジェーンとナンシーのアイデアを試す決心をしました。)それから,ジェーンとナンシーはヤクの毛糸を作る紡績工場を探しました。彼女たちは自分たちの計画を理解してくれる一人の所有者に出会いました。彼は「あなたたちはいいアイデアを持っている。お手伝いしましょう。」と言ってくれました。

彼女たちが次に必要としたものは,ヤクの毛糸を上手に編むことができる人でした。彼女たちの計画に興味を持ってくれた一人の少女の助けのおかげで,彼女たちはとても上手に毛糸を編むことができる何人かの女性を見つけました。ジェーンとナンシーは,彼女らに計画について話しました。彼女らはその計画を気に入ってくれて,「もし私たちがヤクの毛糸を編めば,本当にお金を稼ぐことができるのですか。私たちの子どもたちが学校に行くことができるのですか。夢みたいです。」と言いました。

ついにジェーンとナンシーの夢は実現しました。彼女たちの製品は暖かく美しいので,世界中で人気があります。今や多くの国の人々が彼女たちの製品を買うことができます。

ジェーンとナンシーの経験は私たちに1つのことを教えてくれます。もしあなたに夢があるならば,決してあきらめてはいけません。

高校入試予想問題 第1回

本冊 ⇨ pp.168 ~ 171

1 (1) No.1 ーア　No.2 ーイ
(2) No.1 ーア　No.2 ーウ　No.3 ーウ
No.4 ーイ
配点:(1)各3点,(2)各4点=計22点

2 (1) seen
(2) リサと彼女のダンスチームが北町祭りに参加していたこと。
(3) Why, join　(4) ア
(5) such communication made the festival wonderful
(6) It started three years ago.
配点:(1) 4点,(2) 6点,(3)完答・(4)・(5)・(6)各5点=計30点

3 (1) ⓐ 日常　ⓑ どんなもの　ⓒ 無駄
(2) 売れ残りの食品,消費期限の過ぎた食品,食べ残しの食品など。
(3) 空所③　ウ　空所⑥　エ
(4) ⓐ 60　ⓑ 大量　ⓒ 捨てている
(5) ⓐ 食品メーカー　ⓑ 食品卸売業者
ⓒ 生産　ⓓ 2ヶ月　ⓔ 廃棄
(6) ⓐ 半数　ⓑ 60　ⓒ 食べ残し
ⓓ 4分の1　ⓔ 4分の1　ⓕ 消費
(7) It asks them to reduce food loss, to stop buying too much food and to eat food they have bought.
(8) ア,オ
配点:(1)・(2)・(4)・(6)各6点,(3)各2点,(5)・(7)各5点,(8) 10点=計48点

解説

1 (2) No.3　because の後に理由が述べられているので注意する。

スクリプト

(1) No.1　Nancy has two cats. One is black, and the other is white.
No.2　Now the weather in Tokyo. It will be cloudy in the morning, and it will be sunny in the afternoon.

(2) In the next class, I will listen to your English speech. Please talk about your dreams. Write your speech at home. You must talk for five minutes.
Please use easy English because I want everyone to understand the speech. If you forget what to say, you can look at your notebook. Practice at home and ask your family to listen to the speech if they can do. I hope all of you can do your best.
I'm looking forward to listening to your speech.
No.1　What do the students talk about in their speech?
No.2　How long must the students talk in their speech?
No.3　Why do the students use easy English

in their speech?

No.4　What can the students do if they forget what to say in their speech?

スクリプト全訳

⑴ No.1　ナンシーは2匹のネコを飼っています。1匹は黒で，もう1匹は白です。

No.2　では東京の天気です。午前中は曇り，午後は晴れるでしょう。

⑵ 次の授業で，あなたたちの英語のスピーチを聞かせてもらいます。あなたたちの夢について話してください。スピーチを家で書いてください。5分間話さなければなりません。

みんなにスピーチを理解してもらいたいので，簡単な英語を使ってください。もし何を話せばいいのか忘れたら，ノートを見ても構いません。家で練習してください。もし家族が聞いてくれるならスピーチを聞いてもらってください。あなたたちすべてが全力を尽くすことを期待します。あなたたちのスピーチを聞くことを楽しみにしています。

No.1　生徒たちはスピーチで何について話しますか。

No.2　生徒たちはどれくらいの間スピーチで話さなければなりませんか。

No.3　なぜ生徒たちはスピーチで簡単な英語を使うのですか。

No.4　もし生徒たちがスピーチで何を話せばよいのか忘れたときには，彼らは何をすることができますか。

2 ⑵ thatの内容説明の問題は直前の文に答えがある場合が多い。

⑷ **イ**「そして彼らは祭りに参加したかった。」

ウ「そして私たちは彼らに祭りを支えてもらいたかった。」

どちらも文の流れに合わない。

⑸ makeを用いてSVOCの文で表す。

全訳

リサ：こんにちは，ケンゴ。あなたは北町祭りを見たことがありますか。

ケンゴ：はい。私は去年の夏それを見に行きました。

多くのわくわくするダンスを見ました。それらはすばらしかった。

リサ：あら，私はダンスチームのメンバーと一緒にその祭りに参加していたのですよ。

ケンゴ：本当ですか。それは知りませんでした。なぜ祭りに参加したのですか。

リサ：私たちのダンスを多くの人に見せたかったからです。私たちはダンスが大好きです。そしてその祭りに向けてとても一生懸命にダンスの練習をしました。でも私たちには祭りに参加する別の理由があったのです。

ケンゴ：別の理由？　それは何だったのですか。

リサ：北町祭りは3年前に始まりました。祭りは多くの人に支えられていて，彼らは北町をとても愛しています。そして私たちは彼らとともに祭りを支えたかったのです。

ケンゴ：それはすてきですね。あなたたちは祭りの間に何かよい経験をしましたか。

リサ：はい。私たちは他のチームとダンスの練習をしたり，一緒に祭りの準備をしたりしました。これらの活動を通じて，私たちは多くの人と話して楽しみました。私はそのようなコミュニケーションが，祭りをすばらしくしたと思います。

ケンゴ：なるほど。祭りの間，若者もお年寄りもとてもうれしそうに見えました。ねえ，リサ。私もあなたのチームに参加してもいいですか。

リサ：もちろんです，ケンゴ。それを聞いてうれしいです。

3 ⑴ 第1段落の第1文中のyou must not waste anything in your daily lifeが該当箇所。

⑵ 下線部②の直後のfood that ... that is left overが該当箇所。

⑶ 空所③は，Annual Food Loss(年間フードロス)の右端の棒グラフ。6.5 million tons.　空所⑥は，Increase in Number of Food Bank Organizationsの右端の棒グラフ。77

⑷ 下線部⑷は日本語訳すると「日本人は外国からの輸入食料に依存しており，それでも大量の食料を捨てている。」となる。依存の割合は直前の文章のJapan's food self-sufficiency rate is only 40%.（日本の食料自給率が40%に過ぎない)がヒント。自給率が40%だから，残りの60%が輸入食料となる。

⑸ 下線部⑤の後の3つの文章が，「3分の1ルール」の内容である。

⑹ 第3段落の第1文から第3文の内容の要約に相

当する設問。

(7)「環境省は日本のすべての世帯に何をするように依頼していますか」第3段落の第4・5文を参照して答える。

(8) **ア**　フードロスとは捨てられる食料のことである。

イ　日本は食料をあまり多く生産しないし，あまり浪費もしない。

ウ　日本の食料自給率は約60%です。

エ　食料生産者は1週間以内に食料を店やスーパーに配達しなければならない。

オ　多くのボランティア団体は，貧しい子供たちに手付かずの食料を与えるために子供食堂を設立してきた。

アは第1段落の第3文 Food that is thrown out is called "food loss." の内容の通りなので，正しい。

イは第1段落の下線部(4)が該当箇所。選択肢**イ**の doesn't produce much food は「食料に関しては60%は輸入に依存している」→「自国ではあまり多く生産していない」なので，正しい。しかし，still throw out a large amount of food でわかるように大量の食料を捨てて無駄にしているので，選択肢**イ**の後半の doesn't waste much food は誤り。従って，選択肢**イ**は誤り。

ウの該当箇所は第1段落の第6文である In 2015 Japan's food self-sufficiency rate is only 40%. これでわかるように自給率は40%。60%は食料輸入の割合。なので選択肢**ウ**は誤り。

エの該当箇所は第2段落の第2文。food makers ... must send food within the first third of the period that is from production date to final selling date（食品生産者は生産から販売最終日までの期間の3分の1期間以内に送らなければならない）であり，1週間とは書いていない。誤り。

オの該当箇所は第4段落の第3文。Many volunteer groups...give much uneaten food to those poor people and their children. その通りなので，正しい。

全訳

「もったいない」は，古くからある日本人の考えであり，日常生活ではどんなものも無駄にしてはいけないという意味です。しかし，日本の人々は，その昔からある考えを忘れて，毎日大量の食料を捨てています。捨てられている食料のことを「フードロス」と呼んでいます。「フードロス」―売り出されていない食料，消費期限を過ぎた食料，食べ残した食料―の量は2015年で合計で約650万トンでした。言い換えると，毎日，一人当たりでご飯1杯を捨てています。2015年，日本の食料自給率は40%にすぎません。日本はあまり多くの食料を生産していないのです。日本人は外国からの食料の輸入に依存しているのに，大量の食料を捨てています。

その原因の一つは厳しいルールです。その厳しいルールは「3分の1ルール」と呼ばれています。そのルールのもとでは，食料生産者や食料卸売業者は，食料の生産日から店頭の販売最終日までの期間の3分の1の期間以内に食料を送らなければなりません。このルールは消費者に新鮮な食料の最高の品質を享受してもらうために作られたものです。もしこのルールが守られなければ，店やスーパーは食料を受け取るのを拒否したり，食料生産者や食品卸売業者は新鮮な食料を捨てることになります。

すべてのフードロスの約半分は日本中の世帯からのものです。すべての世帯が捨てている食料ゴミの約60%は食べ残しのものであり，食料ゴミの4分の1は手付かずの食料です。手付かずの食料の4分の1は賞味期限前に捨てられた食料です。環境省は日本のすべての世帯にフードロスを減らし，あまり多くの食料を買わないように依頼しています。日本の全世帯は買った食料は食べるように依頼されています。

貧しくてあまり多くの食料を食べられない人がたくさんいることを知っていますか。すべての日本人とその子供たちの15.6%は貧しくて十分な食料を食べられないことを知っていますか。日本の多くのボランティア団体は，そういった貧しい人々やその子供たちに多くの手付かずの食料を与えるために子供食堂を立ち上げてきました。これらの食堂は，手付かずの食料を料理して，貧しい家庭の子供たちに美味しい料理を与えています。こういった子供食堂に多くの手付かずの食料を与えるためにフードバンクが増えています。フードバンクは，日本人や食料生産者に手付かずの食料を子供食堂に送るように依頼しています。2017年には77のフードバンクがありました。

高校入試予想問題

高校入試予想問題 第2回

本冊⇨pp.172～176

1 (1) No.1 －イ　No.2 －ウ　No.3 －エ

(2) No.1 － 1週間前

No.2 －日本の歴史に興味があり，寺を訪れたいから。

No.3 －オーストラリアの生徒に日本語を教えたい。

配点：(1)各2点，(2)各3点＝計15点

2 (1) ① ウ　② イ　③ エ　④ ア　　(2) ア

(3) (A) *sumo*　(B) golf　(C) basketball

(4) sport which I like the best

(5) プロのスポーツでは，それぞれの選手が全力をつくしているので，私たちはプロのスポーツを見るとわくわくするということ。

(6) ウ，オ

配点：(1)各2点，(2)・(4)各3点，(3)各1点，(5) 5点，(6)各4点＝計30点

3 (1) living

(2) to make the river clean again

(3) 家庭からの廃棄物が川の汚染のいちばん大きな原因であること。

(4) imagine how much water is needed to make the water

(5) ウ　(6) エ　(7) イ

配点：(1) 3点，(2)・(5)・(6)・(7)各4点，(3)・(4)各5点＝計29点

4 (1) dictionary　(2) February

(3) spring　(4) uncle　(5) album

配点：(1)・(2)・(3)・(4)・(5)各2点＝計10点

5 (1) There, are, in　(2) good, at, playing

(3) is, known, to　(4) been, dead, for

(5) too, for, to

配点：(1)・(2)・(3)・(4)・(5)各2点＝計10点

6 (解答例)

(This) book (is for you.)

Kate, I'm very sad to hear you'll go back to Australia. We visited many places together. You like Japanese history, so I'll give you the book about Japanese temples. I hope you will be a teacher in Australia. I'm looking forward to seeing you again.

配点：6点

スクリプト

1 (1) No.1　*Meg*：Hi, Ken. Are you free next Saturday? My brother Jim will have a soccer game on that day. Can you join the game with me?

Ken：That sounds nice, Meg. What time shall I go?

Meg：The game will start at ten, so please come to the station at nine forty.

Ken：OK. I will.

Question：What time will the game start?

No.2　*Ken*：I like your hat, Meg.

Meg：Thanks, Ken. I like it, too.

Ken：Where did you buy it?

Meg：I didn't buy it. My mother went to France and bought it for me.

Question：How did Meg get her hat?

No.3　*Meg*：Hello, Ken. What do you have in your hand?

Ken：This is a picture I got from my sister Yoko. She is in Okinawa now.

Meg：Oh, it's a beautiful sea. Does she live there?

Ken：No. She lives in Osaka. She has been in Okinawa for a week. She will come back to my house next month.

Question：Where does Yoko live?

(2) Hello, everyone. My name is Kate. I'm sixteen years old and I'm from Australia. Do you know anything about Australia? There are a lot of places and animals to see in Australia. Maybe you like koalas. I like them because they are cute.

I came to Japan a week ago. This is my first visit to Japan, so I'm very excited. I'd like to visit many places. First of all, I'd like to go to Kyoto, because I'm interested in Japanese history and I want to see many temples there. I also want to visit Tokyo to see the Tokyo Skytree. I'll take a lot of pictures and send them to my parents in Australia.

In Australia, Japan is very popular among young people. When I finish school, I want to teach Japanese to the students in Australia.

So I want to learn a lot of things during my stay here. People in Japan are very kind to me, and I want to make many friends here. Please come and talk to me. Thank you.

スクリプト全訳

1 (1) No.1 メグ：こんにちは，ケン。次の土曜日はひま？ 私の兄〔弟〕のジムがその日にサッカーの試合をするの。一緒に試合に参加しない？

ケン：メグ，それはいいね。何時に行けばいい？

メグ：試合が10時に始まるから，駅に9時40分に来てね。

ケン：分かった。そうするよ。

質問：試合は何時に始まる予定ですか。

No.2 ケン：メグ，その帽子はいいね。

メグ：ありがとう，ケン。私も気に入ってるの。

ケン：どこで買ったの？

メグ：私が買ったんじゃないの。母がフランスに行って，私のために買ってくれたの。

質問：メグはどうやって帽子を手に入れましたか。

No.3 メグ：こんにちは，ケン。手に何を持っているの？

ケン：これはぼくの姉〔妹〕のヨウコからもらった写真だよ。彼女は今沖縄にいるんだ。

メグ：わあ，きれいな海ね。彼女はそこに住んでいるの？

ケン：いいや。彼女は大阪に住んでるよ。彼女は1週間沖縄に行ってるんだ。来月ぼくの家に帰ってくる予定だよ。

質問：ヨウコはどこに住んでいますか。

(2) こんにちは，みなさん。私の名前はケイトです。私は16歳で，オーストラリア出身です。あなた方はオーストラリアについて何か知っていますか。オーストラリアにはたくさんの見るべき場所や動物がいます。多分あなた方はコアラが好きでしょう。かわいいので私も好きです。

私は1週間前に日本に来ました。これが初めての日本への訪問なので，とてもわくわくしています。私はたくさんの場所を訪れたいです。まず最初に，私は京都に行きたいです。なぜなら私は日本の歴史に興味があり，そこで多くのお寺が見たいからです。また私は東京スカイツリーを見に，東京にも行きたいです。私はたくさん写真を撮って，それをオーストラリアにいる両親に送るつもりです。

オーストラリアでは，若者の間で日本はとても人気があります。私は学校を卒業したら，オーストラリアの生徒に日本語を教えたいと思っています。だから私はここでの滞在中にたくさんのことを学びたいです。日本の人々は私にとても親切です。そして私はここでたくさんの友だちを作りたいです。私のところにきて，話しかけてください。どうもありがとうございました。

2 (1) ② グラフより2012年に野球と答えた人の割合は51.2%である。

③ 野球とサッカーの人気の差は小さくなっている。

(3) マコトの4，5番目の発言から順番を読み取る。

(6) **ア**：ジョンはバスケットボールがあまり人気がないことに悲しんでいる。

エ：2002年に比べて人気が下がっているスポーツもある。

全訳

ある土曜日の夜，ジョンとマコトはテレビでサッカーの試合を見ていました。

ジョン：マコト，日本ではサッカーは野球と同じくらい人気があるの？

マコト：いいや。ぼくたちの大部分はやはりサッカーよりも野球が好きだね。

ジョン：本当に？ ぼくの周りの多くの人は野球と同じくらいしばしばサッカーについて話しているよ。

マコト：分かった，ぼくはいいスポーツのウェブサイトを知ってるよ。行って調べてみよう。

彼らはマコトの部屋に行きました。マコトはジョンに日本のプロスポーツについてのウェブサイトを見せました。そのウェブサイトは人々に「あなたはどんなプロスポーツが好きですか。」と尋ねています。2002年と2012年の回答がグラフAにのっています。

ジョン：マコト，君が正しいよ。日本では野球はサッカーよりも人気があるね。2012年では50%以上の人々が野球と答えているよ。サッカーは次に来てるけど，野球とサッカーの人気の間にはまだ大きな差があるね。

マコト：そうなんだ。でも，その差は小さくなってきているよ。ぼくはますます多くの人がサッカーに興味を持つようになってきていると思うんだ。

ジョン：ところで，日本ではバスケットボールはサッカーほど人気がないのが分かって少しさみしいよ。アメリカにいたときは，ぼくは学校のバスケットボールチームの一員だったんだ。バスケットボールは，ぼくがいちばん好きなスポーツなんだ。

マコト：バスケットボールはゴルフの後に来るけど，バレーボールよりも人気があるよ。

ジョン：マコト，ぼくは日本に来る前は相撲が日本で最も人気があるスポーツだと思っていたよ。

マコト：ええっと，それは人気はあるけど，その割合は低くなってきているね。そしてゴルフの人気が相撲の人気に近づいてきているね。

ジョン：分かるけど，ぼくの友人で相撲やゴルフが好きな人をだれも知らないよ。

マコト：そうだね。ぼくは相撲やゴルフは年配の人にとても人気があると思うよ。ぼくの祖父母はテレビで相撲を見るのが好きだよ。彼らは白鵬が大好きなんだ。ぼくはときどき彼らと一緒に相撲を見るけど，本当にわくわくするんだ。

ジョン：あらゆるプロスポーツにおいて，各選手が自分のベストをつくしているから，ぼくたちはプロスポーツを見るとわくわくするんだね。

マコト：その意見に賛成するよ。リビングに戻って，サッカーの試合を見よう。

3 (4) 間接疑問文。この場合は how much water を疑問詞と考える。またSVOC の動詞 make の使い方にも注意しよう。

(7) **ア**：家庭からの廃棄物がいちばんの原因。

ウ：グラフ B より，100 mL の牛乳をきれいにするために必要な水は 1500 L である。

エ：第 2 段落最初の文に，まだ汚染されているとある。

全訳

こんにちは，みなさん。今日は水質汚染の問題について話したいと思います。社会の先生であるハマダ先生が私たちにその問題を教えてくれました。地球は「水の惑星」と呼ばれています。私たちは水なしでは生きることができません。しかし，私たちの周りの水は以前よりも汚染されてきています。その授業の後，私は水質汚染問題に興味を持ちました。私は私の家の近くに住んでいる祖父母のところを訪れ，彼らが子どもだったころの水はどのようであったかを尋ねました。祖父は「その川の水は 50 年前はとてもきれいだった。たくさんの魚がいて，子どもたちは川で泳ぐことができた。しかし汚染されたので，人々はおよそ 20 年前にそこで泳ぐのをやめた。」と言いました。また，「今日美しい自然が消えつつあるので私たちは悲しいわ。」と祖母も言いました。

その川は今でも汚染されています。私はもう一度その川をきれいにしたいのです。しかしどうやってよいのか分かりません。そして何が川を汚染された状態にしたのでしょうか。私はその理由を知りたいと思い，市立図書館へ行き，2 つのグラフを見つけました。グラフ A を見てください。水質汚染の程度を測定するために「COD(科学的酸素要求量)」を使います。大きな COD は，水が大きく汚染されていることを意味します。小さな COD は水がそれほど汚染されていないことを意味します。私の町にある川の水質汚染の 3 つの原因を読み取ることができます。それらは，家庭，自然，産業の廃棄物です。このグラフから，私は家庭の廃棄物が川の汚染全体に対して 3 つの中で最も大きな影響を与えていることに気づきました。そのことを知ってとても驚きました。あなた方も驚いていますよね。このグラフを見る前は，川の水質汚染の主な理由は産業の廃棄物だと思っていました。私は間違っていましたが，その問題を解決するカギを手に入れました。

私たちが毎日使うものについて考えてみましょう。例えば，マヨネーズ，牛乳，シャンプー，しょうゆ，そして料理油です。私たちがそれらを使った後は，それらは川に流されます。そして，それらが家庭の廃棄物となるのです。あなた方は，水をきれいにするためにどのくらいの水が必要か想像できますか。グラフ B を見てください。廃棄物をきれいにするには多くの水が必要であることが分かります。20 mL の牛乳はそれを魚が住めるくらいきれいにするために浴槽 1 杯分の水を必要とします。それは 300 L の水です。20 mL のしょうゆは浴槽 3 杯分の水を必要とします。マヨネーズはシャンプーよりも多くの水を必要とし，使用済みの料理油は最も多くの水を必要とします。あなた方はそのことを知っていましたか。このようにして，川は毎日汚染されているのです。

さて，水質汚染を減らすために私たちには何ができるでしょうか。それほど難しくないと私は確信しています。家庭の廃棄物を多く川に流すのをやめるのです。例えば，私たちは食事を全部食べるべきです。シャンプーを使いすぎるべきではありません。私たちみんなそのようなことはできます。私は水質汚染の減らし方をレポートにして，近所の人にそのことを教えるつもりです。私はいつか私たちが川で泳いで楽しむことができればよいと思います。

4 (1) 単語の意味が分からないときに使う本は「辞書」。
(4) 「あなたのお父さんまたはお母さんの兄〔弟〕」はあなたの「おじさん」。
(5) 写真を保存するのに使われる本は「アルバム」。

5 (3) be known to ～＝「～に知られている」
(4) おじいさんは6年間死んでいる(状態)と考え，形容詞 dead を用いる。

Check! 自由自在

第1章　初級

本冊 ⇨ pp.8 ～ 9

① 「～の」の意味の単語の作り方を調べてみよう。

➡ 「～の」の作り方は，特別の単語を使うものと，-'s(アポストロフィー エス)を付けるものとがある。
〈特別の単語を使うもの〉
I → **my**, you → **your**, he → **his**, she → **her**
〈-'s を付けるもの〉
名前…Ken → **Ken's**
人を表す名詞…sister → sister's　など

② Is this a pen or a pencil? の疑問文の読み方を調べてみよう。

Is this a pen (↗) or a pencil (↘)? のように，or の前の単語をしり上がりに発音し，後の単語はふつうの文のように下げて発音する。

本冊 ⇨ pp.14 ～ 15

① 1人称・2人称・3人称とは何か，調べてみよう。

➡ 1人称は「自分」のことで，英語では I，2人称は「相手」のことで，英語では you，3人称は，「自分と相手以外」のことで，英語では he，she，it，Tom など。

② be 動詞(is)の文と一般動詞の文の否定文・疑問文の作り方の違いを調べてみよう。

➡ 〔be 動詞(is)の文〕
否定文…is の後に not を入れる。
疑問文…主語(this，he など)と is(動詞)を入れかえる。
〔一般動詞の文〕
否定文…動詞の前に do not を置く。
疑問文…do を主語の前に置く。

本冊 ⇨ pp.20 ～ 21

① 名詞の複数形の作り方を調べてみよう。

➡ (1) ふつうは単数形に -s を付ける。
pen → pens，boy → boys
(2) 語尾が -s，-sh，-ch，-x のときは，-es を付ける。
glass → glasses，dish → dishes，
watch → watches，box → boxes
(3) 語尾が「子音字＋-y」のときは，-y を -i にかえて -es にする。
lily → lilies，dictionary → dictionaries
(4) 語尾が -f，-fe のときは，-ves にする。
leaf → leaves，knife → knives
(5) 語尾が -o のときは，単語によって -s か -es を付ける。
piano → pianos，potato → potatoes
※不規則に変化する名詞もある。
a．母音が変わるもの
man → men
b．語尾に -en が付くもの
child → children
c．単数と同じ形のもの
sheep → **sheep**

② 回数を表す副詞を置く位置を調べてみよう。

➡ 一般動詞の場合は動詞の前，be 動詞の場合は動詞の後に置く。

③ 名詞の複数形の発音のしかたを調べてみよう。

➡ (1) 語尾の発音が [p] [k] [t] のとき
[s]（ス）… books，caps
(2) 語尾の発音が [s] [z] [ʃ シュ] [tʃ チ] [dʒ ヂ] のとき
[iz]（イズ）… dishes，glasses
(3) 語尾の発音が上の(1) (2) 以外のとき
[z]（ズ）… dogs，potatoes

④ a，an，the と形容詞は，どの順番で使うか調べてみよう。

➡ a，an，the は形容詞の前に置く。

本冊 ⇨ pp.26 ～ 27

① 3 単現の -s の付け方を調べてみよう。

➡ (1) ふつうは -s を付ける。

play → plays，like → likes

(2) 語尾が -s，-sh，-ch，-x，-o のときは，-es を付ける。

teach → teaches

(3) 語尾が「子音字＋-y」のときは，-y を -i にかえて -es を付ける。

study → studies

※ have は特別に不規則に変化する。

have → has

② 代名詞の「～の」「～を」「～のもの」の形を調べてみよう。

➡「～の」は所有格，「～を」は目的格と言い，「～のもの」は所有代名詞と呼ばれる。

	単数			
	主格「～は」	所有格「～の」	目的格「～を」	「～のもの」
1 人称	I	my	me	mine
2 人称	you	your	you	yours
3 人称	he	his	him	his
	she	her	her	hers
	it	its	it	(its)

※「それのもの」にあたる形の its は，ほとんど用いられない。

	複数			
	主格「～は」	所有格「～の」	目的格「～を」	「～のもの」
1 人称	we	our	us	ours
2 人称	you	your	you	yours
3 人称	they	their	them	theirs

③ 3 単現の -s の発音のしかたを調べてみよう。

➡ (1) 動詞の語尾の発音が [p] [k] [t] のとき

[s]（ス）…works，speaks

(2) 動詞の語尾の発音が [s] [z] [ʃ] [tʃ] [dʒ] のとき

[iz]（イズ）…washes，watches

(3) 動詞の語尾の発音が上の(1)(2)以外のとき

[z]（ズ）…plays，knows

④ 主語が 3 人称単数のときの一般動詞の否定文・疑問文の作り方を調べてみよう。

否定文…「動詞の原形＋-s〔-es〕」を「does not〔doesn't〕＋動詞の原形」にする。

疑問文…動詞の原形の後の 3 単現の -s〔-es〕を取り，代わりに，主語の前に does を置く。

本冊 ⇨ pp.32 ～ 33

① 助動詞 can の使い方を調べてみよう。

➡「～できる」という意味の can は助動詞で，「can＋動詞の原形」の語順。

主語の人称・数に関係なく，can の形は変わらない。

主語が 3 人称単数でも，動詞の語尾に -s は付けない。

② be 動詞の命令文の作り方を調べてみよう。

➡ be 動詞の命令文は，be 動詞の原形 be で始める。

「～してはいけません」という否定の命令文では be の前に don't を付ける。

本冊 ⇨ pp.38 ～ 39

① 時刻・曜日・月日（日付）の尋ね方を調べてみよう。

➡ 時刻を尋ねる文

What time ～?

曜日を尋ねる文

What day (of the week) is it today?

月日（日付）を尋ねる文

What's the date today?

What day of the month is it today?

② how を使って尋ねられることを調べてみよう。

➡ ・How ～?

手段を尋ねる。

様子や状態を尋ねる。

・How about ～?

意見，つごうなどを尋ねる。

・How tall ～?

背の高さを尋ねる。

・How old ～?

年齢を尋ねる。

・How far ～?

距離を尋ねる。

・How many＋複数名詞 ～?

数を尋ねる。

・How much ～?

金額など，量を尋ねる。

③ 曜日と月の名前の言い方を調べてみよう。

➡ ・曜日…大文字で始める。

Sunday（日曜日）　Monday（月曜日）
Tuesday（火曜日）　Wednesday（水曜日）
Thursday（木曜日）　Friday（金曜日）
Saturday（土曜日）

・月の名前…大文字で始める。

January（1月）　February（2月）
March（3月）　April（4月）
May（5月）　June（6月）
July（7月）　August（8月）
September（9月）　October（10月）
November（11月）　December（12月）

④ **There is〔are〕～. の使い方を調べてみよう。**

➡ ・「～がある」の意味を表す。
・There is ＋単数名詞 ～. / There are＋複数名詞 ～.
・There is → There's，There are → There're
・疑問文は，be 動詞と there を入れかえて，Is〔Are〕there ～? とする。
・否定文は，be 動詞の後ろに not を入れて，There is〔are〕not ～. とする。

本冊 ⇨ pp.44 ～ 45

① **動作を表す動詞と，状態を表す動詞について調べてみよう。**

➡ ・動作を表す動詞…進行形にできる。
work（働く），read（読む），wash（洗う），speak（話す）など。
・状態を表す動詞…ふつう，進行形にしない。
like（好きである），live（住んでいる），know（知っている），see（見える）など。

② **動詞の -ing 形の作り方を調べてみよう。**

➡ (1) 語尾が e のときは，e を取って -ing を付ける。
write → writ**ing**，have → hav**ing**，come → com**ing**
(2)「短母音＋子音」で終わる語は，子音字を重ねて -ing を付ける。
run → run**ning**，swim → swim**ming**，stop → stop**ping**
※ただし，visit などの，アクセントが前の音節にある語は，そのまま -ing を付ける。visit**ing**
(3) その他のものは，そのまま -ing を付ける。
wash → wash**ing**，speak → speak**ing**，study → study**ing**

第2章　中級

本冊 ⇨ pp.54 ～ 55

① **疑問詞の種類と，それぞれの意味，尋ねる内容を調べてみよう。**

➡ what（何）…ものを尋ねる。
who（だれ）…人を尋ねる。
which（どちら）…ある範囲の中からの選択を尋ねる。
where（どこで）…場所を尋ねる。
why（なぜ）…理由を尋ねる。
when（いつ）…時を尋ねる。
how（どのように）…方法などを尋ねる。

本冊 ⇨ pp.60 ～ 61

① **規則動詞の過去形の語尾の発音を調べてみよう。**

➡ (1) 語尾の発音が [-t] 以外の無声音のときは，[-t]
look<u>ed</u> [t]
(2) 語尾の発音が [-d] 以外の有声音のときは，[-d]
play<u>ed</u> [d]
(3) 語尾の発音が [-t] [-d] のときは，[-id]
want<u>ed</u> [id]

② **規則動詞の過去形の作り方を調べてみよう。**

➡ (1) ふつうは -ed を付ける。
stay → stay**ed**
(2) 語尾が -e のときは，-d だけを付ける。
live → live**d**
(3) 語尾が「短母音＋子音」のときは，最後の子音字を重ねて -ed を付ける。
stop → stop**ped**
(4) 語尾が「子音字＋-y」のときは，-y を -i にかえて -ed を付ける。
study → stud**ied**
※不規則動詞は，動詞ごとに独自の活用形を持っている。

本冊 ⇨ pp.66 ～ 67

① **未来のことを表す be going to と will の使い方を調べてみよう。**

➡ (1) be going to…これから起ころうとしている未来の事柄を表す。「～しよう」「～するつもりである」の意味。
They **are going to** play baseball tomorrow.
・疑問文は，主語と be 動詞を入れかえる。
→ **Are** they **going to** play baseball tomorrow?

— Yes, they are. / No, they are not〔aren't〕.

・否定文は，be 動詞の後ろに not を入れる。

→ They **are not going to** play baseball tomorrow.

⑵ will…未来のことを推量するようにして言う。自分の行為についてだと，予定や意思になる。

You **will** be late for school.

・疑問文は，will を主語の前に出す。

→ **Will** Mary come tonight?

— Yes, she will. / No, she will not〔won't〕.

・否定文は，will と動詞の原形の間に not を入れる。

→ Tom **will not〔won't〕** come back soon.

② 助動詞を使った勧誘や依頼の言い方と答え方を調べてみよう。

➜ ⑴ Shall I ～?

「(私が)～しましょうか。」と，相手の意向を尋ねる言い方。

Shall I open the window?

— Yes, please. / No, thank you.

⑵ Shall we ～?

「(私たちが)～しませんか。」と，相手を誘う言い方。

Shall we dance?

— Yes, let's. / No, let's not.

⑶ Will you ～?

「～してくださいませんか。」と，相手にものを頼む言い方。

Will you open the door?

— All right.〔Yes, I will.〕/ No, I won't.

③ 接続詞 when，if，because，though の意味と使い方を調べてみよう。

➜ ⑴ when ...「～が…したとき」という意味で，「時」を表す。

When I went to see him, he was studying.

(私が彼に会いに行ったとき，彼は勉強していました。)

⑵ if ...「もし～ならば」という意味で，「条件」を表す。

You may come with me **if** you like.

(もしよければ私と一緒に来てもいいですよ。)

⑶ because ...「～だから」という意味で，「原因，理由」を表す。

I cannot go swimming, **because** I have a lot of homework.

(宿題がたくさんあるので，私は水泳に行けません。)

⑷ though ...「～だけれども」という意味で，「譲歩」を表す。

Though we started early, we arrived late.

(私たちは早くに出ましたが，遅くに着きました。)

本冊 ⇨ pp.72 ～ 73

① 形容詞・副詞の比較級・最上級の作り方を調べてみよう。

➜ ・多くの形容詞・副詞は，-er，-est を付ける。

long — longer — longest

・もとの形が e で終わるときは，-r，-st を付ける。

large — larger — largest

・発音が「短母音＋子音」で終わるときは，最後の子音字を重ねて -er，-est を付ける。

big — bigger — biggest

・語尾が「子音字＋y」で終わるとき，-y を -i にかえて -er，-est を付ける。

easy — easier — easiest

・比較的発音の長い語には，前に more，most を置く。

useful — **more useful** — **most useful**

・不規則に変化するもの

good（良い），well（よく，上手に）

— **better** — **best**

much，many（たくさんの）

— **more** — **most**

bad（悪い）— **worse** — **worst**

little（少ない）— **less** — **least**

② 最上級での in と of の使い分けを調べてみよう。

・of の後は複数名詞…「いくつかのもののうちで」

・in の後は単数名詞…「ある集団の中で」

本冊 ⇨ pp.78 ～ 79

① 助動詞 can，will，shall，may の過去形を調べてみよう。

➜ ・can — could [kud]

・will — would [wud]

・shall — should [ʃud]

・may — might [mait]

※ must には過去形がないので，had to を使う。

② 助動詞 can，will，may，must の意味を調べてみよう。

➜ ⑴ can

① 「～できる」〈可能〉

I **can** play the piano.
（私はピアノが弾けます。）

② **「～してもよい」〈許可〉**
Can I use the phone?
（電話を使ってもいいですか。）

③ **疑問文で「～だろうか」〈可能性〉**
Can it really be all right?
（本当に大丈夫なのだろうか。）

④ **否定文で「～はずがない」〈否定的推量〉**
John **cannot** be honest.
（ジョンが正直なはずがない。）

(2) will
① 「～するつもりだ」〈意志〉
I **will** call you at nine.（9時に電話します。）
② 「～だろう」〈未来の推量〉
It **will** rain tomorrow.（明日は雨でしょう。）

(3) may
① 「～してもよい」〈許可〉
You **may** go home now.
（もう帰ってもいいですよ。）
② 「～かもしれない」〈推量〉
He **may** be sick in bed.
（彼は病気で寝込んでいるのかもしれません。）

(4) must
① 「～しなければならない」〈必要・必然〉
You **must** study harder.
（もっと一生懸命勉強しなければなりません。）
② 「～に違いない」〈肯定的推量〉
That man **must** be Ken's father.
（あの男性がケンのお父さんに違いない。）

本冊 ⇨ pp.84 ～ 85

① **不定詞の名詞的用法・副詞的用法・形容詞的用法の違いを調べてみよう。**

➡ (1) 名詞的用法「～すること」
① 目的語として使う
I like **to swim** in the sea.
（私は海で泳ぐことが好きです。）
② 主語として使う
To master English is very difficult.
（英語を習得することはとても難しい。）
→ It is very difficult **to master** English.
と，仮の主語 It を文頭に置き，to 以下を後に置くこともできる。
③ 補語として使う
My wish is **to be** a doctor.
（私の願いは医者になることです。）

(2) 副詞的用法「～するために」
動詞・形容詞・他の副詞を修飾する。
I went to the library **to study** history.
（私は歴史を勉強するために図書館へ行きました。）

(3) 形容詞的用法「～する(べき)…」
名詞を修飾する。
I have some books **to read**.
（読む(ための)本を数冊持っています。）

② **〈疑問詞＋不定詞〉の種類を調べてみよう。**

➡ (1) how＋to *do*「どのように～するのか，～するしかた」
I know **how to** drive a car.
（私は車の運転のしかたを知っています。）

(2) where＋to *do*「どこへ〔で〕～するのか，～する場所」
She doesn't know **where to** go.
（彼女はどこへ行けばよいか分かりません。）

(3) when＋to *do*「いつ～するのか，～する時間」
Please tell me **when to** start.
（どうぞいつ出発すればよいか私に言ってください。）

(4) what＋to *do*「何を～するのか，～する事柄」
I know **what to** do.
（私は何をすればよいかを知っています。）

本冊 ⇨ pp.90 ～ 91

① **SVC の文型・SVOO の文型で使われる動詞を調べてみよう。**

➡ (1) SVC の文型で使われる動詞
be 動詞，become，get，look，smell　など

(2) SVOO の文型で使われる動詞
send，tell，teach，bring，buy，give，show　など

② **時を表す前置詞の種類と意味を調べてみよう。**

➡ ・in＝「～に」
→月・季節など，比較的長い「時」
I was born **in** 1995.
（私は 1995 年**に**生まれました。）

・on＝「～に」
→日・曜日など
I was born **on** May 1.
（私は 5 月 1 日**に**生まれました。）

・at＝「～に」
→時刻など，「時」の一点
I was born **at** four in the morning.
（私は朝の 4 時**に**生まれました。）
・before＝「～の前に」
I went to bed **before** eleven.
（私は 11 時**前に**寝ました。）
・after＝「～の後に」
Mary watched TV **after** dinner.
（メアリーは夕食**後**テレビを見ました。）
・till＝「～まで」
Tom studied Japanese **from** morning **till** night.
（トムは朝**から**晩**まで**日本語を勉強しました。）
・by＝「～までに」
Come back **by** six.
（6 時**までに**帰って来なさい。）
・for＝「～の間」
for ten days（10 日**間**）
・during＝「～の間」
during the vacation（休暇の**間**）
・in＝「～たてば」
in a week（1 週間**たてば**）
・from ～ to〔through〕…＝「～から…まで」
from Sunday **to**〔**through**〕Friday
（日曜日**から**金曜日**まで**）

③ 場所を表す前置詞の種類と意味を調べてみよう。

➲ ・in＝「～に」
→広い地域を表す。
I live **in** Austin, Texas.
（私はテキサスのオースティン**に**住んでいます。）
・on＝「～に」
→面や線を表す場所。
I live **on** 21st Street.
（私は 21 番通り（沿い）**に**住んでいます。）
・at＝「～に」
→狭い地点を表す。
I live **at** 906 West 21st Street.
（私は 21 番通りの西 906 番に住んでいます。）
・into ＝「～の中へ」
Tom came **into** the classroom.
（トムは教室**へ**入ってきました。）
・out of ～＝「～から外へ」
Tom went **out of** the classroom.
（トムは教室**から外へ**出て行きました。）
・from＝「～から」
She is **from** Osaka.
（彼女は大阪**出身**です。）
・to＝「～まで」
He goes **to** church every Sunday.
（彼は日曜日ごとに教会**へ**行きます。）
・on＝「（接触して）上に」
There is a book **on** the desk.
（机の**上に**本があります。）
・above＝「～の上のほうに」
・below＝「～の下のほうに」
・across＝「～を横切って」
・through＝「～を通り抜けて」
・along＝「～に沿って」
・by＝「～のそばに」
・in front of ～＝「～の前に」
・near＝「～の近くに」
・around＝「～の回りに」
・behind＝「～のうしろに」

④ SVOO の文型から書きかえるときに，to を使う動詞と for を使う動詞を調べてみよう。

➲ (1) to を使う動詞
give，send，teach，tell，show，bring　など
(2) for を使う動詞
make，buy　など

本冊 ⇨ pp.96 ～ 97

① 動詞による動名詞と不定詞の使い分けを調べてみよう。

➲ (1) 動名詞・不定詞とも目的語にできる動詞
like，love，begin，start　など
(2) 動名詞だけを目的語にとる動詞
finish，enjoy，mind，stop　など
(3) 不定詞だけを目的語にとる動詞
want，hope，expect，decide　など

② 動名詞の用法について調べてみよう。

➲ (1) 動詞の目的語として
Tom *likes* **skating**.
（トムはスケートをするのが好きです。）
(2) 文の主語として
Playing baseball *is* fun.
（野球をすることはおもしろい。）
(3) be 動詞の補語として
My hobby *is* **collecting** foreign stamps.
（私の趣味は外国の切手を集めることです。）
(4) 前置詞とともに

Amy is very fond *of* **swimming.**
（エイミーは泳ぐのがたいへん好きです。）

本冊 ⇨ pp.102 ～ 103

① 現在形と過去形の受動態の，疑問文・否定文の作り方を調べてみよう。

➲ ・現在形と過去形は be 動詞で使い分ける。

(1) 疑問文…主語と be 動詞を入れかえる。

English **is spoken** in Australia.
主語
Is English spoken in Australia?
（英語はオーストラリアで話されていますか。）

(2) 否定文…be 動詞の後に not を入れる。

The moon is 　seen tonight.
The moon is **not** seen tonight.
（今夜，月は見られません。）

② 受動態で，by 以外の前置詞を伴う表現を調べてみよう。

➲ ・be interested in ～ =「～に興味を持っている」
・be pleased with ～ =「～が気に入る」
・be tired of ～ =「～にあきあきしている」
・be delighted with〔at〕～ =「～を喜ぶ」
・be satisfied with ～ =「～に満足する」
・be covered with ～ =「～に覆われている」
・be filled with ～ =「～で満たされている」
・be known to ～ =「～に知られている」
・be made from ～ =「～から作られる」
　→材料が全く形を変えて製品になっている場合
・be made of ～ =「～から作られる」
　→材料がそのままの形で製品になっている場合

本冊 ⇨ pp.108 ～ 109

① Here で始まる文の種類と意味を調べてみよう。

➲ ・Here is + 単数名詞 .
・Here are + 複数名詞 .
「ここに～があります〔～がいます〕」
Here is〔**Here's**〕a dog.
（ここに犬がいます。）
Here are some pens.
（ここに数本のペンがあります。）
・Here + 一般動詞 ～.
Here comes the teacher.
（先生がこっちへ来られます。/ 先生が来られたよ。）
※動詞の後が代名詞のときは，動詞が後ろにくる。
Here we **are.**（さあ，着いたぞ。）
Here you **are.** / Here it **is.**
（〈物を渡すときに〉はい，どうぞ。）
Here she **comes.**（彼女が来るよ。）

第 3 章　上級

本冊 ⇨ pp.118 ～ 119

① 現在完了形の 3 つの用法でよく使われる副詞語(句)を調べてみよう。

➲ ・現在までの継続
since や期間を表す語句(for ～)
・現在までの経験
ever（今までに），never（一度も～ない），
before（以前に)や回数を表す語句(～ times)
・現在までの完了
already（もう，すでに），yet（まだ〈否定文〉，もう〈疑問文〉），just（ちょうど）

② 現在完了形の疑問文・否定文の作り方を調べてみよう。

➲ ・疑問文
have〔has〕と主語の語順を入れかえる。
Have you **had** breakfast?
（朝食はもうすみましたか。）
Yes, I **have.** / No, I **haven't.**
（はい，すみました。/ いいえ，すんでいません。）
・否定文
have〔has〕に not を付ける。
I **have** *not* **seen** her before.
（以前に彼女に会ったことはありません。）

③ be と go の現在完了形の意味の違いを調べてみよう。

➲ ・go の現在完了形
「行ってしまって今はもういない」（結果・完了）の意味にだけ使う。
Where **have** all the flowers **gone**?
（花はみなどこへ行ってしまったのだろうか。）
・be の現在完了形
①「行ったことがある」，「来たことがある」
Amy **has** never **been** abroad.
（エイミーは外国に行ったことがない。）
How often **have** you **been** here?
（ここに何回来たことがありますか。）
②「今まで行っていた」
Tom, where **have** you **been**?
（トム，今までどこにいたのですか。）

本冊 ⇨ pp.124 ～ 125

① 間接疑問文の作り方を調べてみよう。

➡ ・疑問詞の後は「主語＋動詞」の語順。
Do you know **who that man is**?
（あの人がだれであるか(を)あなたは知っていますか。）

本冊 ⇨ pp.130 ～ 131

① 名詞を修飾する現在分詞と過去分詞の違いを調べてみよう。

➡ (1)「現在分詞＋名詞」では，名詞と現在分詞の間に能動的な関係が見られる。
singing birds（歌っている鳥）
(2)「過去分詞＋名詞」では，名詞と過去分詞の間に受動的な関係が見られる。
spoken English（話される英語）

本冊 ⇨ pp.136 ～ 137

① 先行詞が「人」のときと，「人」以外のときの関係代名詞の使い分けを調べてみよう。

➡ (1) 主語の働きをする関係代名詞
・先行詞が「**人**」のとき…**who** または **that**
I have an American *friend* **who** lives in California.
（私にはカリフォルニアに住むアメリカ人の友だちがいます。）
There are many *people* **that** need our help.
（私たちの援助を必要とする人がたくさんいます。）
・先行詞が「**人**」**以外**のとき…**that** または **which**
The *stairs* **which** led to the cellar were slippery.
（地下室に通じる階段は滑りやすかった。）
All **that** glitters is not gold.
（光るもの，必ずしも金ならず。）
(2) 目的語の働きをする関係代名詞
・先行詞が「**人**」のとき…**that**
The *college student* **that** John and Bill met on the way was Amy's friend.
（ジョンとビルが途中で出会った大学生はエイミーの友だちでした。）
・先行詞が「**人**」**以外**のとき…**that** または **which**
The *car* **that**〔**which**〕 John and Bill hired there broke down after five miles.
（ジョンとビルがそこで借りた車は，5マイル行ったところで故障しました。）

本冊 ⇨ pp.142 ～ 143

① too ～ to *do* と enough to *do* の違いを調べてみよう。

➡ (1) too＋形容詞〔副詞〕＋to *do*
「～するにはあまりにも…すぎる，あまりにも〔非常に〕…なので～できない」
You're **too** young to go there.
（あなたはまだ子どもですから，そこへ行くことはできません。）
(2) 形容詞〔副詞〕＋enough to *do*
「～するには十分…，十分に…なので～することができる」
She was kind **enough** to show me the way.
（彼女は親切にも私に道を教えてくれました。）

② 仮の主語の it を使った構文での for ～ と of ～ の違いを調べてみよう。

➡ (1) It is ～ for＋(代)名詞＋to *do*
補語の形容詞が，easy（簡単な），hard（難しい），natural（自然な），necessary（必要な），important（重要な）など，**動作**について述べるものであるとき。
It is very **easy** *for* me to *do* it.
（私にはそれをすることはとても易しい。）
(2) It is ～ of＋(代)名詞＋to *do*
補語の形容詞が，kind（親切な），nice（すてきな），good（よい），wise（賢明な），foolish（愚かな），silly（愚かな，ばかな），stupid（まぬけな，ばかな）など，**人の性質**を表すもののとき。
It was very **kind** *of* him to *help* Amy.
（彼がエイミーを助けたのは，とても親切でした。）

本冊 ⇨ pp.148 ～ 149

① 直接話法から間接話法への書きかえについて調べてみよう。

➡ コンマと引用符を that に書きかえる。
Sue said to me, "～."（直接話法）
Sue told me **that** ～.（間接話法）
say には to が必要。tell には to は不要。
・人称代名詞を書きかえる。語り手からの視点に統一する。
Sue said to me, "**I** ～."（直接話法）
Sue told me that **she** ～.（間接話法）
・that 節内の動詞の時制も同じように，語り手からの視点に統一する。